国际电气工程先进技术译丛

智能全向混合动力电动汽车设计与控制

Hybrid Electric Vehicle Design and Control: Intelligent Omnidirectional Hybrids

徐扬生（Yangsheng Xu）
阎镜予（Jingyu Yan）
钱辉环（Huihuan Qian）
林天麟（Tin Lun Lam）
著

殷国栋　徐利伟　等译

机械工业出版社

本书对全向混合动力电动汽车（Hybrid Electric Vehicle，HEV）进行了综合研究与分析，其中包括系统设计和实现，四轮独立驱动和转向控制，电池管理系统和能量管理系统。本书范围很广，内容包括从硬件如机械和电子部件的实现，到软件如智能控制算法的研究，涵盖了全向 HEV 研究中所有重要方面，体现了全向 HEV 创新性的设计与实现过程，并有详细的试验结果和分析。书中提及的一些新技术不仅限于 HEV 或四轮转向车辆，也同样适用于其他类型的车辆。

本书适于对智能全向电动汽车感兴趣的研究生、学者和工程师阅读，尤其适用于对全向 HEV 的机械设计、实现和控制感兴趣的读者。

译　者　序

由于能源短缺、环境污染和城市拥堵等问题的日益严重，现代城市交通需要一种节能、污染小及运动灵活的新式交通工具。以四轮独立转向/驱动和混合动力为基础的全向混合动力电动汽车（HEV）无疑是一种理想的选择。相比于其他类型车辆和传统的HEV，其具有续航里程长、燃油消耗低、运动及控制灵活等特点，因此近年来得到了越来越多的关注。本书以全向HEV为研究对象，全面阐述了全向HEV设计和控制所涉及的各个方面，内容丰富翔实，具有深入、系统和实用的特点，是一本既有理论研究意义又具实际应用价值的参考书。

本书主要作者徐扬生教授为香港中文大学自动化与计算机辅助工程学讲座教授，中国工程院院士。徐教授及其研究团队长期关注于电动汽车、能源管理系统、智能控制、动力学及控制、全向车辆、人机交互等方面的研究，并在以上研究领域取得许多显著的成果。本书的内容及实验数据结果来源于徐教授及其研究团队在相关研究领域所发表的部分论文、专著，相信对我国从事HEV设计与控制的科研人员及工程师会起到很好的帮助和指导作用。

在本书的翻译过程中，得到了出版社的大力支持及国内外同行、朋友的热情帮助。东南大学车辆工程专业研究生：李岩峻、王睿烽、汪瑞杰、曹哲、张林灿、范慧等，也参与了部分内容的翻译，在此一并表示感谢。

由于译者水平所限，本书难免有翻译不当之处，欢迎读者提出宝贵意见。

译　者

原书前言

对智能全向混合动力电动汽车（HEV）的研究在汽车工程领域是极富有挑战性的，已经受到了研究人员的广泛关注。在有的文献中，HEV已成功实现。然而，很少有资料涉及四轮独立转向全向移动电动汽车设计的内容。本书作者一直积极致力于全向HEV领域的研究。本书源于作者在全向电动汽车领域中最显著的研究成果，通过本书以期能为智能全向HEV的设计和控制提供完整的参考。

本书对全向HEV进行了综合研究与分析，其中包括系统设计和实现，四轮独立驱动和转向控制，电池管理系统和能量管理系统。本书的范围很广，内容包括从硬件如机械和电子部件的实现，到软件如智能控制算法的研究，涵盖了全向HEV研究中所有重要方面。书中每章内容都仅关注于全向HEV的某个重要方面，因此每章是相对独立的。这意味着读者可直接从自己感兴趣的某一章节开始阅读。因此，本书对于汽车工程师们深入理解全向HEV的每个重要部分具有很好的参考价值。

本书源自作者已发表的论文和著作，体现了全向HEV创新性的设计与实现过程，并有详细的试验结果和分析。此外，书中提及的一些新技术不仅限于HEV或四轮转向车辆，也同样适用于其他类型的车辆。例如，基于模型预测控制的电源管理系统可应用于任何电动汽车。

本书适用于对智能全向电动汽车感兴趣的研究生、学者和工程师阅读，尤其适用于对全向HEV的机械设计、实现和控制感兴趣的读者。

目　录

第1章　绪　　论

1.1　背景

自有人类文明起，交通就一直是我们社会生活中的一个很重要的组成部分。汽车，作为以载客为目的的轮式机动车，毫无疑问是我们日常生活中最重要的交通工具。然而，近年来大幅增加的汽车数量已经引起了许多社会问题。这些问题包括：

1）能源和环境问题。由于过去几十年中，市场上各种类型汽车数量的激增，能源短缺和环境恶化已成为最严重的世界性问题。例如，在美国，道路车辆被认为是最主要的大气污染源之一，大气污染物中18%的悬浮颗粒物、27%的挥发性有机物、28%的铅、32%的氮氧化物、62%的一氧化碳、25%的二氧化碳都来源于汽车尾气[18]。同时，美国用于交通的石油消耗量占总石油消耗量的71%，占总运输需求的95%，如图1.1所示[110]。因此，毫无疑问，当今传统内燃机汽车驱动能源必须要进行改变。

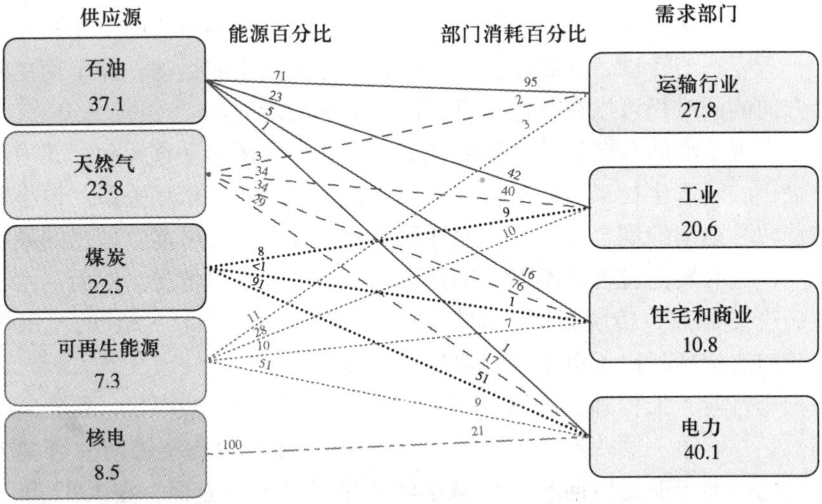

图1.1　美国能源部统计的美国2008年一次能源消耗情况（单位：千兆Btu㊀）

㊀ 1Btu = 1055.06J。

2）效率问题。随着城市中汽车数量的快速增长，汽车的停放已成为城市设计和发展过程中必须要考虑的一个重要方面。在世界大多数的大城市中，拥挤的停车场随处可见。在汽车停放区域，不仅需要有充足的停放空间，同时也需要有足够的空间来便于汽车的驶进驶出。如果城市中规划的区域不能满足这样的高要求，将最终导致整个城市工作效率和生活质量的降低。比如，驾驶员需要花更多时间在工作地点附近找到一个空闲停车位。

为了解决上述问题，一个原始的方法是对路上行驶的汽车数量进行限制。这个方法短时期内也许有效，但无法从根本上解决问题。由于常规的技术和手段很难解决这些问题，一些研究者开始在新技术领域寻求解决方案。例如，电动汽车（Electric Vehicle，EV）技术。由于能够同时减少能量消耗和污染物的排放，电动汽车被视为是最有可能取代传统内燃机汽车，以解决能源短缺和环境污染等问题的最佳方案，因此受到了来自学术界和汽车行业的极大关注。

电动汽车中比较常见的一种类型是混合动力电动汽车（Hybrid Electric Vehicle，HEV），它被定义为一种车辆，其中驱动能量可从两个或两个以上类型的能源存储器、能源或转换器获得，其中至少有一个可以提供电能。用不同类型能源来驱动车辆各具优势，而 HEV 的优点是能整合这些优势。例如，电动机驱动具有较快的加速能力，而内燃机驱动在恒定的速度下运行良好。因此，利用内燃机、电动机和电池作为驱动源的车辆可以在性能上超越传统汽车和纯电动汽车。

为了解决效率问题，除了改变能量源，整个车辆结构也需要进行相应的改变。自 1885 年第一辆现代汽车诞生起，汽车转向机构的结构就几乎没变㊀。以后四轮汽车与早期汽车所采用的转向器的结构类似。车辆中心的变化很大程度上依赖于车身姿态的转动，反之亦然。因此，难以实现全向运动，即车辆在朝着任意一个方向的同时仍可以在其他任意方向上平移的能力。

为了实现车辆的全向运动，需要从旋转运动中分离出平移运动。其中一种方式是由最小的转弯半径来衡量平移运动和旋转运动的相互依赖关系。最小转弯半径意味着两种运动的耦合较小，从而导致了有全方向性的可能。理想的最小转弯半径是零，这时转向过程中不发生平移运动，是最理想的情况。然而，由于前轮转向连接杆的缘故，传统车辆的前轮转向角被限制在 $-35° \sim 35°$ 的范围内[43]。因此，转向连接杆阻碍了更小的转弯半径的实现。

在汽车行业，工程师们一直在致力于引入四轮转向（4WS）系统，以提高车辆的操纵性。第一辆四轮转向汽车出现于 1938 年，由梅赛德斯 - 奔驰公司制造，其后轮转向与前轮转向相反以减小转弯半径。另一方面，在 1987 年，本田汽车公司开始研制 Prelude 四轮转向汽车，其后轮转向角的改变依赖于前轮，在

㊀ 尽管第一辆汽车只要 3 个车轮，但是其后面 2 个车轮方向固定，前轮为处于中间位置的转向轮。

车辆高速行驶转向或车辆变道时，方向盘会发生轻微转动，为提高稳定性，后轮将与前轮保持相同的方向转动。而当方向盘以大的角度转动时，后轮就会与前轮朝相反的方向转动，以便缩小转弯半径。但尽管如此，转向横拉杆的存在仍会阻碍转向性能进一步提高。

最近由克莱斯勒集团发布的 Hurricane 吉普引起了汽车行业的关注。这款新型汽车能够零半径转弯，即可绕车辆中心旋转。它是四轮驱动（4WD），驱动力源于四个车轮，轮子上的两台发动机提供动力来源。其结果是，在传统的前轮转向（FWS）或零半径转弯模式下，由于四个轮的方向依赖于驾驶模式，这就需要复杂的装置来控制每个车轮的方向。此外，尽管它的转向系统是与平移运动相互独立的，但它不能进行任意方向平移运动。

除了专注于汽车行业自身的技术，一些研究者还试图借鉴机器人领域的研究。在国际上，对全向运动轮式移动机器人的研究已超过 10 年。Fujisawa 等人通过建立车轮缘上带有垂直辊子的四轮移动平台能进行平行运动[26]。然而，这仅仅是一个小尺寸的平台，在重载下将会使轮式机构崩溃。此外，在参考文献［59，60，89，106，114］中提出其他的一些移动平台，但它们都不是以载人为目的来研发的。

香港中文大学正在研究集成了最新的机器人车辆技术的智能全向 HEV。不同于传统车辆中直接以发动机进行驱动，该车辆的发动机没有连接变速器，而是连接到一台发电机来对电池包进行充电。电池包对四个轮毂电动机供电以产生驱动力。因此该项驱动技术能够有效地降低由机械式差速器（如出现在 Hurricane 吉普中）所引起的传动机构的复杂性。同时，在该车辆结构中，转向横拉杆被换成了四组新的转向机构，每组转向机构都能使每个车轮可以在 $-35° \sim +90°$ 范围内独立转向。在这样一个大的范围内，零半径转向以及与转向无关的横向移动停车都是能够实现的。由此，泊车问题可以得到缓解。

1.2 研究对象

本书的主要目的是提出一种全新的智能全向 HEV 系统来解决上述问题。所提出的 HEV 由几个具有显著特点的部分组成，对每一部分的研究都具有挑战性。全向汽车的机电系统与传统汽车有着根本性的不同。除了在车辆结构方面（像一些通过四轮独立来实现的新功能，例如零半径转动和横向泊车），在车辆控制方面，也需要设计出包括四轮独立转向控制和力控制的新的控制策略。另外，电池是电动汽车中至关重要的组成部分之一。设计一个高效、具有鲁棒性的电池管理系统是一项非常具有挑战性的任务。此外，智能能量管理策略是电动汽车的另一个重要方面。能量管理策略用来管理 HEV 的功率流，实现对燃油经济性、排放、爬坡能力和加速能力等性能的平衡。下面简单介绍一下本书的主要内容：

1）通过结合机器人技术，研发了车辆的全向结构［即车辆四轮独立转向（4WIS）结构］，对车辆的平移和旋转运动进行解耦。该全向结构能使车辆绕任意瞬心转动。

2）为四轮独立转向车辆研发了一套全向线控转向系统，适用于任何需要快速和机动性高的四轮独立转向车辆。

3）提出了一种不依赖于车辆运动反馈信息的最优牵引力分配控制方法，以提高四轮独立转向车辆的稳定性。

4）设计了一个确定性横摆力矩控制器，以提高四轮独立转向车辆的驾驶稳定性和可控性。

5）为了解决电池管理系统中一些难题，如荷电状态（SOC）的估计、快速充电控制和电池均衡控制等，提出了一些新的研究方法和解决方案。

6）基于模型预测控制（MPC）构建一套电源管理系统，以优化汽车的燃油消耗效率和性能。

1.3 本书框架

本书从讨论四轮独立转向 HEV 的硬件设计开始，逐渐过渡到与电动汽车智能化相关的软件部分。这里，智能是指涉及牵引力控制、电池管理系统以及能源管理系统的最优过程。本书的其余章节安排如下。

第 2 章详细阐述了四轮独立转向车辆的系统设计和实现过程。四轮独立转向车辆结构可以实现汽车全向运动。

第 3 章继续对四轮独立转向车辆进行讨论并提出了一种全向线控转向系统。该系统由一个扩展转向接口和基于行为的转向控制器组成。描述了其数学模型和扩展转向接口的概念和原型。展现了力反馈控制器的设计。介绍了基于行为的转向控制器的实现和测试结果讨论。

在讨论了独立转向问题后，车轮驱动力是可以独立的。这引入了四轮独立驱动（4 WID）的概念。在第 4 章，对于全向四轮独立转向车辆和四轮独立驱动汽车，我们提出了一个最佳的牵引力分配并设计了确定性横摆力矩控制器以提高驾驶的稳定性和可控性。它包括两个部分：第一部分提出了确定性力生成算法和最佳牵引力分布的模拟结果；第二部分介绍了直接横摆力矩控制，包括车轮打滑观测器、横摆率误差的观测器、横摆速度误差观测器。通过数值模拟结果评估其性能。

第 2 ~4 章是对四轮独立转向车辆的介绍。后续章节开始专注于 HEV 的电气部分。电动汽车电池系统是电动汽车设计中最重要也是很困难的部分，这阻碍了其大规模商业化。因此，在第5章里讨论了电池管理系统，它由四个主要部分构成。5.1节阐述了电池管理系统原型的系统结构和硬件设计。5.2节重点在讲荷电状态估算框架的鲁棒性。5.3节提出了基于模型预测控制（MPC）的快速充电框架，其目的是同时减少充电的持续时间，它代表了充电过程中的安全性和节能。5.4节介绍了一种基于荷电状态的模糊控制器用来均衡单体电池。仿真和实验都表明了所提出的方法是有效的。

在第5章介绍了电池管理系统后，第6章介绍了如何将其与之前提出的四轮独立转向汽车相结合形成全向HEV。第6章对HEV提出了一个新的功率管理方案。在这里，我们关注串联HEV，首先详细描述了串联HEV的模型，然后提出了基于模糊逻辑和神经网络分类的负载预测算法。根据模糊逻辑，驱动负载可分为五个不同的等级。接着，通过整合模型预测控制和负荷预测算法，得到了一个实时功率控制系统。利用粒子群算法为不同的驱动等级寻找最佳操作权重。它可以自动调整工作权重，以达到最佳的性能。最后，该方法的实施和实验都证明了该方法是可行和有效的。

最后，第7章总结了本书，并就智能全向HEV提出了一些未来的研究方向。

第 2 章　全向系统设计及实现

本章介绍了全向混合动力电动汽车（HEV）的设计方法与实现过程。2.1 节讨论了三种运动模式下的车辆运动学模型：最常见的绕任意瞬时中心旋转（ICR）、零半径转弯（ZRT）、前轮转向（2FWS）。2.2 节介绍了系统设计的过程，包括机械设计、电气设计、转向角度定位设计、软件设计和用户界面设计。2.3 节对设计的全向 HEV 进行了 ZRT 和侧向停车（LP）试验以检验汽车的全向运动能力。

2.1　结构

一般来说，前轮转向足以满足车辆大多数的，甚至于当车辆在高速行驶时的要求。对于前轮转向的汽车，为了便于对车辆的运动学和动力学模型进行分析，一般可采用基于四轮模型简化的单轨模型[92]。

但是，当汽车需要在一个狭小空间中行驶时，转向性能就变得尤为重要。我们设计的全向 HEV 通过改变前后轮耦合关系来实现车辆转向性能的提高。该车辆有三种驾驶模式，分别为 ZRT、LP 和 2FWS。在不同的模式下，前后车轮的耦合关系是不同的，但都符合阿克曼定律[92]。

图 2.1 为车辆绕任意瞬时中心旋转的运动学模型，该瞬时中心由 $[x_{ICRb}, y_{ICRb}]$ 来表示。OXY 和 $O_bX_bY_b$ 分别为全局坐标系和车辆坐标系。车辆运动的状态为 $[x_v, y_v, \theta]$。$[x_{ib}, y_{ib}]$ 为车轮中心点在全局坐标系中的坐标，$i=1, 2, 3, 4$ 分别表示车辆左前、左后、右后、右前车轮。图中车轮上的黑色部分为车轮的外侧，α_i 为车轮初始转向角，$i=1, 2, 3, 4$。所有的旋转运动以逆时针方向为正。$\boldsymbol{v}_{ib}$ 是车轮在车辆坐标系中的速度矢量，$i=1, 2, 3, 4$；W 和 L 分别是轮距和轴距。

通过阿克曼定律可知，在车辆转向过程中，所有车轮轴线的延长线必相交于瞬时中心点。因此，车轮的转向角受式（2.1）约束，该公式表明每个车轮中心到瞬时中心的连线应都垂直于该车轮运动的方向。由此，汽车的转向自由度从 4 个降为 2 个。

$$[\cos(\alpha_i), \sin(\alpha_i)] \cdot ([x_{ib}, y_{ib}]^T - [x_{ICRb}, y_{ICRb}]^T) = 0 \tag{2.1}$$

式中，$i=1, 2, 3, 4$；$[\cdot, \cdot]$ 表示一个 2 维行向量。

此外，因为所有四个车轮在相同的瞬时中心有相同的旋转速度，在假设没有

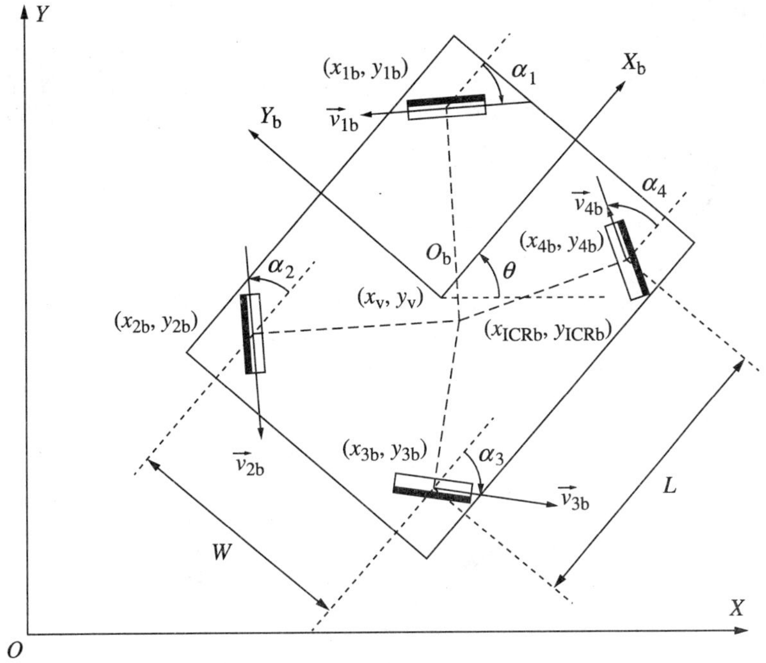

图 2.1　车辆绕任意瞬时中心的旋转运动

摩擦力的情况下，线速度方程可用下列等式来表示。

$$\frac{([x_{ICRb}, y_{ICRb}]^{T} - [x_{1b}, y_{1b}]^{T}) \times \boldsymbol{v}_{1b}}{|[x_{ICRb}, y_{ICRb}]^{T} - [x_{2b}, y_{2b}]^{T}|^{2}}$$

$$= \frac{([x_{ICRb}, y_{ICRb}]^{T} - [x_{2b}, y_{2b}]^{T}) \times \boldsymbol{v}_{2b}}{|[x_{ICRb}, y_{ICRb}]^{T} - [x_{2b}, y_{2b}]^{T}|^{2}} \tag{2.2}$$

$$= \frac{([x_{ICRb}, y_{ICRb}]^{T} - [x_{3b}, y_{3b}]^{T}) \times \boldsymbol{v}_{3b}}{|[x_{ICRb}, y_{ICRb}]^{T} - [x_{3b}, y_{3b}]^{T}|^{2}} \tag{2.3}$$

$$= \frac{([x_{ICRb}, y_{ICRb}]^{T} - [x_{4b}, y_{4b}]^{T}) \times \boldsymbol{v}_{4b}}{|[x_{ICRb}, y_{ICRb}]^{T} - [x_{4b}, y_{4b}]^{T}|^{2}} \tag{2.4}$$

在全向运动中有三种特殊情况：ZRT（转动独立于平移）、LP（平移独立于转动）和 2FWS（正常车辆运动）。图 2.2 为这三种情况的车轮转向动力的分配。

2.1.1　零半径转向

为了要改变车辆的方向，传统车辆通过转动前轮来改变。旋转会带来中心位置的变化。然而，在狭窄的空间，该种变化不是驾驶员所希望的。因此，理想的情况是车辆旋转而不移动，这可以通过 ZRT 来实现。

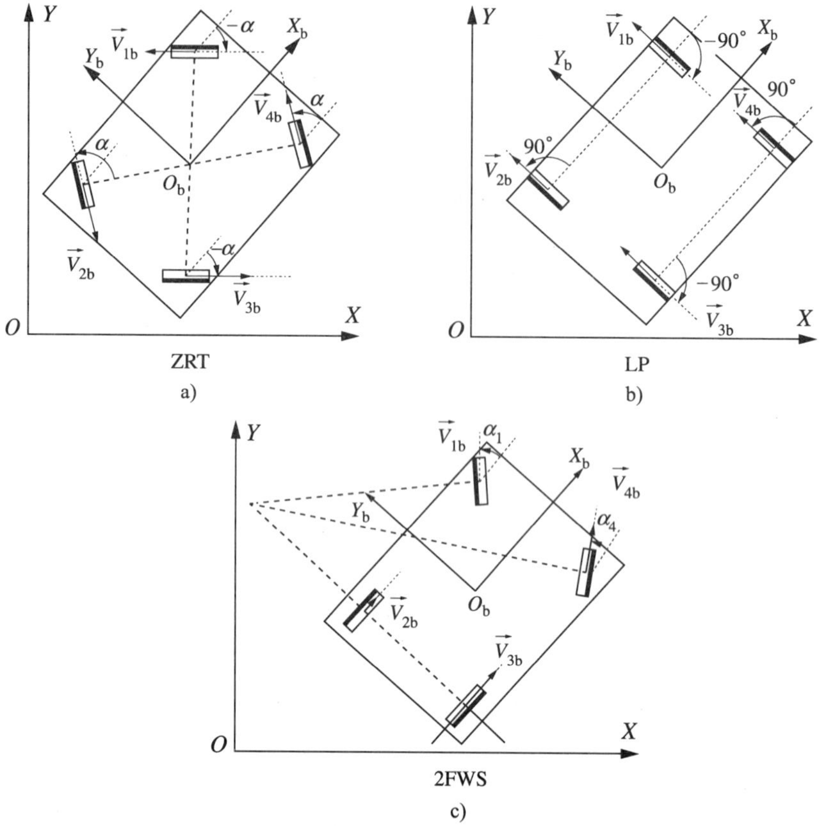

图 2.2　车轮转向配置

在图 2.2a 中，右前轮和左后轮转动相同的正角度 $\alpha = \arctan\ (L/W)$，而剩下的两轮转动相同的负角度 $-\alpha$。在 ZRT 模式下，所有车轮速度值相同。

对于一个 360°的转向，ZRT、2FWS、4WS 的转弯半径和所占用空间如下。

ZRT：

$$R_{\mathrm{ZRT}} = 0 \tag{2.5}$$

$$\mathrm{Area}_{\mathrm{ZRT}} = \frac{\pi(W^2 + L^2)}{4} \tag{2.6}$$

2FWS：

$$R_{\mathrm{2FWS}} = \sqrt{\left(L\mathrm{ctg}\alpha_{\max} + \frac{W}{2}\right)^2 + \frac{L^2}{4}} \tag{2.7}$$

$$\mathrm{Area}_{\mathrm{2FWS}} = \pi(2LW\mathrm{ctg}\alpha_{\max} + W^2 + L^2) \tag{2.8}$$

4WS：

$$R_{4WS}=\frac{L}{2}\mathrm{ctg}\alpha_{max}+\frac{W}{2} \tag{2.9}$$

$$\mathrm{Area}_{4WS}=\pi\left(LW\mathrm{ctg}\alpha_{max}+W^2+\frac{L^2}{4}\right) \tag{2.10}$$

表 2.1 表明在 ZRT、2FWS 和 4WS 之中，最节省空间的运动是 ZRT。

表 2.1 空间要求的比较

	转向半径/m	转向区域/m²
ZRT	0	3.76
2FWS	3.91	33.97
4WS	1.90	16.22

2.1.2 横向泊车

除了旋转，平移也可以直接和独立地操作。对于单纯的移动，即在运动过程中车辆方向不变，所有四个车轮应该转动相同的角度。这可以通过在阿克曼模型的瞬时中心相交到无穷大一点来表示。为了简化车辆操纵，LP 是最可取的功能，因为在大多数情况下停车，停车点只有平行于当前车辆位置 1～2m 的距离。

在图 2.2b 中，左前和右后轮转向达到 －90°，而另外两个转向达到 ＋90°。四个速度矢量是平行的，并且在自动制动功能的假设下它们具有相同的长度。

2.1.3 前轮转向

由于传统 2FWS 依然流行，一般情况下，运动的可行方法是值得保留的。

在图 2.2c 中，瞬时中心不是随意的，必须与两个后轮的轴线共线。

在这种模式下，我们要将方向盘输入转角的映射考虑到两个前轮的输入角度中。为了简化它，我们认为该角度映射是分段的。在任何转向操纵中，内前轮的转角与方向盘输入成正比，$\alpha_{innerfront}=K\phi_{steeringwheel}$。考虑在传统车辆中的 35°约束，很明显的当 $\phi_{steeringwheel}$转动到最大时 $\alpha_{innerfront}=35°$。因此，增益 K 可以被确定。外前轮的转向角应服从阿克曼原则，因而 $\alpha_{outerfront}=\arctan\left(\frac{L}{W+L\mathrm{ctg}\alpha}\right)$。

2.2 系统设计

全向 HEV 的新颖设计改进于传统汽车。它是一个线控驱动系统。四轮独立驱动（4WID）和四轮独立转向（4WIS）为全向运动的系统所必需的功能。图 2.3 给出了车辆的外观；表 2.2 给出了规格。

图 2.3 车辆的全景的显示

表 2.2 全向 HEV 系统规格

胎面	1.1m
轴距	1.9m
质量	300kg
驱动电动机	48V，600W
转向电动机	42V，90W
电池组	48V，44Ah

2.2.1 机械设计

如图 2.4 所示，全向 HEV 的内核架构由一个底盘和四个独立的转向机构组成。

在转向操作中，所述构成包括一个轮毂电动机及其外框架、一个盘式制动器、一个上下臂，以及被旋转轴围绕的两个弹簧转向阻尼器，其上端底部由减速齿轮箱的输出轴驱动。齿轮箱输入口与一个直流电动机连接。所述的用于驱动的轮毂电动机是原来用于电动摩托车的无刷直流电动机，电动机由加速踏板上的电压信号控制。由于全向 HEV 是一种运用在道路平台的车辆，因此用于吸收垂直振动的悬架系统被保留。总体上，全向 HEV 有四个这样的独立转向机构，每个转向机构都应用于一个驾驶车轮。

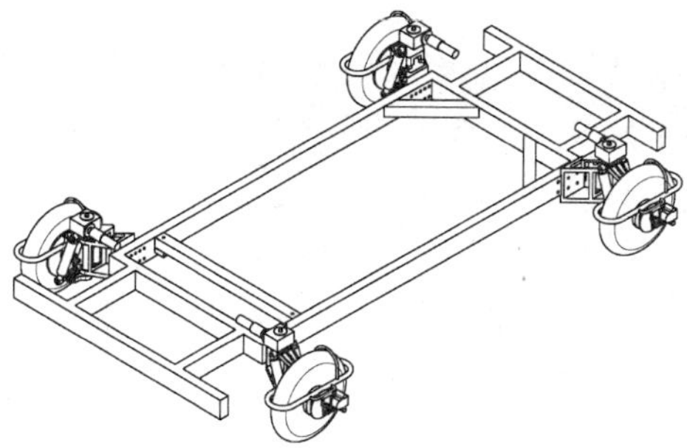

a)

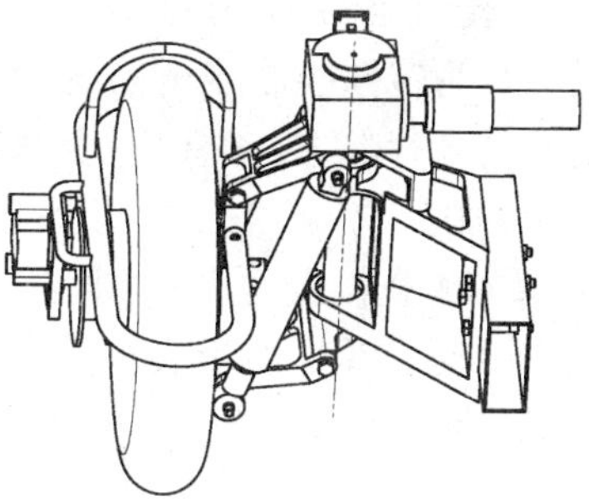

b)

图2.4　a）机箱和b）转向机构

2.2.2　电气设计

图2.5是一个全向HEV电气设计的轮廓。系统中含有五个部分：所述控制器系统、转向接口、驱动接口、转向执行器和驱动执行器。

在转向接口内，有一个赛车方向盘，方向盘上有换档杆以及用于方向和模式选择的六个按钮。系统组装了一个LCD、一个键盘和一个鼠标以进行调试和测试。驱动接口由两个踏板、一个电子加速踏板和一个用于液压制动系统的制动踏板组成。转向执行器包括四个无刷直流电动机与相对位置的编码器。驱动执行器包括四个驱动电动机，即无刷直流轮毂电动机。控制器系统由两个子系统组成，一个用于转向控制，另一个用于驱动控制。两个系统通过彼此的通信相互连接。

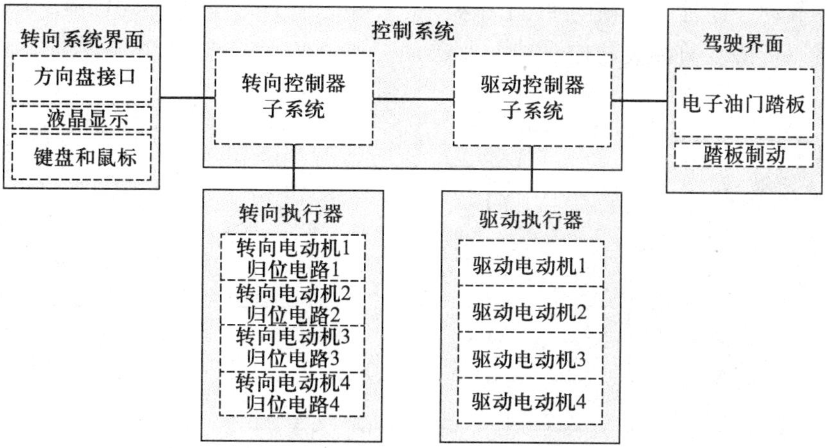

图2.5　控制器系统

2.2.2.1 转向控制器子系统

图2.6为转向控制器子系统。一台PC104配置了一个英特尔奔腾M1.1GHz处理器、1GB存储器，并以一个1GB的CF卡作为硬盘。该PC104作为转向控制器子系统的核心控制器，其采用的操作系统为Linux DSL 2.4。

该PC104直接发送命令到转向电动机控制器，每个命令都标记有一个ID。Maxon公司的EPOS用于转向电动机的位置控制，它配备有任一CAN总线或RS232用于通信。全向HEV采用RS232 CAN门连接的配置。

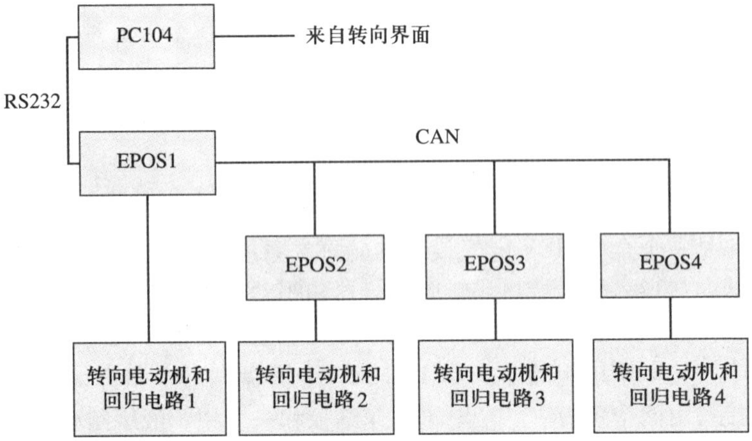

图2.6 转向控制器子系统

2.2.2.2 驱动控制器子系统

在驱动控制器子系统（见图2.7）中，有一个DSP（TMS320F2812）的核心控制器以及四个直流无刷电动机控制器。

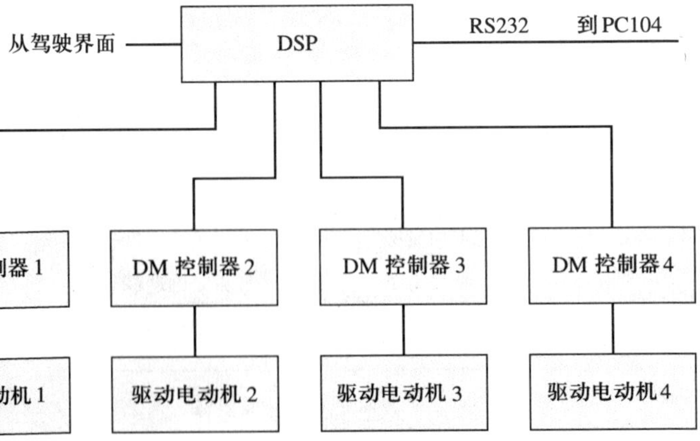

图2.7 驱动控制器子系统

DSP 从电子加速踏板获得电压信号，并将其发送到四个驱动电动机控制器上。传统车辆的差异部分的复杂程度在该驱动器线控子系统中已大大降低。四个驱动电动机的方向在每六个方式（三个模式，每个模式有两个方向）中都是不同的，如表 2.3 所示，其中 B 和 F 分别表示向后和向前。

表 2.3　驱动电动机的方向

	向前 （#1#2#3#4）	向后 （#1#2#3#4）
2FWS	（B B F F）	（F F B B）
ZRT	（F F F F）	（B B B B）
LP	（F B B F）	（B F F B）

2.2.3　转向角定位

在转向子系统的设计中，每个转向机构的转向角的绝对位置是一个明显的问题，因为转向电动机中的编码器作为相对位置的传感器是唯一有效的，而且电源上的每个步骤都要求校准。McKerrow 和 Ratner 已经在进行转向角校准的研究[62]。并且，这种复杂的校准方法必须在每个上电步骤中进行。

在全向车辆中，我们利用一种光学传感器作为每个转向电动机的归巢传感器以解除校准的麻烦。图 2.8 阐述了这个概念。我们将一个具有在一个半环的边

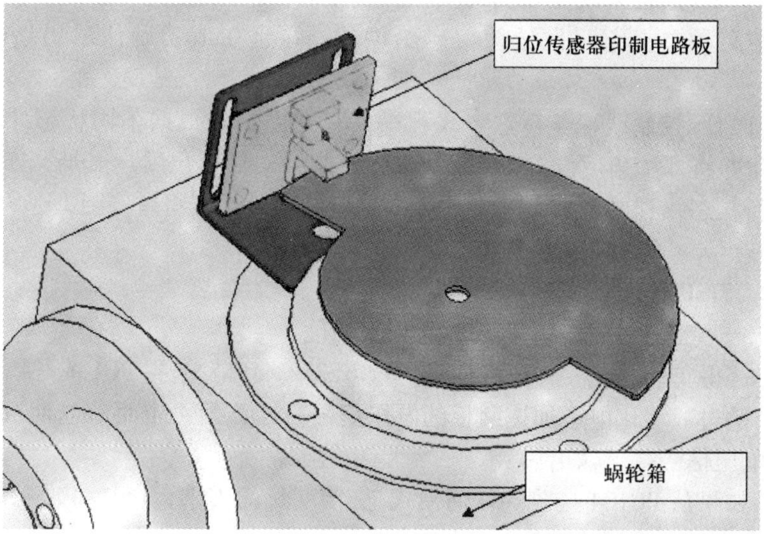

图 2.8　归位装置

缘切断形状的圆板阻塞件固定在减速齿轮箱的输出轴的上端。来自光学传感器的电压变化的优势使其成为绝对位置校准的理想方法。

2.2.4 软件

由于有大量控制器和端口，即两个内核控制器、八个外设控制器、两个RS232端口和一个USB端口，如何保持同步性以防止它们发生冲突需要更深入的研究。在这两个内核控制器中，当DSP工作缓慢时，PC104会高效地工作。

2.2.4.1 PC104计划

在PC104的算法中，有两种结构变量：一个被称为车辆状态，用于移位、方向盘的转角和速度等模式存储；另一种是车辆临时状态，它将存储模式和移位来作为方向盘转向的临时输入。对于实时性能而言，它们工作时有三个线程，即方向盘读写线程、更新状态线程和EPOS控制线程。它们的功能如下：

1）方向盘读写线程。一旦方向盘转角发生任何变化，它会读取来自方向盘的信息并且更新车辆角度状态。如果模式按钮或换档杆发生任何变化，车辆临时状态模式或车辆临时状态转换将仅在车辆不处于运动的时候更新。

2）更新状态线程。这个线程在车辆临时状态模式≠车辆状态模式或转变车辆临时状态≠车辆转变状态的状态之前一直空闲。如果模式存在差异，它首先将中断从EPOS控制线程过来的EPOS RS232端口的使用，以防止发生冲突。此后，它会将命令发送到每个EPOS来使其初始化到新模式。初始化成功后，线程开始采用DSP通信来改变其模式状态。最后，它设置新的模式为车辆状态模式。如果存在移位差，它将发送该信息给DSP，并且在成功确认后更新转变车辆状态。

3）EPOS控制线程。在这个线程中，它的算法是根据车辆状态计算出的四个转向角并将那些角度设置为四个EPOS控制器的目标角度。但是，如果有任何来自更新状态线程的释放EPOS RS232端口的信号，它将暂停与EPOS的通信并开始空转。

2.2.4.2 DSP程序

DSP支持单个线程，该程序具有以下功能：

1）获得车辆速度。将速度信号通过RS232端口发送到PC104。

2）通过数字化电子加速踏板的电压信号，计算出4个驱动电动机控制器加速度的电压信号并且输出。

3）如果从PC104接收到任何模式/交接变化的需求，DSP将改变模式/移位状态，而且如果成功就回复。

2.2.5　用户界面

图 2.9 所示为用户界面。我们采用罗技 Momo 作为方向盘，它的按钮模式为“怠速运转”“2FWS”“ZRT” 和 “LP”。换档杆被同样集成到方向盘装置上。电子加速踏板和制动踏板位于和传统汽车同一个地方。

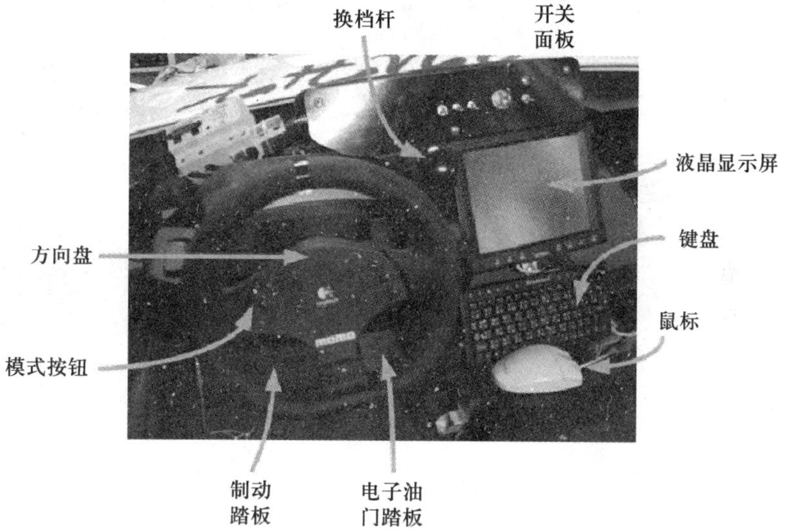

图 2.9　用户界面

2.3　实施和测试

随着全向 HEV 的平台的开发，我们了解到了 ZRT 和 LP 的功能，并且证实了停车场景中其显著的优势。我们的测试（见图 2.10）是在场景中安排的两种最流行的停车方式，即并行和串行。

在实验中，包含 ZRT 和 LP 两种功能的全向 HEV 表现良好。驾驶员的路线的选择和实行的需求得到了大大的缓解。旋转和平移的解耦使驾驶者能够更自由、更轻松地操控车辆。然而，由于在通过所述减速齿轮箱不可避免带来插入转向机构的间隙，即输入齿轮和输出齿轮之间的间隙，每个车轮具有约 ±3°错误。结果，2FWS 和 ZRT 在测试中都表现得令人满意，而 LP 的平移解决了因为齿轮间隙增大引起的横向摩擦所带来的挑战。

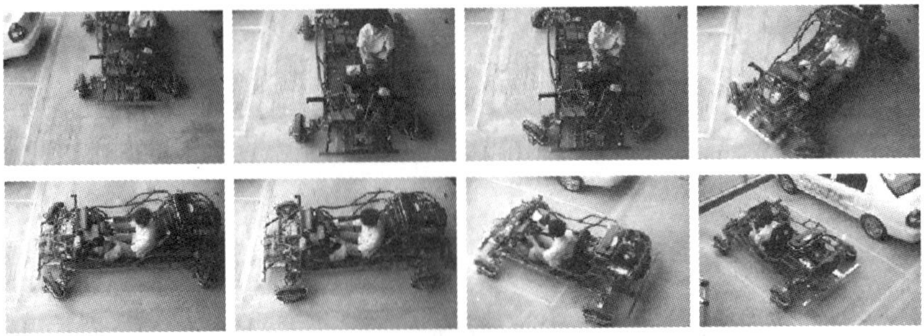

a) ZRT 测试

b) LP 测试

图 2.10　在两种不同的间隙阵列的停车实验

2.4　摘要

本章介绍了全向 HEV 的系统和设计，这种系统和设计与传统车辆类似，融合了 ZRT 和类似 2FWS 的 LP 功能。受益于 4WIS 和 4WID 的功能特性，HEV 成为一个合成其他运动（如线性平移即转向不变的平移）的平台。

第 3 章　四轮独立转向控制

本章介绍四轮独立转向（4WIS）控制。3.1 节描述了 4WIS 汽车的数学模型。在 3.2 节提出了扩展转向界面的原型和概念。3.3 节介绍了动力反馈控制器的设计。3.4 节对转向运动控制器进行了简化。3.5 节讨论了仿真模型的结构和模型仿真结果。

3.1　模型建立

本节介绍 4WIS 汽车的数学模型。车辆坐标系及相应的符号如图 3.1 所示。数字 1、2、3、4 分别代表左前、左后、右前、右后车轮。车轮中心点坐标为 $(x_i,\ y_i)$，$i=1,\ 2,\ 3,\ 4$。转向角为 δ_i。v_x 和 v_y 分别为车辆质心沿 x、y 轴的速度，ω 为质心的横摆角速度。为了将来能更好地评价所建控制器的性能，在建模时车身、轮胎和转向器都采用动力学模型。

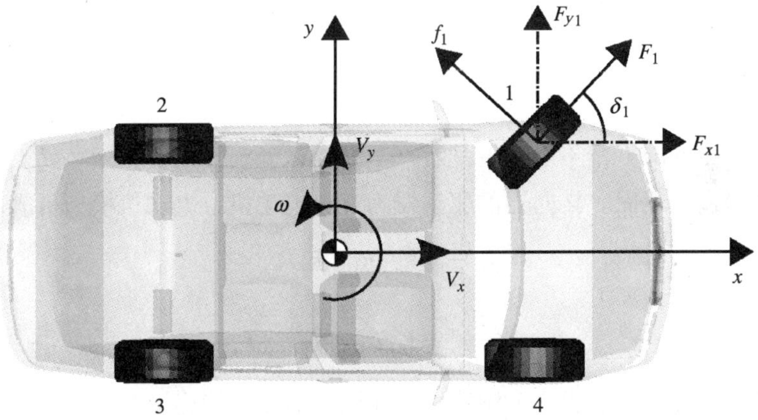

图 3.1　汽车模型参考坐标系和符号

3.1.1　车身

在建模中，只考虑车辆的纵向运动、横向运动和横摆运动，忽略垂直、侧顷和俯仰运动。

整车重量假设均匀地分布在每个车轮上。因此，每个车轮在垂直方向上的受

力为 $N/4$。根据参考文献［92］，车辆的动力学方程表示如下：

$$\sum_{i=1}^{4} F_{x_i} = m(\dot{v}_x - v_y\omega) \tag{3.1}$$

$$\sum_{i=1}^{4} F_{y_i} = m(\dot{v}_y + v_x\omega) \tag{3.2}$$

$$\sum_{i=1}^{4} (F_{y_i}x_i - F_{x_i}y_i) = I_z\dot{\omega} \tag{3.3}$$

式中，m 和 I_z 分别为整车质量和转动惯量；F_{x_i} 和 F_{y_i} 分别为车轮转向节在 x 和 y 轴方向所受的力。它们可表示为

$$F_{x_i} = F_i\cos\delta_i - f_i\sin\delta_i \tag{3.4}$$

$$F_{y_i} = F_i\sin\delta_i + f_i\cos\delta_i \tag{3.5}$$

3.1.2 轮胎

车轮产生的力是通过转向节作用于车身的。车轮纵向力 F_i 由车辆驱动装置产生，而侧向力 f_i 由车轮侧向滑移运动引起。车轮纵向力假设与驱动装置的输出扭矩成正比，横向力可由 Pacejka 魔术轮胎模型进行估计[2]：

$$f(\alpha_i) = D\sin(C\arctan\{B\alpha_i - E[B\alpha_i - \arctan(B\alpha_i)]\}) \tag{3.6}$$

式中，B、C、D 和 E 是轮胎参数。α_i 是车轮 i 的滑移角，可由如下公式得到：

$$\alpha_i = \delta_i - a\tan2(v_y + \omega x_i, v_x - \omega y_i) \tag{3.7}$$

3.1.3 转向器

在车辆模型中，每个车轮上都有一个转向器并独立驱动。车轮转向轴通过车轮中心并垂直于地面。转向器的驱动器为直流电动机，电动机模型可表示为

$$L\frac{\mathrm{d}i}{\mathrm{d}t} = V - Ri - K_\mathrm{b}\omega_\mathrm{m} \tag{3.8}$$

$$J_\mathrm{m}\frac{\mathrm{d}\omega_\mathrm{m}}{\mathrm{d}t} = K_\mathrm{m}i - K_\mathrm{f}\omega_\mathrm{m} - T_\mathrm{m} \tag{3.9}$$

上式中相关符号在表 3.1 中给出。在电动机输出端连接有一个减速器，用以提高电动机的输出扭矩。减速器的齿轮传动比应合理选择，这样才能保证输出足够的扭矩抵抗来自外界道路的干扰，同时，输出合理的转向速度。假设在传动过程中没有能量损失，电动机和负载之间的动力学关系为

$$\frac{T_\mathrm{m}}{T_\mathrm{L}} = \frac{\omega_\mathrm{L}}{\omega_\mathrm{m}} = n \tag{3.10}$$

$$J_\mathrm{L}\frac{\mathrm{d}\omega_\mathrm{L}}{\mathrm{d}t} = T_\mathrm{L} + T_\mathrm{d} \tag{3.11}$$

把式（3.10）和式（3.11）代入式（3.8）和式（3.9）中，可得到

$$L\frac{\mathrm{d}i}{\mathrm{d}t}=V-Ri-nK_{\mathrm{b}}\omega_{\mathrm{L}} \tag{3.12}$$

$$(J_{\mathrm{m}}+n^2J_{\mathrm{L}})\frac{d\omega_{\mathrm{L}}}{\mathrm{d}t}=nK_{\mathrm{m}}i-K_{\mathrm{f}}\omega_{\mathrm{L}}+n^2T_{\mathrm{d}} \tag{3.13}$$

表 3.1　仿真模型中各参数的符号和大小

	符号	单位	数值
重力加速度	g	kg · m^{-2}	9.8
整车质量	m	kg	1000
整车转动惯量	I_z	kg · m^2	1600
车轮 1 中心点坐标	(x_1, y_1)	m	(1.25, 0.75)
车轮 2 中心点坐标	(x_2, y_2)	m	(−1.25, 0.75)
车轮 3 中心点坐标	(x_3, y_3)	m	(−1.25, −0.75)
车轮 4 中心点坐标	(x_4, y_4)	m	(1.25, −0.75)
侧偏刚度	C_α	N/rad	25000
输出扭矩	T_{L}	N · m	—
电动机转矩	T_{m}	N · m	—
驱动力矩	T_{d}	N · m	—
输出轴角速度	ω_{L}	rad/s	—
电动机转子角速度	ω_{m}	rad/s	—
输出轴转动惯量	J_{L}	kg · m^2	0.08
电动机转子转动惯量	J_{m}	kg · m^2	6.96×10^{-6}
传动比	n	—	1/200
电压	V	V	—
电流	i	A	—
电动机电阻	R	Ω	2.07
电动机自感	L	H	6.2×10^{-4}
电动势系数	K_{b}	V · s/rad	0.0525
电枢常数	K_{m}	N · m/A	0.053
摩擦系数	K_{f}	N · m · s/rad	1.4×10^{-3}
反馈力增益（ϕ_1）	$K_{\phi1}$	—	10
反馈力增益（ϕ_2）	$K_{\phi2}$	—	10
P 控制增益 P	$K_{\mathrm{p}}^{\mathrm{p}}$	—	10
P 控制增益 I	$K_{\mathrm{i}}^{\mathrm{p}}$	—	0.01
P 控制增益 D	$K_{\mathrm{d}}^{\mathrm{p}}$	—	1
K 控制增益 P	$K_{\mathrm{p}}^{\mathrm{k}}$	—	100
K 控制增益 I	$K_{\mathrm{i}}^{\mathrm{k}}$	—	10
K 控制增益 D	$K_{\mathrm{d}}^{\mathrm{k}}$	—	10

3.2 转向接口扩展

传统的车辆转向机构中只有方向盘输入（旋转），而这对于 ICR 是不够的。因此，4WIS 汽车需要扩展转向接口。随着线控转向技术的应用，转向接口的扩展主要是针对 ICR 并将其传递到转向控制器。在不做任何模式切换的情况下，扩展转向接口通过一个友好的用户界面来定位 ICR。

3.2.1 接口设计

转向接口方式如图 3.2 所示，它可以认为是传统车辆转向的延伸。传统车辆方向盘是固定的，而通过附着在滑轨上，扩展转向接口中方向盘具有两个自由度，即旋转和平移。方向盘上同时还有一个滑动按钮；分别以 ϕ_1、ϕ_2 和 ϕ_3 代表方向盘的转向输入。方向盘旋转和平移接头间装有力反馈制动器，用来控制所有 ICR 组合中的转向输入。扩展转向界面比较直观，保留了传统车辆的转向方式，即方向盘及其旋转。滑动方向盘相当于纯粹的平移运动，滑动节点同时可以控制组合运动。

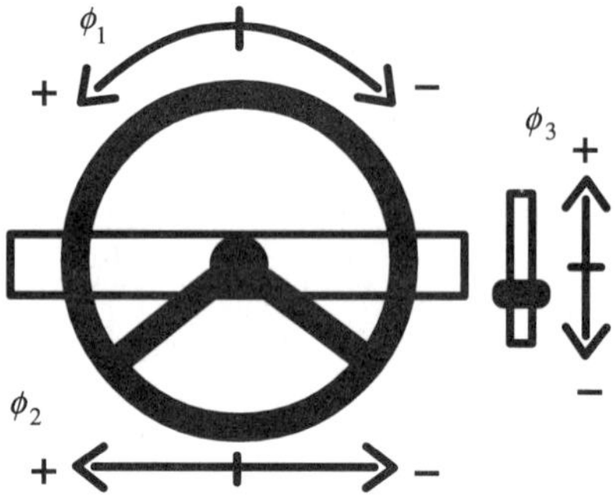

图 3.2　扩展转向接口

3.2.2 ICR 定义目标

图 3.3 展示了 ICR 系统中轴与输入转向的关系，这里用简化的单轨道模型来进行说明。图中，（x_F，0）（x_R，0）和（ϕ_3，0）分别是前轮、后轮和 ICR 轴初始点（ICR 轴和 x 轴的交点）的中心坐标，坐标系的原点在车辆的几何中心。

$\cot(\phi_1)$ 表示 ICR 和 ICR 轴初始点的距离；$\cot(\phi_1) > 0$ 表示向左转向（ICR 逆时针转动），而 $\cot(\phi_1) < 0$ 表示向右转向（ICR 顺时针运动）。转向结果相当于传统 2WFS 系统中，当 $\phi_2 = 0$ 和 $\phi_3 = x_R$ 的情况。为了使操作更直观，只有方向盘左转才会左转弯和只有方向盘右转才会右转弯。因此，ϕ_1 的范围限制在 $-\pi/2 \leqslant \phi_1 \leqslant \pi/2$，这个限制将影响 ICR 的连续运动，使其不能通过 ICR 起点。

定义 ϕ_2 为 ICR 轴和 y 轴之间的夹角，当 $\phi_1 = 0$ 时，改变 ϕ_2 的值使汽车在不同方向上执行单纯的平动（见图 3.4d）。为了直观表现，只有当方向盘左向滑移时，汽车向左运动，并且只有当方向盘右向滑移使汽车向右平移。因此，ϕ_2 的

取值范围是 $-\pi \leq \phi_2 \leq \pi$。

定义 ϕ_3 为 ICR 轴起点的位置。从理论上讲，使用 ϕ_1 和 ϕ_2 已经足以确定在二维平面上的位置。加入额外的转向输入 ϕ_3 为了模仿的几种传统的转向行为，使转向更直观。例如，当 $\phi_2 = 0$ 和 $\phi_3 = x_R$ 时，车辆执行典型的前两轮转向（2WS）（见图 3.4a）；当 $\phi_3 = (x_F + x_R)/2$ 时，车辆执行典型的 4WS（见图 3.4b）；当 $\phi_3 = x_F$ 时，车辆执行典型的后 2WS（见图 3.4c）。

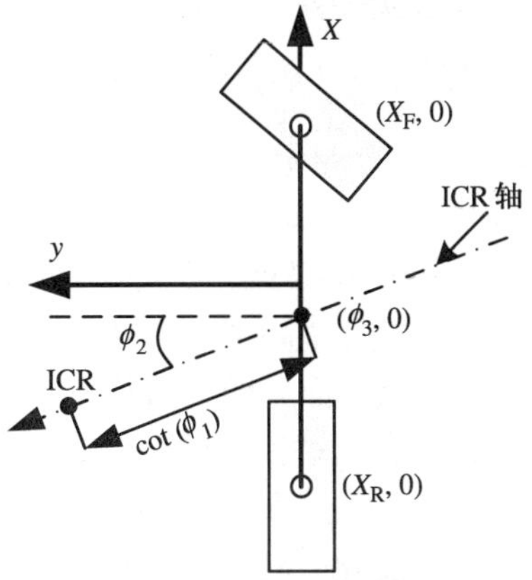

图 3.3　ICR 系统中 ICR 轴和输入转向的关系

ICR 的目标坐标（x_{ICR}^T，y_{ICR}^T）可以用如下方程表示：

$$\begin{bmatrix} x_{ICR}^T \\ y_{ICR}^T \end{bmatrix} = \begin{bmatrix} \cos\phi_2 & -\sin\phi_2 \\ \sin\phi_2 & \cos\phi_2 \end{bmatrix} \begin{bmatrix} 0 \\ \cot\phi_1 \end{bmatrix} + \begin{bmatrix} \phi_3 \\ 0 \end{bmatrix} = \begin{bmatrix} \phi_3 - \cot\phi_1 \cdot \sin\phi_2 \\ \cot\phi_1 \cdot \cos\phi_2 \end{bmatrix} \tag{3.14}$$

通过组合转向的输入，车辆可以执行任何 ICR 或任何方向移动，而不需要模式切换操作。

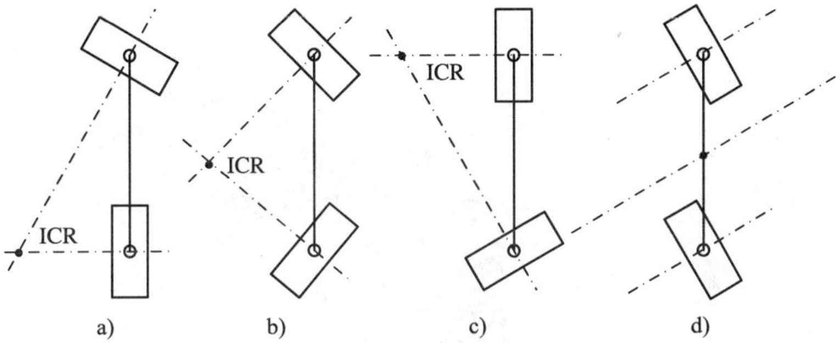

图 3.4　转向结果举例

3.2.3　定义车轮的转向目标

当 ICR 的目标确定后，其转向目标就能被确定。在运动学的限制条件下，车轮的方向要满足下面条件：

$$\omega \times (r_i - r_{ICR}) = v_i \tag{3.15}$$

式中，v_i是车轮 i 的纵向速度；r_i 和 r_{ICR}分别是车轮 i 和 ICR 的中心位置。

在外接转向中，$\phi_1 \neq 0$ 和 $\phi_1 = 0$ 分别表示转向运动和平移运动。因为$(x_{ICR}^{T}, y_{ICR}^{T}) \neq (x_i, y_i)$，车轮 i 的转向可用式（3.15）得到：

$$\delta_i^{T} = \begin{cases} a\tan2[D(x_i - x_{ICR}^{T}), -D(y_i - y_{ICR}^{T})] & \phi_1 \neq 0 \\ \phi_2 & \phi_1 \neq 0 \end{cases} \tag{3.16}$$

式中，$D = \text{sign}(\phi_1)$，D 的取值是 1 或 -1，分别表示逆时针转动或顺时针转动。

当$(x_{ICR}^{T}, y_{ICR}^{T}) \neq (x_i, y_i)$时，车轮 i 的目标转向是不能被定义的。坐标（x_i, y_i）为奇点，而车辆在转向时，车轮 i 是不滚动的，只在地面上做绕车辆扭转，此时轮胎发生磨损。此外，如果 ICR 的运动通过奇点，那么必须立即调整车轮，使其转 π 角度。即使 ICR 的运动不通过奇点，但只要接近，也可能导致目标取向的巨大变化。转向传动机构在接近目标值时，响应可能不够快。因此，目标最好远离奇点。

3.2.4 硬件原型

图 3.5 为扩展转向接口的硬件原型。扩展转向接口中，把转动（ϕ_1）和滑动（ϕ_2）关节连接到力反馈电动机上。方向盘直接安装在力反馈电动机的输出轴上，而滑轨是通过齿条和齿轮连接到力反馈电动机上。每个电动机都安装了光学编码器，从而获得每个节点的位置。单片机收集每个转向接口的位置信息，并将它发送到车辆控制系统。这里单片机也充当了力反馈控制器，通过车辆控制系统获取适当的接口位置信息。

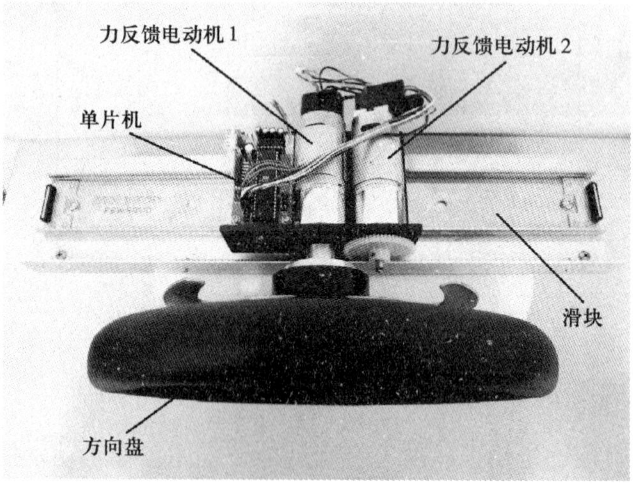

图 3.5 扩展转向接口的原型

3.3　力的反馈控制

实际转向条件应该反馈到转向接口，以同步目标和实际转向运动。它可以帮助驾驶者感知车轮和地面的状况，从而提高对车辆的操纵，而它可以通过当前的转向车轮 δ_i^C得到。

3.3.1　确定当前转向条件

在转动时，所有车轮的转动轴相交于一点，即 ICR。然而，由于道路干扰并不总是可以得到实时瞬态。图 3.6 说明了常见的车轮的方向。因此，当前 ICR 近似坐标为（x_{ICR}^C，y_{ICR}^C），是到每个旋转轴的最短距离坐标点。用最小二乘法求得近似值，找到一组坐标，使其坐标和车轮 i 的旋转轴之间的距离（d_i）的二次方之和最小：

$$\text{Minimize} \sum_{i=1}^{4} d_i^2 \tag{3.17}$$

这个最短距离 d_i可以通过下式得到：

$$d_i^2 = (y_{ICR}^C - m_i x_{ICR}^C - c_i)^2/(m_i^2 + 1) \tag{3.18}$$

式中，$m_i = \tan(\delta_i^C + \pi/2)$ 是斜率；$c_i = y_i - x_i m_i$是车轮 i 旋转轴在 y 轴上的截距。

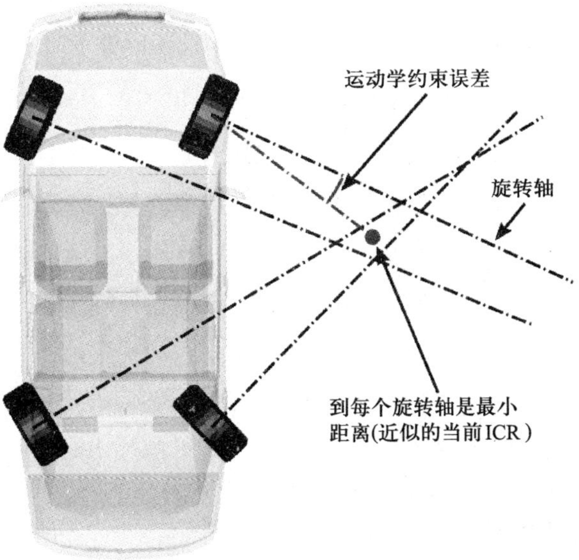

图 3.6　近似的当前 ICR

式（3.17）对 $x_{\mathrm{ICR}}^{\mathrm{C}}$ 和 $y_{\mathrm{ICR}}^{\mathrm{C}}$ 分别求偏导数，将得到

$$\begin{aligned}\sum_{i=1}^{4}\frac{\partial d_i^2}{\partial x_{\mathrm{ICR}}^{\mathrm{C}}}&=\sum_{i=1}^{4}\frac{2m_i^2x_{\mathrm{ICR}}^{\mathrm{C}}-2m_iy_{\mathrm{ICR}}^{\mathrm{C}}+2c_im_i}{m_i^2+1}=0\\ \sum_{i=1}^{4}\frac{\partial d_i^2}{\partial y_{\mathrm{ICR}}^{\mathrm{C}}}&=\sum_{i=1}^{4}\frac{2y_{\mathrm{ICR}}^{\mathrm{C}}-2m_ix_{\mathrm{ICR}}^{\mathrm{C}}-2c_i}{m_i^2+1}=0\end{aligned}\tag{3.19}$$

通过求解式（3.19），可以得到现在 ICR 的近似值为

$$(x_{\mathrm{ICR}}^{\mathrm{C}},y_{\mathrm{ICR}}^{\mathrm{C}})=\left(\frac{BF-CE}{AE-B^2},\frac{AF-BC}{AE-B^2}\right)\tag{3.20}$$

式中，$A=\sum_{i=1}^{4}\frac{2m_i^2}{m_i^2+1}$，$B=\sum_{i=1}^{4}\frac{2m_i}{m_i^2+1}$，$C=\sum_{i=1}^{4}\frac{2c_im_i}{m_i^2+1}$，$E=\sum_{i=1}^{4}\frac{2}{m_i^2+1}$ 和 $F=\sum_{i=1}^{4}\frac{2c_i}{m_i^2+1}$。

当 $AE-B^2\neq0$ 时，可以找到当前的 ICR 坐标，车辆旋转轴执行旋转运动。当 $AE-B^2=0$ 时，无法找到当前的 ICR，说明此时所有的旋转轴是平行的，在这种情况下，车辆做纯粹的平移运动。

3.3.2 参考力反馈

力反馈控制器使用 $\hat{\phi}_1$ 和 $\hat{\phi}_2$ 作为反馈力转向节点 ϕ_1 和 ϕ_2 的参考值，并且用 $\hat{\phi}_1$ 和 $\hat{\phi}_2$ 代表转向输入值 ϕ_1 和 ϕ_2，这样目标 ICR 等于当前 ICR 近似值。

在做平移运动（$AE-B^2=0$）时，$\hat{\phi}_1$ 和 $\hat{\phi}_2$ 的值由下式可得：

$$\hat{\phi}_1=0\tag{3.21}$$

$$\hat{\phi}_2=(\delta_1^{\mathrm{C}}+\delta_2^{\mathrm{C}}+\delta_3^{\mathrm{C}}+\delta_4^{\mathrm{C}})/4\tag{3.22}$$

在做旋转运动（$AE-B^2\neq0$）时，$\hat{\phi}_1$ 和 $\hat{\phi}_2$ 的值由下式可得：

$$\hat{\phi}_1=D^{\mathrm{C}}\cot^{-1}\left(\sqrt{(x_{\mathrm{ICR}}^{\mathrm{C}}-\phi_3)^2+y_{\mathrm{ICR}}^{\mathrm{C}\,2}}\right)\tag{3.23}$$

$$\hat{\phi}_2=a\tan2(D^{\mathrm{C}}(\phi_3-x_{\mathrm{ICR}}^{\mathrm{C}}),D^{\mathrm{C}}y_{\mathrm{ICR}}^{\mathrm{C}})\tag{3.24}$$

式中，D^{C} 表示当前的转动方向，用 r_i-r_{ICR} 来确定转向的正负：

$$D^{\mathrm{C}}=\mathrm{sign}[\delta_i^{\mathrm{C}}-a\tan2(y_i-y_{\mathrm{ICR}}^{\mathrm{C}},x_i-x_{\mathrm{ICR}}^{\mathrm{C}})]\tag{3.25}$$

式中，i 可以选择任意选取，但车轮方向中心等于当前的 ICR。因此，建议选择的车轮中心距当前 ICR 最远。

改变当前 ICR 使其接近（ϕ_3，0），这可能会导致 $\hat{\phi}_2$ 的巨大变化，但是这个 ϕ_2 的变化对 ICR 的影响很小。出于这个原因，建议当 ICR 接近 ICR 轴的起点时，减少反馈力对转向以指数形式输入 ϕ_2。因此，力反馈输入误差 ϕ_1 和 ϕ_2 为

$$e_{\phi_1} = \hat{\phi}_1 - \phi_1 \tag{3.26}$$

$$e_{\phi_2} = (\hat{\phi}_2 - \phi_2)(1 - \mathrm{e}^{-k|\cot(\hat{\phi}_1)|}) \tag{3.27}$$

式中，k 是衰减常数。

3.3.3 电动机转矩控制

电动机产生的转矩与电流成正比：$T_\mathrm{m} = K_\mathrm{m} i$。电动机模型（3.8）可以简化为一个 RL 电路；因此

$$i = (V - K_\mathrm{b}\omega_\mathrm{m})\frac{1}{R}(1 - \mathrm{e}^{-(R/L)t}) \tag{3.28}$$

假设时间常数 R/L 是非常大的，电动机产生的转矩可以简化为

$$T_\mathrm{m} = \frac{K_\mathrm{m}}{R}(V - K_\mathrm{b}\omega_\mathrm{m}) \tag{3.29}$$

因此我们可以生成所需的转矩 τ^t 遵循输入电压：

$$V = \frac{R}{K_\mathrm{m}}\tau^t + K_\mathrm{b}\omega_\mathrm{m} \tag{3.30}$$

3.3.4 力反馈控制器的结构

反馈力和反馈参考 e_{ϕ_i} 成正比，其中 $i=1$，2。因此，所需转矩变成

$$\tau^t = K_{\phi_i} e_{\phi_i} + K_\mathrm{f}\omega_\mathrm{m} \tag{3.31}$$

式中，K_{ϕ_i} 为比例常数。$K_\mathrm{f}\omega_\mathrm{m}$ 是用来补偿黏性摩擦力，把式（3.31）代入式（3.30）得

$$V = \frac{RK_{\phi_i}}{K_\mathrm{m}} e_{\phi_i} + \left(\frac{RK_\mathrm{f}}{K_\mathrm{m}} + K_\mathrm{b}\right)\omega_\mathrm{m} \tag{3.32}$$

比例增益 K_{ϕ_i} 可以根据需求调整，同时它还控制同步公差。增加增益 K_{ϕ_i} 可以减少同步误差，但它也可以减少转向运动的反应时间。

3.4 基于转向控制器

转向控制中，保证最小横向滑移是一个至关重要的控制目标，当车轮滑移时，车轮上会产生不希望的侧向力，增加驾驶的机械应力和诱导行驶阻力产生。它将消耗额外的驱动能量，降低车辆的稳定性。因此，提出了基于转向控制器的两个控制目标：①控制车轮方向的目标方向，同时②使所有车轮在运动学约束中。第一个目标是通过位置控制器实现，而第二个目标是通过运动学约束控制器

完成。作为虚拟连杆的运动约束控制器，使每个车轮滑移降到最低。

3.4.1 位置误差

位置控制器采用位置误差作为参考来控制转向执行机构，使车轮转向趋于目标值。位置误差是目标转向 δ_i^{T} 和当前方向 δ_i^{C} 的差值：

$$e_i^{\mathrm{P}} = \delta_i^{\mathrm{T}} - \delta_i^{\mathrm{C}} \tag{3.33}$$

3.4.2 运动学约束误差

为了保证车轮转向在运动学约束中，需要使每个车轮的运动学约束误差 e_i^{k} 量化。

在做纯粹的平移运动时，当前 ICR 应该趋于无穷。在这种情况下，运动约束是所有车轮的方向应该是相同的。当前运动方向是近似于所有车轮平均值的。因此，车轮的运动学约束误差被定义为

$$e_i^{\mathrm{k}} = (\delta_1^{\mathrm{C}} + \delta_2^{\mathrm{C}} + \delta_3^{\mathrm{C}} + \delta_4^{\mathrm{C}})/4 - \delta_i^{\mathrm{C}} \tag{3.34}$$

在做旋转运动时，每个车轮的运动学约束误差被定义为需求的额外转向角，这样车轮的转动轴在当前 ICR 相交（见图 3.6）。

在式（3.20）中，当 $AE - B^2 \neq 0$ 时，可以找到当前 ICR 的坐标。类似于式（3.16），通过运动学约束，可以确定各车轮的合适方向（δ_i^{a}），如下：

$$\delta_i^{\mathrm{a}} = a\tan2[D^{\mathrm{C}}(x_i - x_{\mathrm{ICR}}^{\mathrm{C}}), -D^{\mathrm{C}}(y_i - y_{\mathrm{ICR}}^{\mathrm{C}})] \tag{3.35}$$

在这种情况下，每个车轮的运动学约束误差被定义为

$$e_i^{\mathrm{k}} = \delta_i^{\mathrm{a}} - \delta_i^{\mathrm{C}} \tag{3.36}$$

当 $AE - B^2 = 0$ 时，当前 ICR 无法被找到。这意味着所有旋转的轴平行，在这种情况下，式（3.20）将不适用。它还必须满足纯平移运动的运动学约束，因此，在这种情况下运动学约束误差为零。

3.4.3 基于转向控制器的结构

运动学约束控制器不能用来单独控制转向运动，因为它不能通过转向接口去控制车轮转向接近目标值，它必须通过配合位置控制器才能实现。因此，采用基于转向的方法。图 3.7 所示是基于转向控制器结构。它包含位置控制器（简称 P

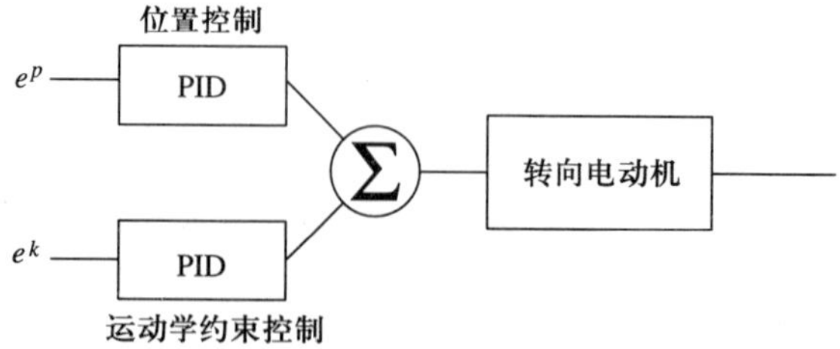

图 3.7　基于转向控制器的框图

控制）和运动学约束控制器（简称 K 控制）。每个控制都有自己的 PID 增益，增加 K 控制器增益可以减少车轮偏差，但它也会增加沉淀时间。因此，应根据应用程序的需求决定，增加 K 控制器和 P 控制器之间的增益比例。这里我们考虑 K 控制大约是 P 控制的 10 倍时，它可以得出令人满意的结果。

3.4.4　稳定性分析

从式（3.36）得知，转向运动的运动学约束控制器是高度非线性的。为了分析控制系统的稳定性，将转向运动的运动学约束控制器线性化，如同纯平移运动的控制。采用式（3.12）和式（3.13）进行稳定性分析，添加的下标 i 用来区分每个轮子的变量。根据基于转向控制器的设计（见图 3.7），式（3.12）中的控制输入 V_i 为

$$V_i = K_{\mathrm{p}}^{\mathrm{p}} e_i^{\mathrm{p}} + K_i^{\mathrm{p}} \int e_i^{\mathrm{p}} \mathrm{d}t + K_{\mathrm{d}}^{\mathrm{p}} \dot{e}_i^{\mathrm{p}} + K_{\mathrm{p}}^{\mathrm{k}} e_i^{\mathrm{k}} + K_i^{\mathrm{k}} \int e_i^{\mathrm{k}} \mathrm{d}t + K_{\mathrm{d}}^{\mathrm{k}} \dot{e}_i^{\mathrm{k}} \tag{3.37}$$

假设没有干扰力矩，控制系统可以用状态方程表示

$$\dot{\boldsymbol{X}} = \boldsymbol{A}\boldsymbol{X} \tag{3.38}$$

其中

$$\boldsymbol{X} = [x_1 \quad x_2 \quad \cdots \quad x_{16}]^{\mathrm{T}} \tag{3.39}$$

$$\begin{bmatrix} x_{4(i-1)+1} \\ x_{4(i-1)+2} \\ x_{4(i-1)+3} \\ x_{4(i-1)+4} \end{bmatrix} = \begin{bmatrix} \int \delta_i \mathrm{d}t \\ \delta_i \\ \delta_i \\ i_i \end{bmatrix} \tag{3.40}$$

$$\boldsymbol{A} = \begin{bmatrix} G & H & H & H \\ H & G & H & H \\ H & H & G & H \\ H & H & H & G \end{bmatrix} \tag{3.41}$$

$$\boldsymbol{G} = \begin{bmatrix} 0 & 1 & 0 & 0 \\ 0 & 0 & 1 & 0 \\ 0 & 0 & \dfrac{-K_{\mathrm{f}}}{J_{\mathrm{m}} + n^2 J_{\mathrm{L}}} & \dfrac{K_{\mathrm{m}}}{J_{\mathrm{m}} + n^2 J_{\mathrm{L}}} \\ \dfrac{-4K_i^{\mathrm{p}} - 3K_i^{\mathrm{k}}}{4} & \dfrac{-4K_{\mathrm{p}}^{\mathrm{p}} - 3K_{\mathrm{p}}^{\mathrm{k}}}{4} & \dfrac{-4K_{\mathrm{d}}^{\mathrm{p}} - 3K_{\mathrm{d}}^{\mathrm{k}}}{4} & \dfrac{-R}{L} \end{bmatrix} \tag{3.42}$$

$$H=\begin{bmatrix}0&0&0&0\\0&0&0&0\\0&0&0&0\\\dfrac{K_i^{\mathrm{k}}}{4}&\dfrac{K_{\mathrm{p}}^{\mathrm{k}}}{4}&\dfrac{K_{\mathrm{d}}^{\mathrm{k}}}{4}&0\end{bmatrix}\tag{3.43}$$

使用的参数见表3.1，式（3.41）所有的特征值有负的实部。因此可以得出结论，选择PID参数的控制系统是稳定的。

3.5　实验仿真

出于安全原因，在实际车辆应用之前，必须在虚拟环境中提出扩展转向接口设计和算法进行验证。通过硬件在环（HIL）仿真，实时窗口选择目标[38]在MATLAB仿真HIL环境。为实现转向的影响，虚拟现实工具箱[37]用于可视化车辆运动。

3.5.1　仿真环境结构

图3.9所示为整个HIL仿真平台，图3.8所示为HIL仿真模拟的体系结构。它由一个PC主机和硬件组成，PC主机和硬件之间的通信是通过RS232串行线连接。PC主机充当一个车辆控制系统，与扩展转向接口连接和从脚踏板接收信号。它分别从扩展转向接口和动力学模型获得信息，计算车轮的目标转向和适当的转向接口位置，同时，它还充当一个转向电动机控制器。用PC主机模拟转向运动和车身响应，去评估反馈控制器和转向接口，车辆和车轮的运动可以在虚拟环境中现实可视化。硬件仿真包括扩展转向接口和脚踏板，在扩展转向接口，输入转向 ϕ_3 在PC主机实现，脚踏板决定每个车轮的纵向力。表3.1给出了建模和模拟中使用的符号和数值。

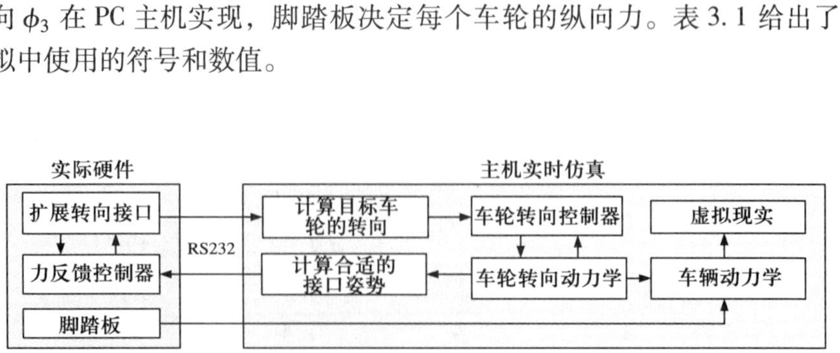

图3.8　HIL仿真结构

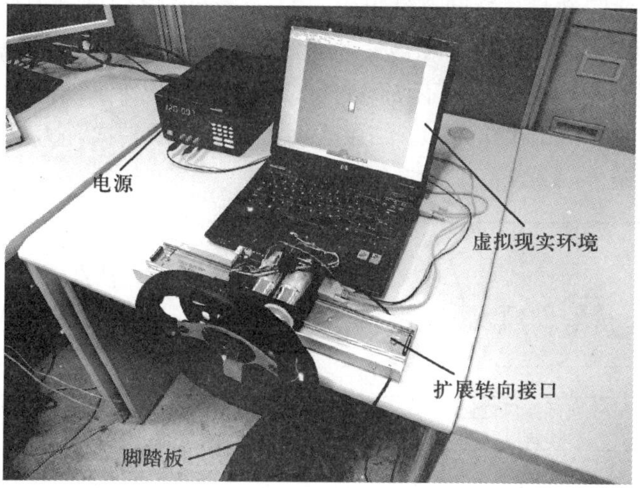

图3.9 HIL仿真平台

3.5.2 转向运动仿真

在HIL仿真中，作者引入不同的转向输入。图3.10所示为当 $\phi_3 = -1.25$ 时的仿真结果。所有的转向运动是正确的，ICR可以在任何一点不断变化。扩展转向接口为驾驶员提供全方位可控性，使其可以体验舒适和强大的驾驶形式。

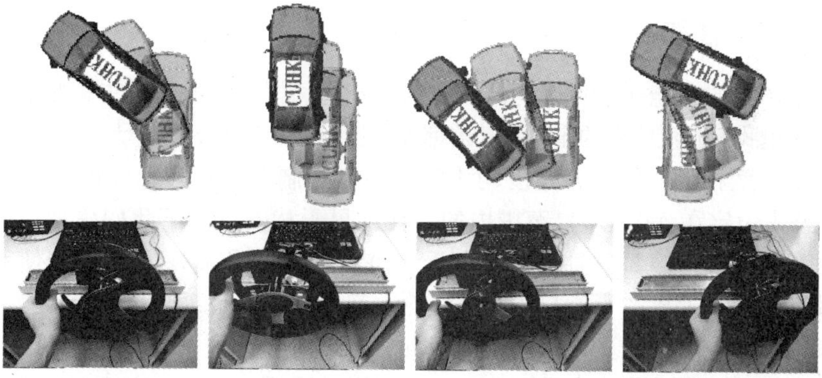

图3.10 几种转向举例

3.5.3 力反馈仿真

在力反馈仿真中，驾驶员试图随机迅速改变转向。图3.11分别为有力反馈控制器和没有时的仿真结果。实际的和最佳的驾驶姿势分别用实线和虚线标记。

可以观察到，实际和最佳这两个结果之间有一定的时间延迟（大约 0.2s）。通过力反馈控制，使实际接口位置和最佳的曲线曲率比不使用力反馈控制更加接近。当补偿时间延迟时，在使用和不使用力反馈控制的情况下，实际和最佳之间的最大误差分别为 0.09rad 和 0.2rad。结果表明，通过扩展转向，力反馈控制器成功反映车轮驱动条件。

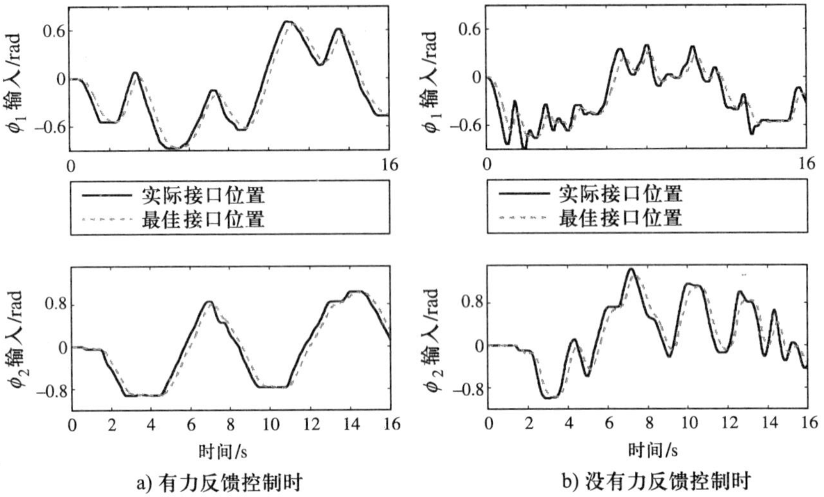

图 3.11 力反馈控制仿真结果

3.5.4 转向性能

这个仿真的功能在于更好的认识在外界干扰的情况下如何对车轮侧滑产生影响的。这里我们假设所有的车轮驱动器都提供恒定且相等的力矩，大小为 250N·m。车辆的初速度和车轮的偏转角度均为零。用于控制车辆回转运动的控制单元的 ICR 是预先设定在（0，10）范围内的。在外界干扰的情况下我们施加一个脉冲力矩对车轮 1 进行仿真，时间设定为 2s。仿真结果如图 3.12 所示。当使用基于位置控制器时，外界的干扰只对转向车轮 1 起作用，但是，当基于行为控制器应用于其他转向轮时，仿真结果和图 3.12b 完全吻合。通过对图 3.12c 和图 3.12d 的比较可以很容易地得出一致调整对车轮侧滑的重要性。另一方面，如果在初始阶段就使用基于行为控制器对减少车轮的侧滑也是非常明显的。车辆的纵向速度如图 3.13 所示，可以看出，使用基于行为控制器对减少外界干扰对车辆的影响要好于基于位置控制器。综上所述，对车轮的调整使用基于行为控制器对行驶阻力是有效的。

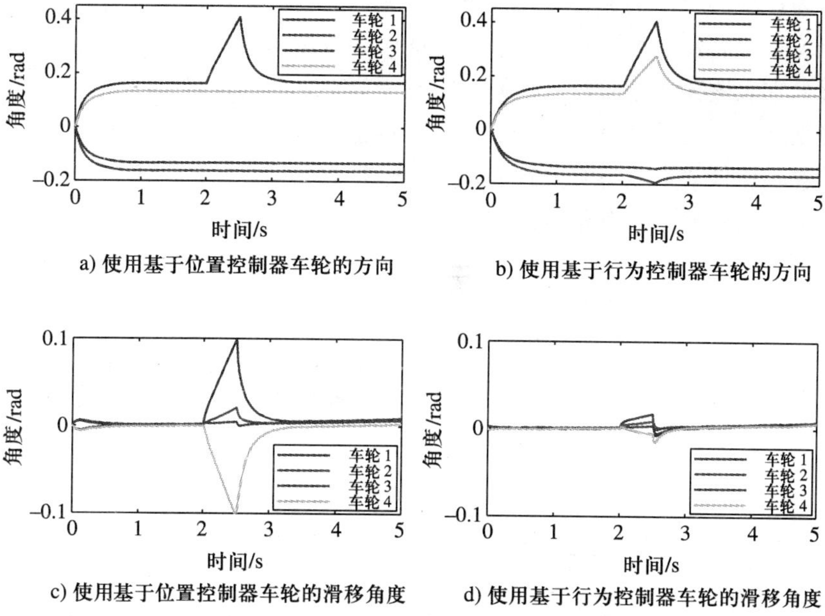

a) 使用基于位置控制器车轮的方向

b) 使用基于行为控制器车轮的方向

c) 使用基于位置控制器车轮的滑移角度

d) 使用基于行为控制器车轮的滑移角度

图 3.12 转向控制仿真结果

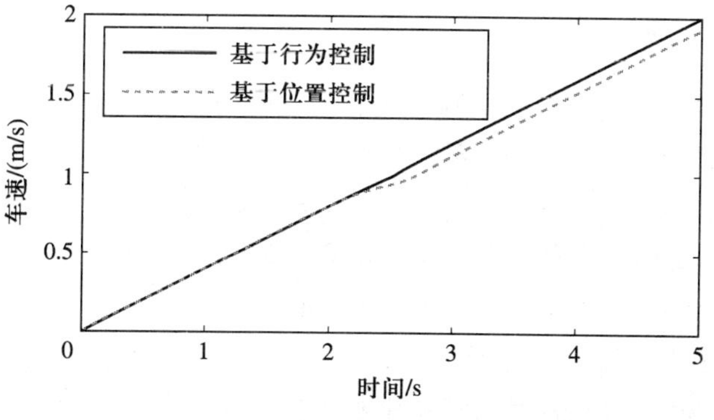

图 3.13 通过使用基于位置控制器和基于行为控制器的纵向速度

3.5.5 行驶轨迹的跟踪

这个仿真的目的在于评估基于行为控制器对行驶轨迹的影响。我们假设所有驱动器的力矩均为零，车辆的初始速度设为 3m/s，车辆的初始偏转角度均为零。车辆被要求直线行驶，一个脉冲力矩在外界干扰的情况下作用于车轮 1，时长 1s。图 3.14 展现了使用基于行为控制器和使用基于位置控制器对行驶轨迹的影响。图中的圆圈每 2s 标注一下车辆的位置。当外界的干扰作用于车辆时，使用基于行为控制器对车辆的行驶轨迹产生很大的影响，然而，这种变化很快地与使用基于位置控制器的变化相同。另外，图中还显示车辆在基于行为控制器下能跑得更远，它表明使用基于行为控制器能够提升车辆的传动效率，但是它的弊端在于能轻微地改变运动轨迹。事实上，对非自主控制的车辆来说，这并不是一个严重的问题，就像我们没有必要预先定义一个精确的运动轨迹给车辆。并且，驾驶员可以很轻松地修正行驶轨迹的偏移。

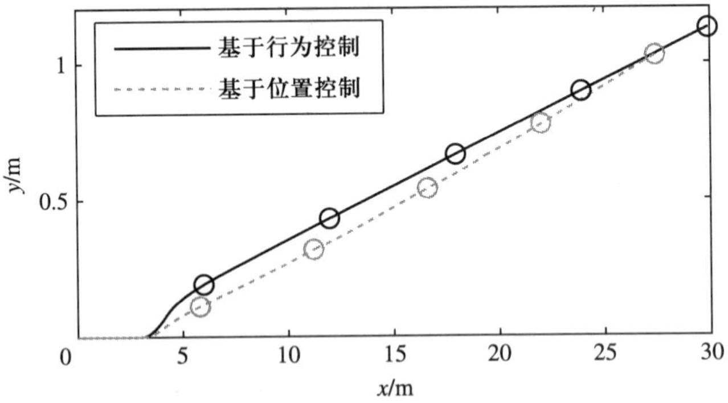

图 3.14 通过使用基于位置控制器和基于行为控制器的驾驶路径

3.5.6 驱动效率

为了能正确评估基于行为控制器对驱动效率的影响，在下面的仿真中我们记录两个指标（参数）：车辆在仿真结束时的动能（K. E.）和作用于转向电动机的平均功率（A. P.）。仿真将在三种不同的转向模式下进行：直线行驶、固定的 ICR（0，10）、变化的 ICR［变化范围（0，－3）和（0，3）］。三种模式下初始转向角度均为零，所有的驱动器提供恒定的统一的力矩，大小为 250N · M。随机的干扰作用于车轮上进行若干次仿真，表 3.2 展现了仿真的结果。其中 P 和 B 分别表示使用基于位置控制器和使用基于行为控制器，＋D 表示作用于每个车轮上的随机干扰。仿真结果表明，无论在何种模式下，使用基于行为控制器在仿真结束时的动能都比较大，这表明，在很多工况下基于行为控制器的使用能够有效地减小行驶阻力。对平均功率来说，除了在直线行驶模式下，使用基于行为控制器的大小都要小于使用基于位置控制器。我们推测使用基于行为控制器也能有效地减少车轮的能量损耗。这些结果表明，通过使用基于行为控制器，车辆动能的增加不依赖于平均功率的增加。总之，基于行为控制器的使用能够提升驱动和行驶的效率。

表 3.2 在不同转向下动能和 A. P. 值表格

	直线行驶		固定的 ICR		变化的 ICR	
	K. E. /J	A. P. /W	K. E. /J	A. P. /W	K. E. /J	A. P. /W
P	1008	0	925	525	937	761
B	1008	0	1022	485	978	661
P + D	993	115	916	544	886	838
B + D	1000	164	1013	513	970	744

3.6 总结

本章全面展示了在线控系统下 4WIS 汽车的情况。这套系统包括扩展转向接口连接的基于行为控制器，通过使用扩展转向接口，驾驶者可以用传统的方式操纵 4WIS 汽车，或者无需任何模式转换使用 ICR 功能。这套系统还包括通过力反馈功能把车轮状况反馈给驾驶员。这套转向接口硬件原型还可以被开发来验证所提出的设计方案。HIL 仿真实验已经证明转向接口和力反馈控制的正确性。基于行为转向控制器集成了位置控制器和运动约束控制器。运动约束控制器起到加到车轮上的虚拟约束的作用，以使车轮的侧滑最小。通过这种方法，不再需要轨迹规划。这对非自主控制车辆行驶在不能被预先判断的道路上时是非常有利的。一系列的仿真实验目的就在于检验控制器的性能。仿真的结果表明，基于行为控制器相对于基于位置控制器来说，在小范围路径偏移下无论在驱动还是转向效率上都有很大的提高。

第 4 章　四轮独立驱动控制

本章介绍了四轮独立驱动控制。4.1 节介绍了驱动力的分配，包括确定性力的产生和最优驱动力的分配。4.2 节主要介绍直接横摆力矩控制（DYC），内容包括车轮滑转观测器、横摆角速度误差观测器和航向误差观测器。这两节也会给出具体的数值仿真结果。

4.1　驱动力分配

四轮独立驱动（4WID）和四轮独立转向（4WIS）电动汽车是一种创新性的结构[75]。在 4WID 结构中，由于可独立地控制每个车轮的转向，因此可以使汽车向任意一个方向行驶。在 4WID 结构中，每个车轮都以轮毂电动机独立驱动。因此，每个车轮上的驱动力可以独立控制。驱动力的独立控制有利于优化驱动效率[115]和提高车辆稳定性[75,95,104]。

车辆稳定性是指汽车跟随指定曲率（回转半径）的能力。在 4WID 汽车的稳定性控制中 DYC 是最常见的控制方法[23,24]。它依赖于车辆运动所反馈的信息来实现控制。但是，由于车辆精确的运动信息很难获取，这使得 DYC 很难实现。在 4WID 驱动力分配控制中，能不依赖于汽车运动信息，最常见也最简单的方法是驱动力平均分配。然而，从车辆稳定性的角度，驱动力平均分配并不是最好的方法。研究发现，在转向时，由驱动力平均分配所产生的横摆力矩总是大于实际所需要的（见 4.1.3 节）。额外的横摆力矩总是迫使车辆偏离给定的回转半径而因此引起转向过度。

因此，本章提出了最优驱动力分配，在不利用任何车辆运动反馈信息的情况下提高 4WID - 4WIS 的稳定性。它是通过运用所提出的确定性力产生的算法实现的。确定性力产生的算法决定驱动力在每个车轮上所施加的横摆力矩和车身的侧向力。该算法只取决于车身的质心位置、车轮的位置和司机控制的输入譬如转向角和加速踏板等。这些信息容易获取而且不需要调整参数。因此该算法很容易实现。虽然驱动力分布和确定性力的生成算法是为 4WID 和 4WIS 所设计的，但是它们也可以应用于任何 4WID 转向的类型，比如 2WS 型，而 4WIS 是任何转向装置的一般情况。

图 4.1 是本章使用的一个 4WID - 4WIS 模型。因此只考虑平面运动，侧倾、俯仰和垂直运动被忽略。坐标系统的原点位于车身的质心。ICR 表示瞬时旋转中

心，δ_i 是车轮 i 的转向，这个参数可以被一个目标 ICR 决定。R 是转向半径，v 和 ω 分别表示切向加速度和角加速度，β 表示质心的转动角度，F_i 和 f_i 分别表示车轮上的纵向（分力）和侧向力。切向方向被定义为质心偏移方向，同时向心方向定义为朝向 ICR 的方向。

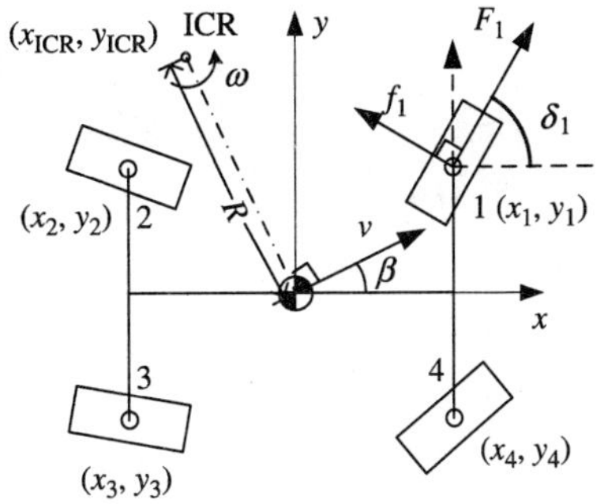

图 4.1　4WID－4WIS 汽车模型

4.1.1　确定性力的产生

由纵向驱动力所提供的摆动力矩和向心力是可控的。为了产生所需的摆动力矩以及向心力 ε_m 和 ε_n，驱动力可以表示成如下形式：

$$\text{向心力：}\sum_{i=1}^{4} b_i F_i = \varepsilon_n \tag{4.1}$$

$$\text{横摆力矩：}\sum_{i=1}^{4} c_i F_i = \varepsilon_m \tag{4.2}$$

式中，$b_i = \sin(\delta_i - \beta)$，$c_i = x_i \sin\delta_i - y_i \cos\delta_i$。切向力 ε_t 可以写成

$$\text{切向力：}\sum_{i=1}^{4} a_i F_i = \varepsilon_t \tag{4.3}$$

式中，$a_i = \cos(\delta_i - \beta)$，且全部的驱动力是由加速踏板所决定时：

$$\sum_{i=1}^{4} |F_i| = F_{total} \tag{4.4}$$

式中，F_{total} 等于总驱动力且与油门加速踏板的角度成正比。为了简化约束（4.4）并提供适当的切向加速度，牵引力进一步约束为

$$F_i \geqslant 0,\quad \forall i = 1,\ 2,\ 3,\ 4 \tag{4.5}$$

结合式（4.1）~式（4.5），驱动力分解的公式为

$$\begin{bmatrix} F_1 \\ F_2 \\ F_3 \\ F_4 \end{bmatrix} = A^{-1} \begin{bmatrix} \varepsilon_t \\ \varepsilon_n \\ \varepsilon_m \\ F_{total} \end{bmatrix} \tag{4.6}$$

当 $A = \begin{bmatrix} a_1 & a_2 & a_3 & a_4 \\ b_1 & b_2 & b_3 & b_4 \\ c_1 & c_2 & c_3 & c_4 \\ 1 & 1 & 1 & 1 \end{bmatrix}$ 时。

因为 ε_t 与行驶需求相关，是不固定的，所以驱动力分配有多个解。但是，ε_t 不能自由分配。为了满足约束条件（4.5），所选择的 ε_t 对所有的 i 必须有 $F_i \geqslant 0$。图 4.2 所示为在 ε_t 的容许范围内使用以下参数：$F_{total} = 1000N$，$ICR = (-1.25, 6.31)$，$\varepsilon_m = 0$，$\varepsilon_n = 0$。在本例中，ε_t 被限制在 977.9 ~ 982.7N 之间。为了取得最大的驱动效能，ε_t 应该选择尽可能大的值。这个选择标准被定义为方法 I。图 4.3 所示为运用方法 I 在不同的 ICR 下车轮 1 上的力分布。在图中，x 和 y 轴表示 ICR 的位置。可以看到，在不同的区域分布力不连续，而且差别很大。扭矩突然大的变化可能会损坏轮毂电动机。再者，过大的驱动力可能引起严重的车轮滑移，因此可能降低车辆稳定性。这个代替的标准被称之为方法Ⅱ，方法Ⅱ所选的 ε_t 使每个车轮上的力差别最小：

$$\text{最小化} \quad \sum_{i=1}^{4}\left(F_i - \frac{F_{total}}{4}\right)^2 \tag{4.7}$$

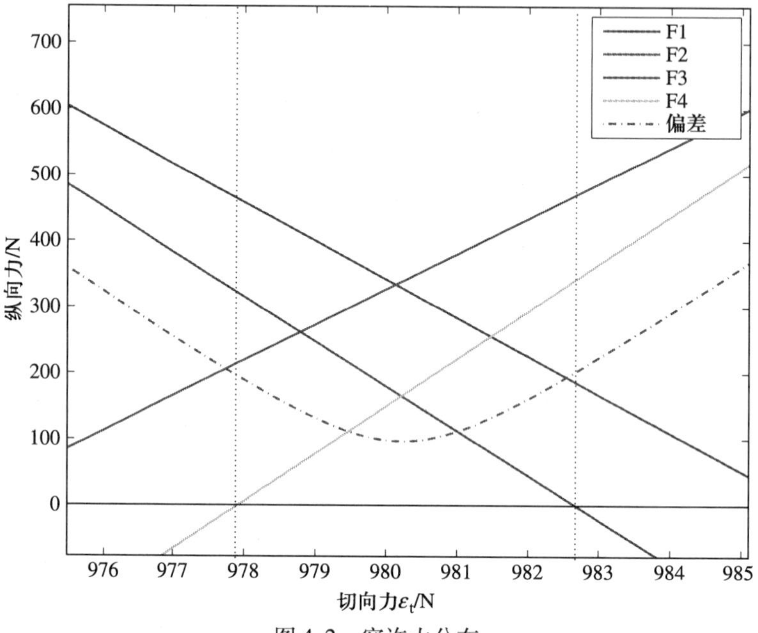

图 4.2 容许力分布

这个方程可以运用拉格朗日乘数法求解。拉格朗日方程于是可以写成

$$L(F_i, \lambda_i) = \sum_{i=1}^{4}\left(F_i - \frac{F_{total}}{4}\right)^2 + \lambda_1\left(\sum_{i=1}^{4}F_i - F_{total}\right) + \lambda_2\left(\sum_{i=1}^{4}b_iF_i - \varepsilon_n\right) + \lambda_3\left(\sum_{i=1}^{4}c_iF_i - \varepsilon_m\right) \tag{4.8}$$

对式（4.8）求关于 F_i 的偏微分方程可得

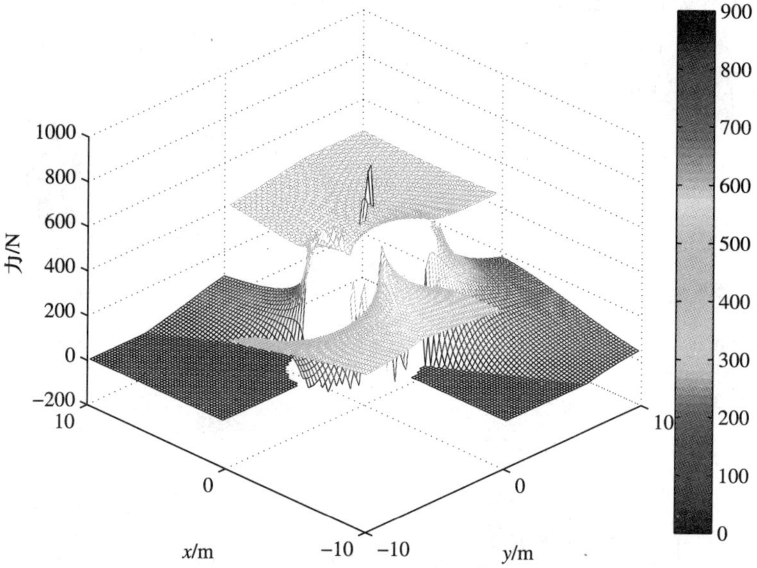

图 4.3　方法 I 的力分布

$$\Delta_{F_i} L(F_i,\ \lambda_i) = 2F_i + \lambda_1 + \lambda_2 b_i + \lambda_3 c_i - \frac{F_{\text{total}}}{2} = 0 \tag{4.9}$$

可得

$$F_i = -\frac{1}{2}\left(\lambda_1 + \lambda_2 b_i + \lambda_3 c_i - \frac{F_{\text{total}}}{2}\right) \tag{4.10}$$

把式（4.10）代入式（4.1）、式（4.2）和式（4.4）可得

$$\begin{bmatrix} 4 & \sum b_i & \sum c_i \\ \sum b_i & \sum b_i^2 & \sum b_i c_i \\ \sum c_i & \sum b_i c_i & \sum c_i^2 \end{bmatrix} \begin{bmatrix} \lambda_1 \\ \lambda_2 \\ \lambda_3 \end{bmatrix} = \begin{bmatrix} 0 \\ \frac{F_{\text{total}}}{2}\sum b_i - 2\varepsilon_{\text{n}} \\ \frac{F_{\text{total}}}{2}\sum c_i - 2\varepsilon_{\text{m}} \end{bmatrix} \tag{4.11}$$

而 λ_i 可以根据 ε_{m} 和 ε_{n} 表示出：

$$\lambda_i = o_i + n_i\varepsilon_{\text{n}} + m_i\varepsilon_{\text{m}} \tag{4.12}$$

式中，m_i、n_i 和 o_i 可以用逆矩阵法从式（4.11）中推导出。把式（4.12）代入式（4.10），然后 F_i 就可以用 ε_{m} 和 ε_{n} 表示出：

$$F_i = o_i + N_i\varepsilon_{\text{n}} + M_i\varepsilon_{\text{m}} \tag{4.13}$$

式中，M_i、N_i 和 o_i 可以从式（4.10）和式（4.12）中推导出。

图 4.4 通过方法 II 展示了车轮 1 在不同 ICR 下的动力分配。力在不同 ICR 之间是连续变化的，并且变化是相对较小的，并且切向的合力也变小了。图 4.5 展

示了方法Ⅰ和方法Ⅱ之间 ε_t 的差异百分率。当转弯半径大于 1m 时，差异百分率小于 1%，转弯半径如果增加差异百分率会继续减小。为了进一步提高车辆的稳定性而牺牲小于 1% 的切向力是值得的。

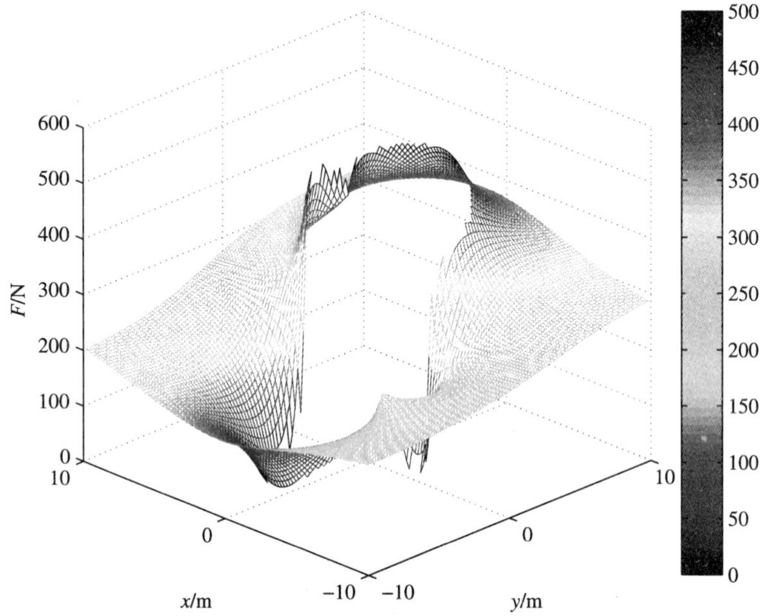

图 4.4　方法Ⅱ下车轮的动力分配

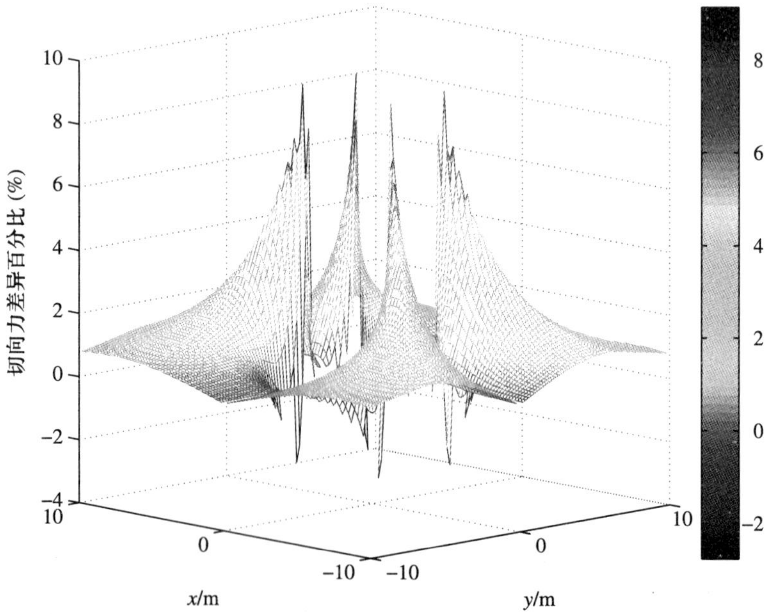

图 4.5　方法Ⅰ和方法Ⅱ之间的差异百分率

尽管设想的生成力的算法可以确定性地产生所需的横摆力矩 ε_m 和向心力 ε_n，但 ε_m 和 ε_n 的值根据车轮方向和总驱动力被限制在了一个确定的范围中，为了实现约束（4.5），ε_m 和 ε_n 应该按如下选取：

$$O_i + N_i\varepsilon_n + M_i\varepsilon_m \geqslant 0 \quad \forall i = 1, 2, 3, 4 \tag{4.14}$$

有了这四个不等式约束就可以构建关于 ε_m 和 ε_n 的约束图像。图4.6是如下参数下的约束不等式图像：$F_{total} = 1000N$，ICR 坐标为（-1.25，6.31）。其中黄色区域代表可接受的横摆力矩和侧向力。

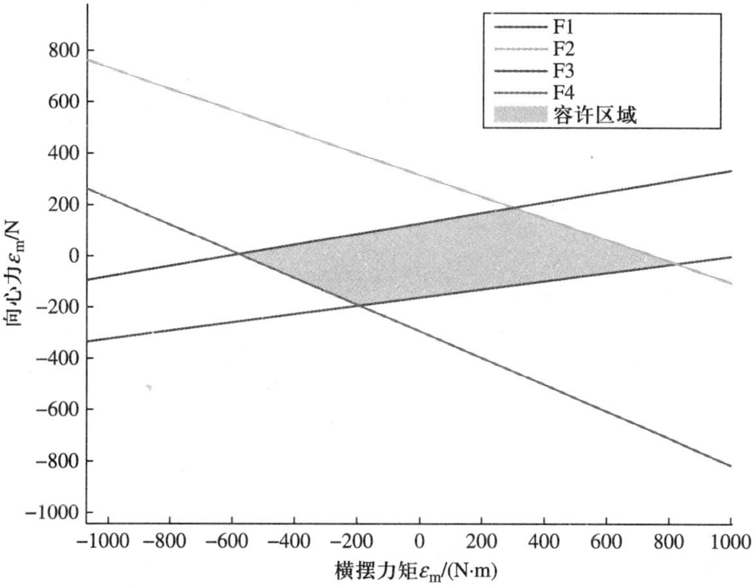

图4.6 约束不等式图和容许区域

4.1.2 最佳驱动力分配

车辆实现给定曲率的能力被称为车辆稳定性，为了遵循给定的曲率，车辆的横摆力矩和向心力的合成根据其速度和角加速度应该等于确定的值。4WID 汽车最常见的动力分配是均匀地分配。在转弯的时候，均匀动力分配不仅产生切向力，而且产生横摆力矩。图4.7所示为在不同ICR时均匀动力分配产生的横摆力矩。当车辆的角加速度很小的时候，产生的横摆力矩通常大于需要的值，从而导致过度转向。如果车辆的速度超过临界速度就会产生极限过度转向，车辆就会失去控制从而转向过度。因此，均匀驱动力分配从车辆稳定性角度来说不是一个好的选择。

在3.1节中认识到车辆动力学是高度非线性的，尽管可以直接控制轮胎纵向

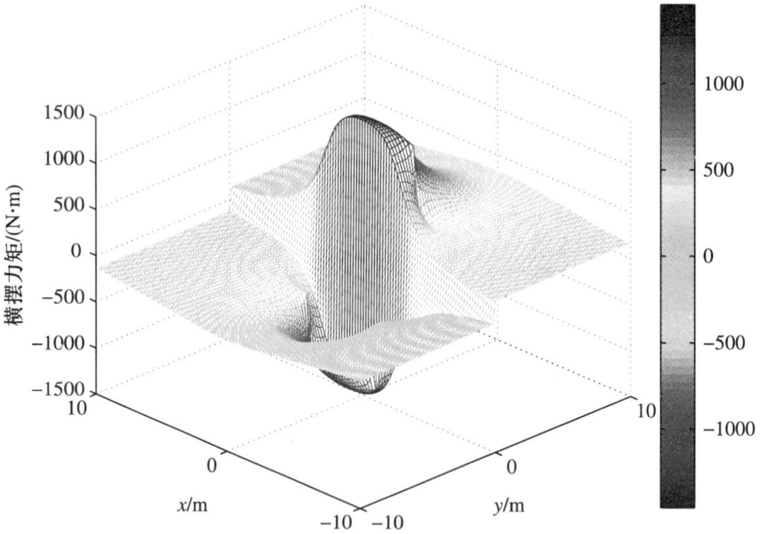

图 4.7　均匀动力分配产生的横摆力矩

力，但轮胎侧向力就不是这个情况了，轮胎的侧向力是很难测量的。为了让车辆保持给定的转向曲率，有一种方法就是避免轮胎的一切侧滑。这可以通过轮胎纵向力提供所有需要的横摆力矩和向心力来实现。然而像 4.1.1 节中提到的，由轮胎纵向力提供的横摆力矩和向心力是有限的，这种方法只有在车辆速度和角加速度在一定范围内才是可行的，在高速转向时不可能避免一切车轮的侧滑。因此，提出动力分配的目的在于提供一个把路径遵循错误最小化的稳定的状态。

我们都知道中性转向和转向不足据说都是稳定的但是中性转向遵循给定曲率的倾向更高，因此要让驱动力分配接近中性转向，可以通过分配驱动力让横摆力矩和向心力为零来实现。

为了确定驱动力分配，我们采用 4.1.1 节中展示的方法Ⅱ。每个车轮的期望驱动力可以通过式（4.13）结合下列约束来确定：

$$\varepsilon_{\mathrm{m}}=0 \quad \varepsilon_{\mathrm{n}}=0 \tag{4.15}$$

提出的驱动力分配仅取决于车轮的方向、加速踏板的角度和车辆的几何参数，而不涉及行驶速度或角加速度等任何动力学信息，因此不需要任何运动传感器，从而提出的动力分配更容易实现。

图 4.4 展示了车轮 1 在不同 ICR 下的动力分配，表面中间的黑色区域意味着在式（4.15）的约束条件下式（4.14）无解。在图解表示法中，这意味着原点不在阴影区域中。在这种情况下，满足约束（4.14）是没有解的，ε_{m} 被修改为在阴影区域的一个接近原点的值。通过评估由式（4.14）所构建的不等式约束曲线图，可以找到合适的 ε_{m}。图 4.8 所示为车轮 1 完整的载荷分布，图 4.9 所

示为其产生的横摆力矩。这些横摆力矩总是小于那些由均布载荷产生的横摆力矩。

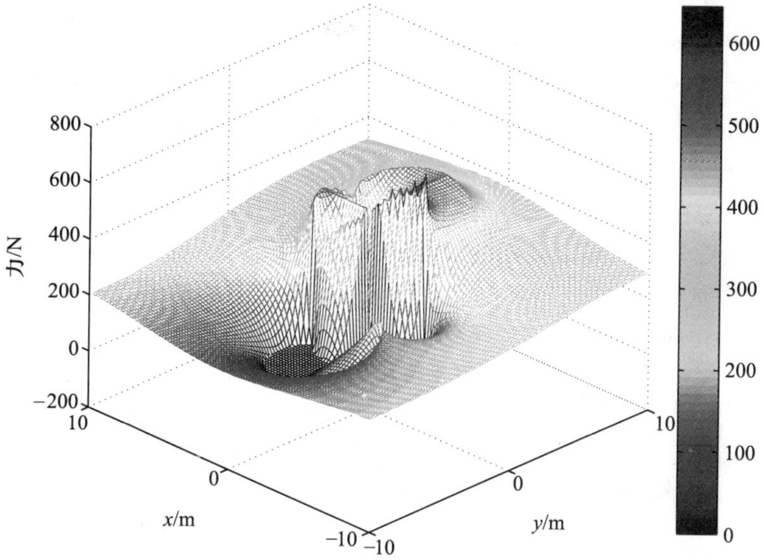

图 4.8　完整的载荷分布

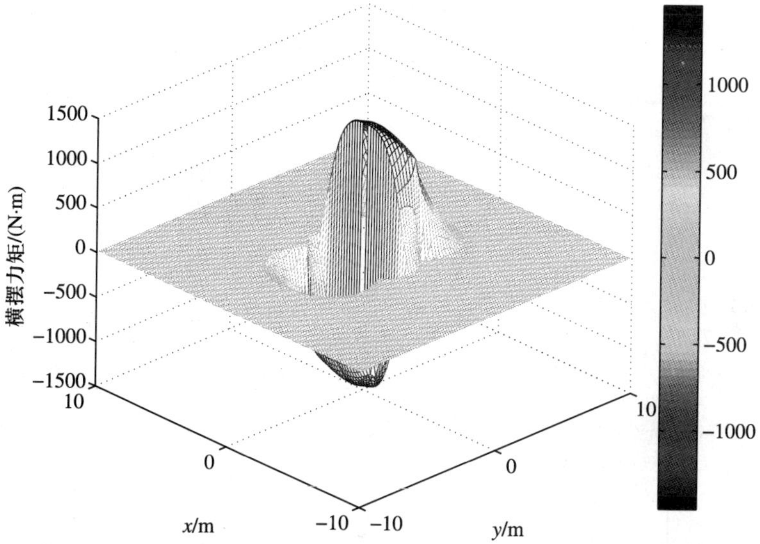

图 4.9　给定（推荐）载荷分布下的横摆力矩

4.1.3　性能分析

通过仿真，评估给定（推荐）载荷分布下的性能表现。使用均布载荷仿真的结果也被拿来作比较。评估分成两部分：车辆稳定性和操纵效率。在3.1节中提出的数学模型被用来仿真。在这些仿真中，速度初值和总驱动力分别被设置为0m/s和1000N。此外，还假定驱动力可以按需控制，绝对没有任何误差和延迟。

4.1.3.1　车辆稳定性

表4.1为在不同转向半径目标下使用给定（推荐）载荷分布和均布载荷下的转向半径百分比误差。最初的以及稳定状态下的百分比误差都被记录在表格中。正误差表示合成的转向半径比目标转向半径大，负误差则与之相反。图4.10所示为转向半径随时间变化，目标转向半径一直保持在79.58m。

表4.1　不同转向半径下的跟踪误差

	R/m	70.03	95.5	127.3	159.2	254.6
提出的	开始 稳定	0.44% 0.17%	0.44% 0.02%	0.47% 0.00%	0.44% -0.06%	0.47% 0.00%
均匀的	开始 稳定	0.01% -2.68%	0.01% -1.42%	0.00% -0.86%	0.00% -0.75%	0.04% -0.51%

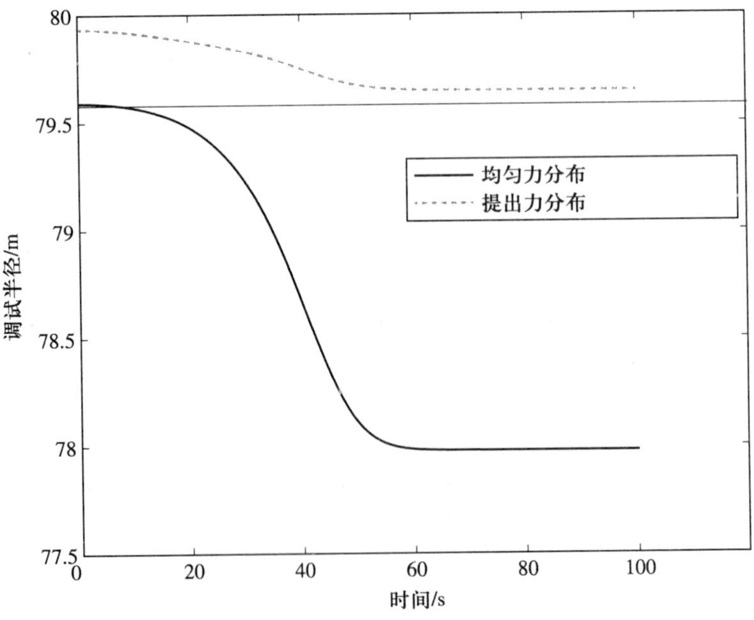

图4.10　不同载荷分布下的转向半径的变化

注意到：在刚开始时，使用给定（推荐）载荷分布的误差大约是 0.44%，但是使用均布载荷的误差几乎为 0。刚开始时，加速度是非常大的，车辆需要较大的横摆力矩去提供车辆角加速度。然而，给定（推荐）载荷分布并没有提供横摆力矩，因此需要的摆动力矩由轮胎侧向力提供。这就导致了少量的转向不足。

然而，使用给定（推荐）载荷分布导致的误差在逐渐减少，使用均布载荷导致的误差却在逐渐增加。这是因为车辆速度在增加，加速度在空气阻力作用下却在减小。需要维持给定曲率的摆动力矩也在减小。因此，均布载荷产生的额外摆动力矩导致了转向过度。

在表 4.1 和图 4.10 中，注意到：在两种载荷分布下，误差随目标转向半径减少而增加。然而，由均布载荷产生的误差是比较大的。当转向半径进一步地减少到 60.49m 时，鉴于使用给定（推荐）载荷分布时终端会出现过度转向，误差会维持在 0.33%（见图 4.11）。甚至当转向半径进一步减少到 39.8m 时，误差依然在 3% 以下。从这可以了解到，使用给定（推荐）载荷分布的安全转向半径比使用均布载荷的安全转向半径要小得多。

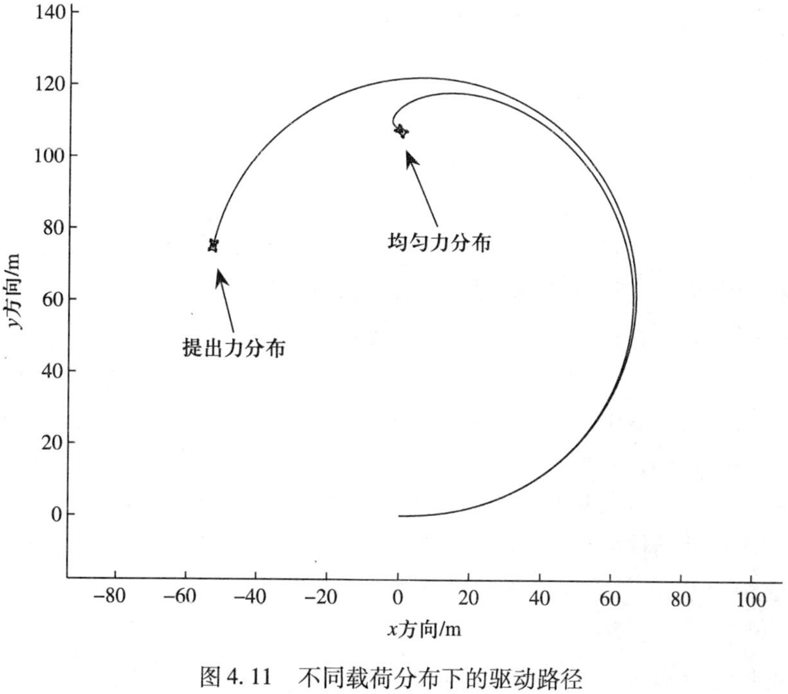

图 4.11　不同载荷分布下的驱动路径

摩擦系数的容忍度也被评估。表 4.2 列出了不同摩擦系数的轨迹误差。把目标转向半径固定在 79.58m，使用均布载荷，摩擦系数取 0.8，此时终端会出现过度转向。不过，使用给定（推荐）载荷分布时，车辆可以以一个非常小的误差（0.2%）保持给定曲率的轨迹。甚至当摩擦系数进一步减小到0.7时，误差才有1.24%。这表明给定（推荐）载荷分布也可以提高车辆在光滑路面条件下的稳定性。

表4.2　不同摩擦系数的轨迹误差

实际调试半径/m	77.98	94.14	126.2	189.8
提出的 v/(m/s)	25.699	27.554	30.076	32.584
均匀的 v/(m/s)	25.700	27.555	30.075	32.585

4.1.3.2　驱动效率

为了评估驱动效率，不同转向半径的终端速度都被记录下来，如表4.3所示。从中发现，两种载荷分布下的终端速度几乎相等，区别极其小。从而有这样一个结论，给定（推荐）载荷分布没有减小驱动效率。

表4.3　不同转向半径下的车辆最快速度

摩擦系数（μ）	0.85	0.8	0.75	0.7
提出的分布	0.13%	0.20%	0.40%	1.24%
均匀分布	-2.81%	—	—	—

4.2　直接横摆力矩

直接横摆力矩（DYC）是提高车辆可控性和稳定性最普遍的技术之一。在关于传统内燃机驱动车辆的最新科技中，稳定车辆需要的摆动力矩是由制动盘的一个单独控制的车轮制动力产生的，这被称为差动制动方法[7,79,83]。在最近十年，电动汽车变得越来越流行。据报道，由电动机驱动电动汽车产生的驱动力或制动力更加精确，这引起了更好的反应。每个车轮安装轮毂电动机是一种常见的电动汽车结构方式，被称为4WID，它使车轮上每个纵向驱动力单独控制，这种单独控制驱动力的方法对优化驱动效率[115]和提高车辆稳定性[74,95,104]是非常有利的。基于这些结构的优点，4WID汽车可以通过差分驱动方法产生精确的横摆力矩。这种方法被广泛应用于各类文献，如参考文献［22］、［25］、［34］、［46］、［65］、［94］和［99］。

车辆稳定性被定义为跟随目标轨迹的能力。它主要包括两个跟踪参考因素，即偏航率和航向角。Canale等人[11]通过仅补偿横摆角速度误差来提出一个DYC方法。通过比较转向输入和陀螺仪测量的车辆横摆角速度，可以很容易地获得偏航率误差。然而，跟踪的横摆率可能会导致累积的航向误差，当累积的航向误差足够大时会使车辆失控。因此，参考文献［27］、［64］和［109］的作者们提出了自己的 DYC 方法，该方法同时考虑了跟踪横摆角速度和航向角。在他们的方法中，航向角被定义为一个车轮的侧滑角。当转向角度较小时，这个假设是正确的。由于实时测量的侧滑角的费用是昂贵的，在应用中也是不切实际的，许多研究人员，如 Kim 和 Kim[46]，提出使用轮胎模型来估计侧滑角。当轮胎的参数模型及路面刚度和摩擦系数等都为已知以及轮胎动力学被认为是在线性区域时，估计是准确的。在实践中，车轮和路面是可变化的，因此，它限制了应用程序的一个恒定的驾驶条件。

此外，大部分的作品都只是集中在传统的前轮转向车辆，并假设只含有一个较小的转向角。4WIS 具有全向可控的稳定性问题还没有被讨论。4WIS 配置允许高机动性，它是一种流行在轮式移动机器人的配置（见例如 Lauria 等[50]）。近几十年来，大量的 4WIS 被开发出来，例如 Toyota Fine－T、Nissan Pivo2 和 OK－1。4WIS 配置将成为未来电动汽车的标准配置。

针对目前 DYC 技术的局限性，我们为 4WID－4WIS 提出了一种新的 DYC 技术。所需的横摆力矩由一个确定性的动力分配方法（见 4.1 节）产生，该方法凭借在任何转向命令下的轮胎纵向力来明确生成所需的横摆力矩和向心力。对于提出的横摆力矩控制器，它分别跟踪横摆角速度和航向角来提高车辆的操纵性能和稳定性能。不同于传统的侧滑近似方法，该观测器与轮胎和路面特性相对独立，使观察器适用于任何道路条件。虽然所作工作都集中在 4WID－4WIS 汽车（见图 4.2），但是该航向误差观测器可以普遍适用于其他类型的车辆。同样该 DYC 技术和控制车轮滑移的观察器也可以适应不同类型的 4WID 汽车。

4.2.1　确定性横摆力矩控制

所提出的横摆力矩控制器的主要功能是通过跟踪期望的横摆角速度，同时抑制航向误差在稳定区域稳定车辆从而提高车辆的操纵性。该控制器包括前馈和反馈控制。前馈控制器根据车身的转向输入和纵向加速度，产生一个横摆力矩来转动车辆。同时，反馈控制器产生所需的横摆力矩，以尽量减少偏航率和航向误差。其结果是，系统已经采用提出的横摆率误差观测器和航向误差观测器。此外，该系统需要的车辆的切向速度是已知的，并且它是由一个车轮的旋转速度估计得出。由于这个原因，该控制器当纵向车轮滑移量小时被激活。车轮滑移通过车轮滑移观测器检测得到。当发生严重的车轮打滑时，防滑控制器为主控制消除滑移效应。有许多文献中提出了防滑控制器[25]。本章主要集中讨论横摆力矩控制器，对防滑控制就不做深入的探讨。

4.2.1.1　车轮滑移观测器

传统的车轮滑移观测器，只假设一个车轮是零方向角的。这对描述 4WID－

4WIS 汽车侧滑的情况是不够的。因此，4WID－4WIS 车轮打滑的观测器把所有的车轮和全方位转向纳入讨论。4WID－4WIS 车轮滑移可以通过分析车轮和车身的动力性能检测到：

$$\sum\left[\left(\tau_i - J\frac{\mathrm{d}\omega_i}{\mathrm{d}t}\right)\frac{R_i}{r}\right] + RF_{\mathrm{R}} = (I + mR^2)\frac{\mathrm{d}\gamma}{\mathrm{d}t} \tag{4.16}$$

式中，τ_i 是第 i 个车轮轮毂电动机产生的转矩；r 为车轮半径，假设所有的车轮的半径是相同和恒定的；ω_i 是车轮 i 的角速度；J 和 I 分别是车轮的转动惯量和车身对质量中心的转动惯量；m 是汽车的质量；γ 是汽车的横摆率；R_i 是车轮 i 中心和目标 ICR 之间的距离；F_{R} 是由内部结构和环境产生的摩擦力，如空气阻力。

当车轮 j 打滑时，有

$$\frac{r}{R_j}\frac{\mathrm{d}\omega_j}{\mathrm{d}t} > \frac{\mathrm{d}\gamma}{\mathrm{d}t} \tag{4.17}$$

将式（4.17）代入式（4.16）得

$$(I + mR^2)\frac{r}{R_j}\frac{\mathrm{d}\omega_j}{\mathrm{d}t} > \sum_{i=1}^{4}\left[\left(\tau_i - J\frac{\mathrm{d}\omega_i}{\mathrm{d}t}\right)\frac{R_i}{r}\right] + RF_{\mathrm{R}} \tag{4.18}$$

$$\frac{\mathrm{d}\omega_j}{\mathrm{d}t} > \frac{\sum\limits_{\substack{i=1\\ i\neq j}}^{4}\left[R_i(\tau_i - J\mathrm{d}\omega_i/\mathrm{d}t)\right] + rRF_{\mathrm{R}} + \tau_j R_j}{(I + mR^2)r^2/R_j + JR_j} \tag{4.19}$$

由于 F_{R} 总是负的，车轮 j 在满足下列不等式时，肯定会打滑：

$$\frac{\mathrm{d}\omega_j}{\mathrm{d}t} > \frac{\sum\limits_{\substack{i=1\\ i\neq j}}^{4}\left[R_i(\tau_i - J\mathrm{d}\omega_i/\mathrm{d}t)\right] + \tau_j R_j}{(I + mR^2)r^2/R_j + JR_j} \tag{4.20}$$

所提出的车轮滑移观测器（4.20）只需要所有车轮的转矩和加速度的数据，这很容易获得。

当转向角趋于零时，R_i、R_j 和 R 趋于无穷大。那么式（4.20）变成

$$\frac{\mathrm{d}\omega_j}{\mathrm{d}t} > \frac{\sum\limits_{\substack{i=1\\ i\neq j}}^{4}(\tau_i - J\mathrm{d}\omega_i/\mathrm{d}t) + \tau_j}{J + mr^2} \tag{4.21}$$

当只考虑一个车轮时，式（4.21）变为

$$\frac{\mathrm{d}\omega}{\mathrm{d}t} > \frac{\tau}{J + mr^2} \tag{4.22}$$

这就和 Fujimoto、Tsumasaka 及 Noguchi[25] 提出的车轮滑移观测器一样，这说明该车轮滑移观测器的一般性。

4.2.1.2 横摆角速度误差观测器

根据车轮的角速度 ω_i 和目标 ICR，车身期望的横摆率 γ_t 定义为

$$\gamma_t = \frac{\omega_i r}{R_i} \tag{4.23}$$

根据不同的车轮获得的 γ_t 值，会因为不同数量的车轮的滑动不同而得到一个稍微不同的值。要取得适当的误差，重新定义 γ_t 为根据不同车轮的旋转速度得到的解决方案的最小值：

$$\gamma_t = \min\left(\frac{\omega_i r}{R_i}\right) \qquad \forall i \in \{1, 2, 3, 4\} \tag{4.24}$$

车辆的实际偏航率 γ_m 可以用陀螺仪测量。横摆率误差被定义为

$$\gamma_e = \gamma_t - \gamma_m = f(\phi, \omega_i, \gamma_m) \tag{4.25}$$

车轮打滑会使 γ_t 值过高估计，因此车轮打滑前必须运用 DYC。

4.2.1.3 航向误差观测器

在自然的转向条件下，向心加速度 a_c 垂直于目标方向 β_t，如果车辆不在自然的转向条件下，就会存在一个航向误差 β_e。测量得到的双轴加速度 a_m 包括实际的切向加速度 ${}^a a_t$ 和向心加速度 ${}^a a_t$：

$$a_m = {}^a a_t + {}^a a_c = [a_x \quad a_y] \tag{4.26}$$

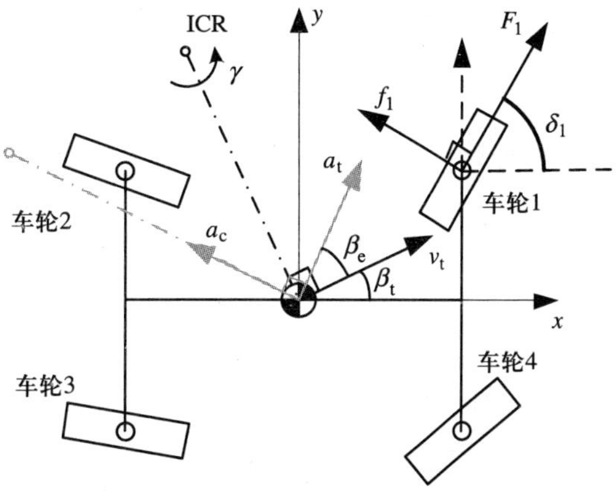

图 4.12 4WID－4WIS 汽车配置

式中，a_x 和 a_y 是双轴加速计的正交读数。如图 4.12 所示，让 a_x 和 a_y 的测量可以沿 x 轴和 y 轴。读数和实际状态之间的关系可以写成

$$\begin{pmatrix} {}^a a_t \\ {}^a a_c \end{pmatrix} = \begin{pmatrix} \cos(\beta_e + \beta_t) & \sin(\beta_e + \beta_t) \\ -\sin(\beta_e + \beta_t) & \cos(\beta_e + \beta_t) \end{pmatrix} \begin{pmatrix} a_x \\ a_y \end{pmatrix} \tag{4.27}$$

假设车辆在前进方向的速度可以由车轮转速估算出：

$$v_t = \gamma_t R \tag{4.28}$$

式中，γ_t 可由式（4.24）得到。

在前进方向车辆的线加速度 a_t 可对速度 v_t 求导得到：

$$a_t = \frac{d}{dt} v_t = R \frac{d}{dt} \gamma_t \tag{4.29}$$

尽管向心加速度不能由车轮转速观察得到，但可以由下式得出：

$$^{a}a_{t}\cos\beta_{e}=a_{t} \tag{4.30}$$

把式（4.30）带入式（4.27）得

$$[a_{x}\cos(\beta_{e}+\beta_{t})+a_{y}\sin(\beta_{e}+\beta_{t})]\cos\beta_{e}=a_{t} \tag{4.31}$$

通过求解式（4.31）得到行驶方向的误差为

$$\beta_{e}=f(\phi,\ \omega_{i},a_{m}) \tag{4.32}$$

由于式（4.31）是一个非线性方程，故 β_e 可以通过使用牛顿迭代法这类迭代法解出方程解得到。在式（4.31）中，a_x、a_y 和 a_t 可通过双轴加速计和车轮转速传感器测得。在计算中不需要时间变换参数和积分的过程；因此，使得航向误差观测器更加准确、更加实用。

由于观测器建立在向心力检测的基础上，因此只有在转向时才能大致测得航向误差。鉴于在水平面中纯平移运动几乎不会产生航向误差，所以纯平移运动的航向误差是无法测出的。如果一个汽车的运动可以近似看作是纯平移运动，细小的测量误差就会对航向误差的误差值产生很大的影响。为了消除这种误差，当测得的向心力小于临界值 ε 时有

$$^{a}a_{c}=-\sin(\beta_{e}+\beta_{t})a_{x}+\cos(\beta_{e}+\beta_{t})a_{y}<\varepsilon \tag{4.33}$$

这里由于假设在纯平移运动中不会产生航向误差，故 $\beta_e=0$。

4.2.2 前馈和反馈控制

4.2.2.1 前馈控制

为了防止车轮侧滑，前馈控制器根据转向输入和目标前进方向的切向加速度 a_t 计算出车辆转向过程所需要的横摆力矩：

$$^{f}M=I\frac{a_{t}}{R}=f(\phi,\ \omega_{i}) \tag{4.34}$$

前馈控制器通过纵向驱动力产生横摆力矩来减少作用在车轮上的侧向力。

4.2.2.2 反馈控制

一般来说仅使用前馈控制器来控制车辆是有缺陷的，尤其是当路面条件发生改变这样一些不被预期的情况。因此使用反馈控制器来弥补这样的缺陷尤为必要。

当 $\gamma_e>0$ 时，反馈调节器会产生一个顺时针偏向力矩来弥补偏向误差；当 $\gamma_e<0$ 时，则产生一个逆时针的偏向力矩。这种控制方案使得车辆的横摆率始终和所需的偏航率保持一致也因此提高了汽车的可操纵性。然而同时也增加了汽车的航向误差。据报道，大多数交通事故是由于过大的航向误差导致的。因此，减小航向误差极为重要。如果 β_e 很大，就会发生严重的侧滑。车辆应该通过调整方向获得牵引力。所以，$\beta_e>0$ 时就需要有一个顺时针的横摆力矩。同样的，$\beta_e<0$时也需要一个逆时针的横摆力矩。

对于控制输入量 β_e 和 γ_e，大量的控制技术可以用来调节这两个量的大小，例如 PID 控制理论和模糊逻辑控制理论。以比例增益控制理论为例。反馈横摆力矩为

$$^{b}M = K_{\beta}\beta_e + K_{\gamma}\gamma_e \tag{4.35}$$

式中，K_{γ} 和 K_{β} 为正比例增益。因为 β_e 为最先需要控制的量，所以 K_{β} 必须选取一个比 K_{γ} 大的值。

将前馈和反馈控制器相结合，总横摆力矩为

$$M_{req} = {}^{f}M + {}^{b}M = f(\phi, \omega_i, \gamma_m, a_m) \tag{4.36}$$

可以看出控制器只需要将转向输入 ϕ、车轮转速 ω_i、车体的横摆率 γ_m 和线加速度 a_m 作为控制输入量，而这些量可以由车轮速度传感器、陀螺仪和加速度计这些传统的传感器轻易得到。前提是车轮在纵向上没有严重的滑移，而这同样可以由车轮滑移观测器观测到。在 2.4.1 节中我们已经介绍过确定性力的生成算法，通过重新分配每个车轮上的力分布精确地生成所需的横摆力矩和侧向力。将力差异化地分布在左右车轮上的传统方法，优点在于它考虑到了转弯半径的非线性并能够在任何的 ICR 中产生确定的横摆力矩。根据 4.1 节，各个车轮上的牵引力为

$$F_i = O_i + N_i\varepsilon_n + M_i\varepsilon_m \tag{4.37}$$

式中，O_i、N_i 和 M_i 是关于车轮 i 位置和转向 ϕ 的函数；ε_n 和 ε_m 分别是由驱动力产生的向心力和横摆力矩。最后，在控制器中，有

$$\varepsilon_m = M_{req} \quad \varepsilon_n = 0 \tag{4.38}$$

4.2.3 性能分析

在实际试验之前，已经做了大量的模拟研究来评估航向误差观测器和推荐使用的控制器的性能。在模拟过程中使用的车辆模型参数见表 4.4。横摆力矩控制器如式（4.36）所示采用了比例增益控制法。将振幅为 0.01 的均匀白噪声加入到测量的输入中，比如加速度计和车轮速度计，以此来模拟真实测量时的情况。

表 4.4　汽车模型参数

参数	字母	单位	值
整车质量	m	kg	1000
车辆转动惯量	I_z	$kg \cdot m^2$	1600
车轮 1 坐标	(x_1, y_1)	m	(1.25, 0.75)
车轮 2 坐标	(x_2, y_2)	m	(−1.25, 0.75)
车轮 3 坐标	(x_3, y_3)	m	(−1.25, −0.75)
车轮 4 坐标	(x_4, y_4)	m	(1.25, −0.75)

4.2.3.1 航向误差观测器的性能

为了估测提出的航向误差观测器的性能，将在不同路况和转向输入下的实际航向误差和估测航向误差进行评估。

第一组实验中，在不同路况下进行了一步转向指令的测试，如图 4.13 所示。在不同路况条件下的实际和估测航向误差如图 4.14 所示。在图中，黑线和蓝线分别代表实际和估测的航向误差。它表明在不使用轮胎和路面之间的动态参数知识的情况下，观测器也可以很准确地估测航向误差。估计误差主要是由于测量噪声，这个问题可以通过噪声过滤技术得到缓和。这表明观测器性能稳定实用，在商业车上具有较高的潜在价值。

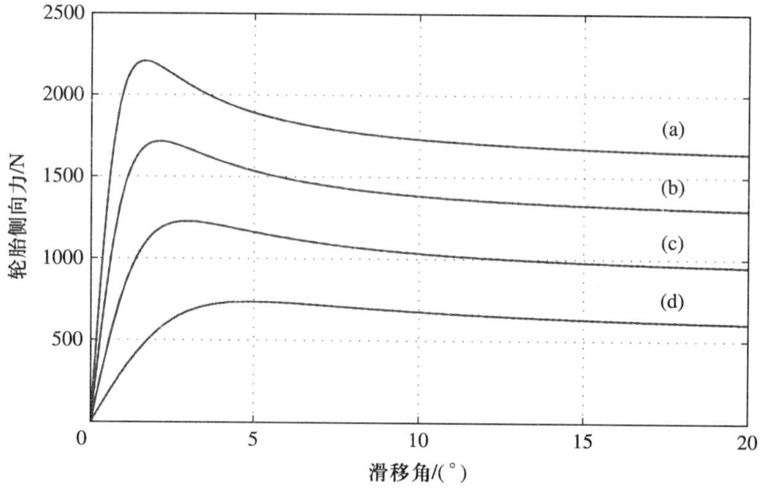

图 4.13 四种不同的道路条件下测试的实验

在第二组实验中，车轮在不同的转向输入指令下工作，例如：单车道的变化、阶跃和正弦输入。如图 4.13 所示，采用路况（a）。不同转向输入下的实际和估测航向误差如图 4.15 所示。可以看出，在不同的转向指令下估测值和真实值很接近。同时也可以看出，当航向误差接近零时，估测的变化会增大，因为此时车辆几乎在做纯平移运动。这表明在这种符合预期的状态下，估测的航向误差对于测量噪声十分敏感。在检测到一个很小的向心力时，这种严重的估计误差就会被抑制为零。

4.2.3.2 直接横摆力矩控制器的性能

在图 4.16 中实施一个单移线试验来估测直接横摆力矩控制器（DYC）的性能。在模拟过程中采用前轮转向结构。汽车初始速度被设定为 30m/s。使用提出的直接横摆力矩控制器的车辆轨迹和 2.4.1 节中介绍的零摆角矩法如图 4.17 所示，两条轨迹分别被标成受控制和不受控制。图 4.18 和图 4.19 分别为期望的横

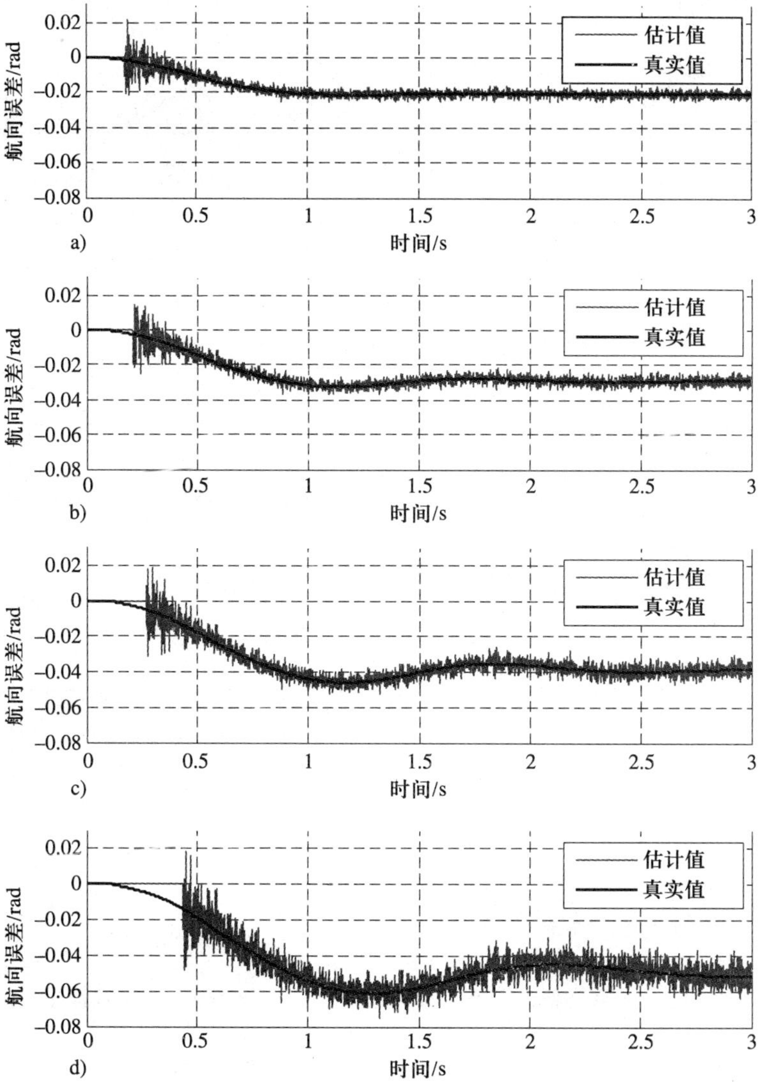

图 4.14　不同路况条件下的实际和估测航向误差曲线

摆角速度和航向角值以及在控制模式和非控制模式下实际的横摆角速度和航向角，以此来对比控制性能。在这些图中，我们可以观察到当使用 DYC 时，状态误差被抑制和维持在一个稳定的范围内以追踪车辆轨迹。当 DYC 失效时，状态误差会持续增加并使车辆无法追踪期望的轨迹。图 4.20 所示为使用 DYC 时车轮上的纵向驱动力分布情况。每个车轮都有不同的动力分配以生成必要的横摆力矩来消除状态误差。

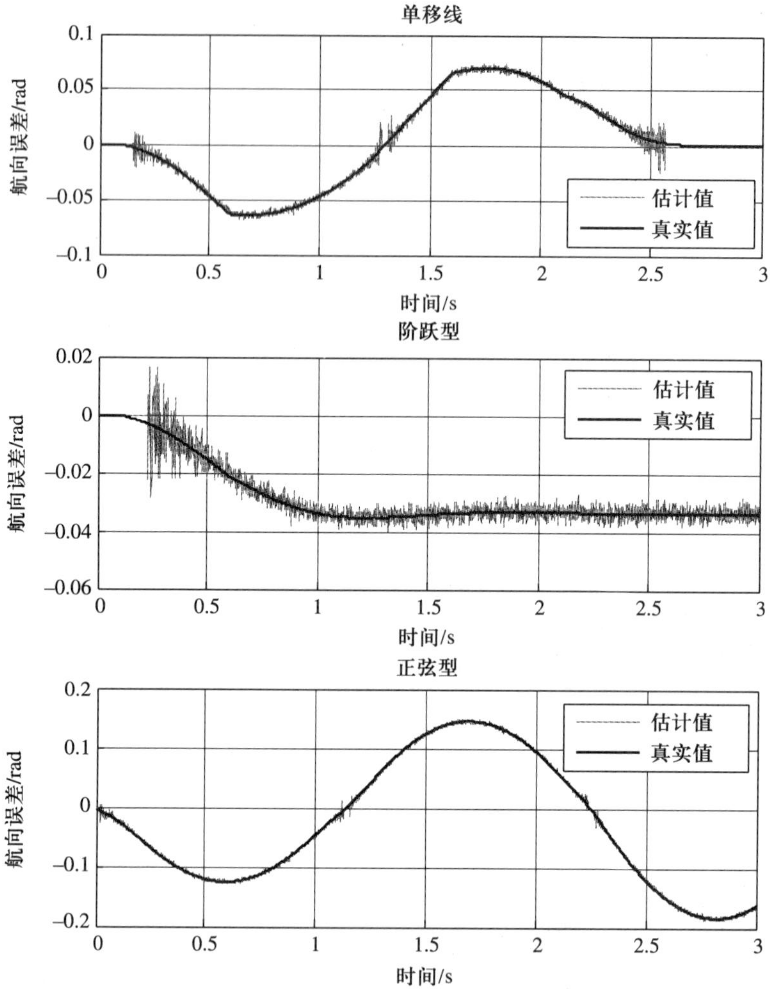

图 4. 15 不同转向输入下的实际和通过提出的航向观测器估测航向误差

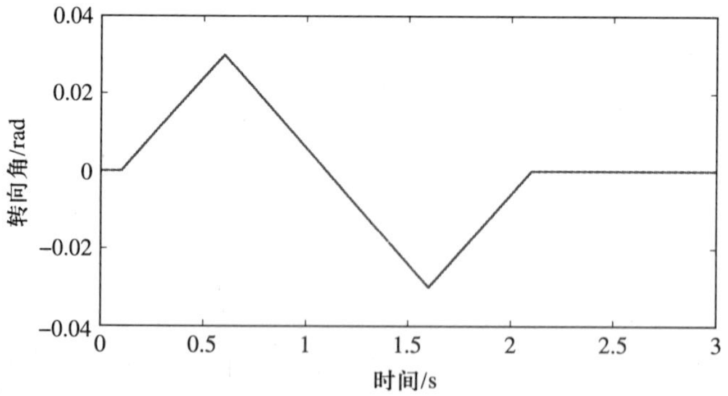

图 4. 16 单移线试验中的转向指令

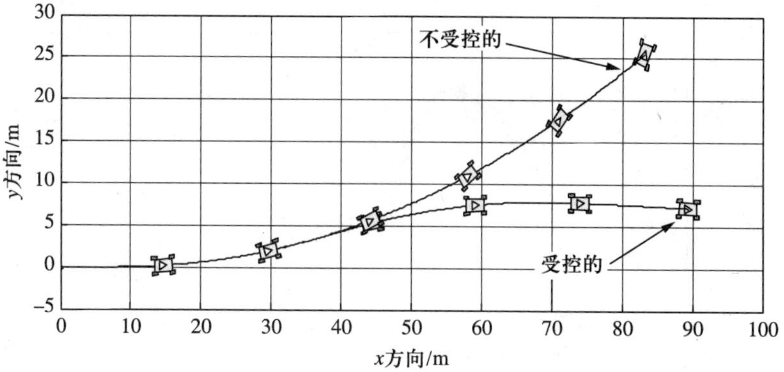

图 4.17　使用和没有使用提出的 DYC 情况下单移线试验的车辆轨迹

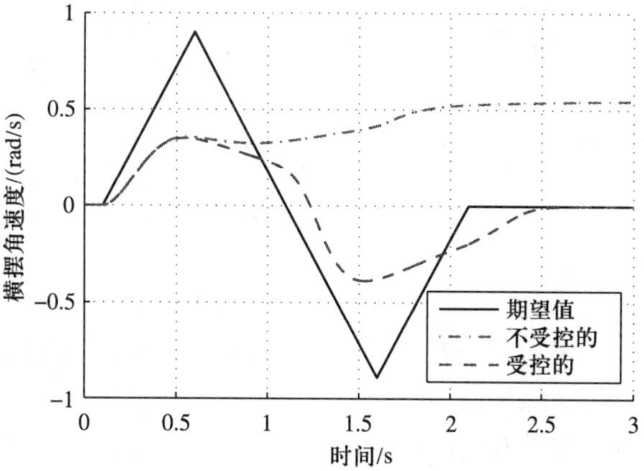

图 4.18　横摆角速度的期望值以及使用和没有使用提出的 DYC 情况下的实际值

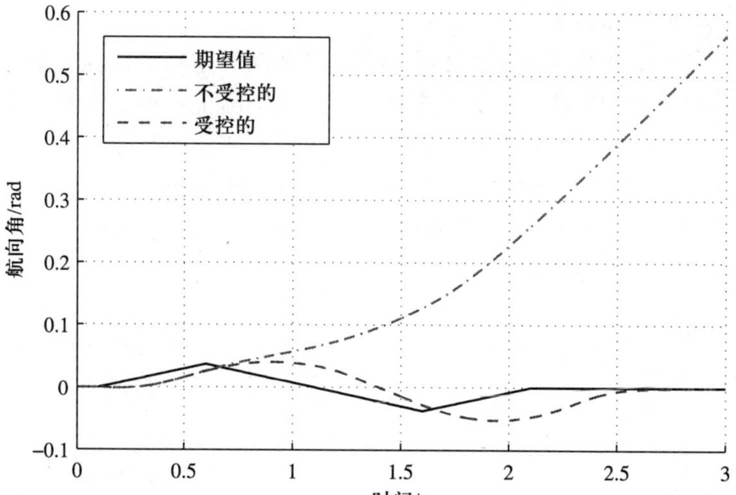

图 4.19　航向角的期望值以及使用和没有使用提出的 DYC 情况下的实际值

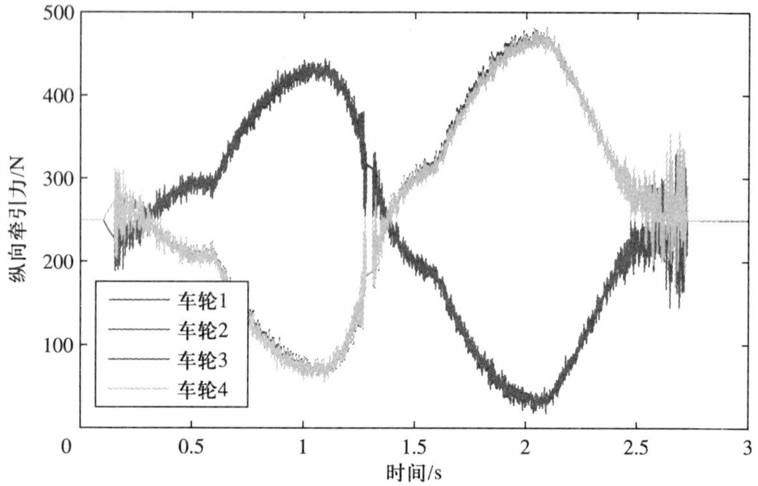

图 4.20　使用提出的 DYC 时纵向驱动力分布曲线

4.3　总结

在本章中，主要考虑两个问题。第一，提出了 4WID－4WIS 车辆的最理想的驱动力分布。它通过消除横摆力矩和基于确定性力生成算法产生的切向力来提高车辆稳定性。力分布在没有使用任何关于车辆运动的反馈信息时被确定，并且不需要参数调整。仿真结果也表明与均匀力分布相比，提出的力分布显著地提高车辆的稳定性，同时保持驱动效率。

第二，介绍了一种考虑所有车轮和全方位转向的车轮滑移观测器。它可以应用在任何转向结构的车辆上。除此之外，本章也提出了一种不依赖于轮胎动力性能和路面特征的航向误差观测器。仿真结果也显示在不同路面和转向条件下该观测器的准确性和鲁棒性。此外，本章也给出一种基于提出的观测器和确定性力生成算法，适用于 4WID－4WIS 车辆的 DYC。对此进行了仿真试验来评估它的性能，其结果也是令人满意的。

第5章　电池管理系统

本章讨论混合动力电动汽车（HEV）的电池管理系统（BMS）。5.1 节阐述了 BMS 的结构和硬件设计。5.2 节主要关注荷电状态（SOC）的鲁棒估计方法，包括一种用来降低噪声的自适应 κ 非线性耗散滤波器和一种用来去除电流测量中零点漂移的自学习机制。之后，介绍两种模型，即阻容（RC）模型和改进的增强自校正（ESC）模型，以分别用于仿真和实验。5.3 节提出了一种基于模型预测控制（MPC）的快速充电方法。该方法在保证安全的同时能减少充电时间，这意味着在充电过程中有良好的安全性和能量效率。5.4 节提出了一种基于 SOC 的模糊控制器来使各个单体电池的状态保持均衡。所提出方法的性能均通过仿真和实验进行验证。

5.1　硬件设计

一个汽车电池包需要包含大量的单体电池才能提供驱动电动汽车所必需的能量和功率。与移动设备的情况不同，仅仅在电池包这个层面上对汽车电池包进行管理是不可能的。如果这么做，会导致两个问题：无法检测单体电池的状态以及缺乏电池均衡调节能力。

第一，单体电池的状态无法简单的通过整个电池包的状态来计算。电池不均衡性，尤其在单体电池数量很多的时候，会导致一些单体电池的状态与平均值差得很远。这些异常的单体电池本应该得到严密的监控，却在所管理的范围之外，因此会有例如过充、过放等被滥用和损坏的风险。另外，如果某个单体电池损坏了，电池包管理器并不能识别它，这样的话整个电池包都得更换然后进行离线维修。

第二，如果仅在电池包层面上进行管理，就无法保证各单体电池状态之间的均衡。这个缺点不但加重了第一个问题，而且限制了整个电池包的性能。电池是一个典型的具有短板效应的系统。这个系统的放电能力由其中电量最低的单体电池决定，而电量最高的单体电池决定了充电能力。比如，假设一种极端情况，一个单体电池的 SOC 为 1 而另一个为 0，这样的电池包怎么能工作呢？充电会对已满的单体电池造成过充的危害，而放电也会不可避免地导致没电的单体电池过放。没有电池均衡，即使整个电池包内仍有许多未反应的电荷，电池包也会没法继续使用。

以上的分析说明了一个汽车电池包的BMS必须要有一个专门设计过的系统结构，而且不仅能管理电池包，还能管理单体电池。

第一种选择是采用集中式结构。在这个结构中，电池包与所有的单体电池都由一个单独的微程序控制单元（Microprogrammed Control Unit，MCU）管理[19,88]。由于单体电池的数量很多，MCU只能使用选择电路对单体电池轮流进行测量和控制。很明显，这种设计并不能实时地监控单体电池。另外，在一个MCU中估计每个单体电池的SOC也非常困难。

因此，采用分层式结构（或称为模块化的BMS）是一种更合理的设计。在这种结构中，单体电池首先被划入由模块控制器管理的模块当中，然后，这些模块再组成电池包，电池包由一个总控制器控制。模块化的电池包设计需要考虑如下几个问题：

1）如何分配模块控制器和总控制器各自的任务；

2）控制器间如何进行通信；

3）如何对单体电池和整个电池包进行测量和控制；

4）如何为控制器提供所需的电源。

5.1.1 系统结构与功能分析

本书中BMS的结构基本采用了在参考文献［102］中所提出的模块化概念和其具体的实现方法，并在此基础上做了一些改进来提升准确性、模块化的合理性和智能性。接下来的小节逐一介绍了智能模块与总控制器中每个部分的结构与功能。

5.1.1.1 智能模块

图5.1是一个智能模块的原理图。一个智能模块采用两块AD7280集成电路来测量12个单体电池的电压。四个温度传感器被装在模块中以粗略地测量温度。所有的数据都会被送到MC9S12XEP100MAL模块控制器中[24]。SOC估计，过充与过放检测，以及均衡控制都在控制器中缓慢地执行。

1）供电：模块中的单体电池为模块控制器提供电源。由于每个模块有12节单体电池，对于锂离子电池，供电电压可能在30V（2.5V终止电压）到50.4V（4.2V上限电压）之间变动。而对于镍锰电池，电压变换范围为12V（1V终止电压）到16.8V（1.4V上限电压）。为了开发出一套通用的BMS，必须要保证控制器电源电压在如此大的变化下始终保持稳定。在本章中，我们选择了TPS54160集成电路来供电，如图5.2所示[107]。TPS54160是一个60V、1.5A的降压调节器，并且集成了一个高边MOSFET。它的输入电压范围为3.5～60V，这能够满足所有种类的汽车电池的需求。它的输出电压可通过输出节点和VSENSE引脚间的电阻分压器按下式进行调节：

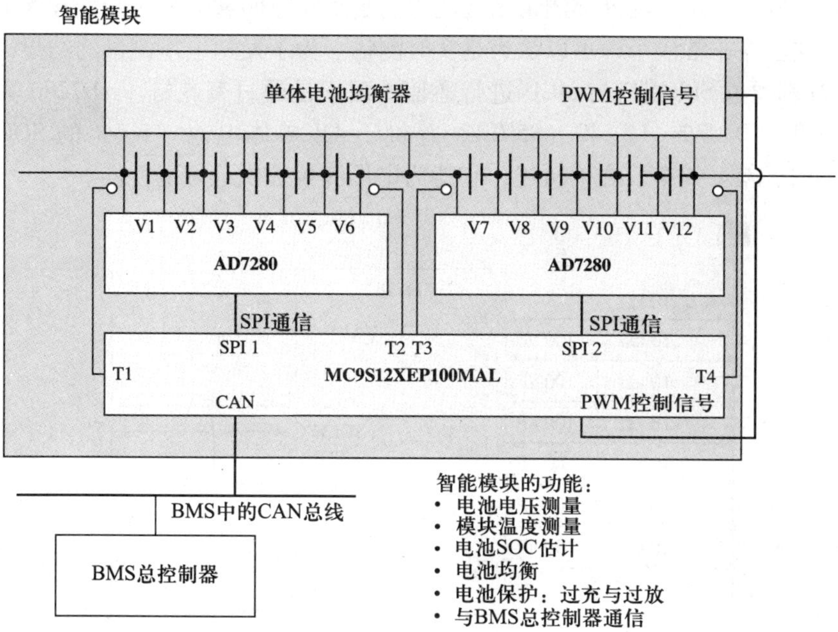

图5.1　智能模块的结构与功能

$$V_{cc}=0.8\times\frac{R_1}{R_2}+0.8\text{V} \tag{5.1}$$

式中，$R_1=53.6\text{k}\Omega$，$R_2=10\text{k}\Omega$。因此，模块控制器的电源电压 $V_{cc}=5.088\text{V}$。

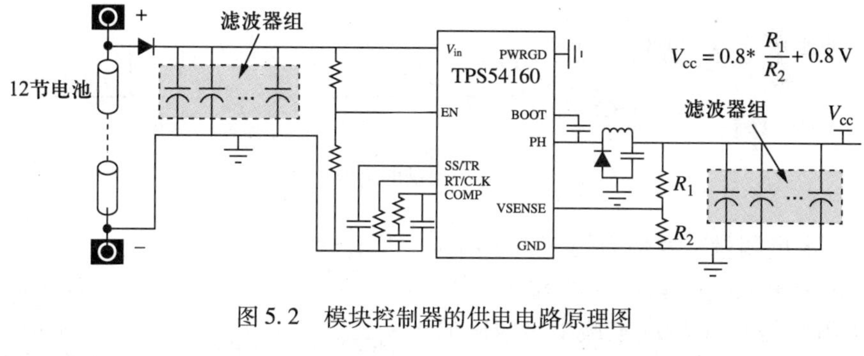

图5.2　模块控制器的供电电路原理图

2）单体电池电压测量：为了实现高精度和高速的单体电池电压测量，我们选择AD7280集成电路直接对单体电池电压进行采样[1]。由于每块芯片能够测量6节电池，每个模块包含2块芯片，如图5.3所示。以防万一，每个通道中有一个10kΩ电阻与单体电池串联，在单体电池过充或者过放时能对模拟输入提供保护。伪差分输入通道之间的100nF电容与电阻一起构成了一个截止频率为318Hz

的低通滤波器。这样的外部测量结构能够满足采样时间和转换时间之和为 1μs 的情况。这已经非常快了，可以认为是实时测量。为了发送电压测量的结果，两个 AD7280 都通过 SPI 端口与 MCU 进行通信，而不是通过菊花链。AD7280 典型的测量精度为 0.07% （-40～85℃），等价于 4V 单体电池（1.4% 的 SOC）有 2.8mV 的误差。如本节之前所述，它能为电压测量提供最好的性能。

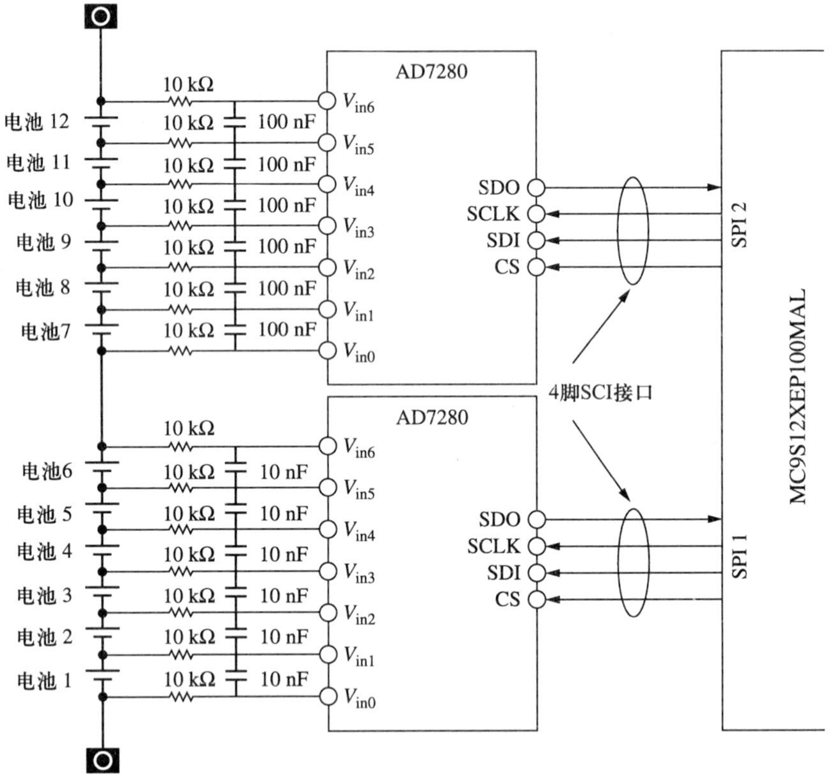

图 5.3　电压测量电路原理图

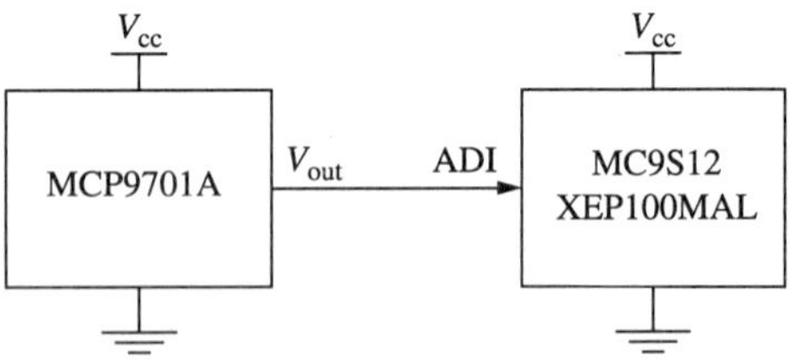

图 5.4　温度测量模块原理图

3）温度测量：我们采用 MCP9701A 集成电路来测量模块中的温度[63]。MCP9701A 是 MCP9000 家族中最精确的低功耗线性有源热敏电阻。它有着非常简单的外围电路，如图 5.4 所示。输出电压 V_{out}与环境温度 T_a有如下线性关系：

$$V_{out}=T_c\times T_a+V_{0℃} \tag{5.2}$$

式中，温度系数 T_c = 19.5mV/℃；传感器在 0℃时的输出电压 $V_{0℃}$ = 400mV。

当 T_a在 0～70℃之间时，MCP9701A 的典型精度为 ±1℃。值得注意的是本

BMS是为在香港行驶的车辆设计的。香港的气温很少低于0℃。如果将本BMS安装在寒冷地区行驶的车辆当中，采用MCP9700A更加合适，因为它在-25℃的低温情况下仍可以正常工作。

4）电池均衡：本章中，电池均衡以两种方法实现。

第一种方法是传统的放电均衡法。这种方法是让SOC过高的单体电池通过耗散电阻放电。利用AD7280中已经集成了电池均衡控制接口的优点，放电均衡的实现非常简单，如图5.5所示。

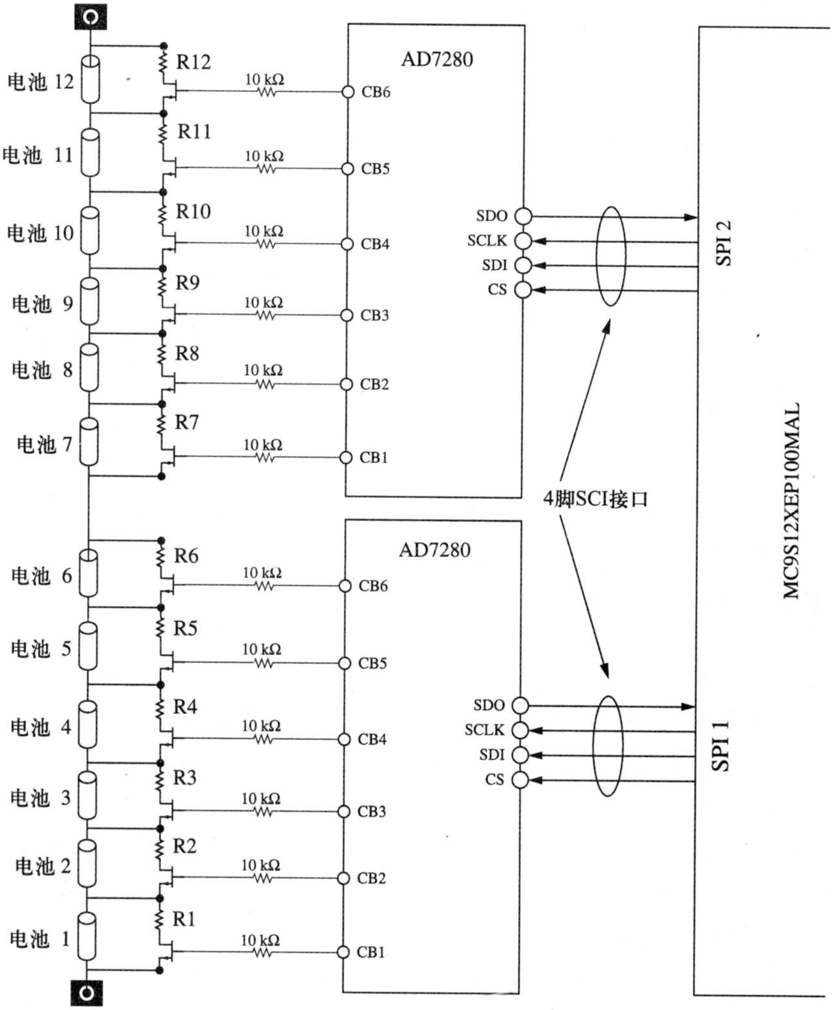

图5.5　电池均衡电路原理图

当MCU检测到某个单体电池的SOC比其他的要高，例如，如果它超过了某个界限，MCU 就会向 AD7280 发出进行均衡的命令，从而使相关的 MOSFET 控制单体电池通过其旁路电阻放电。$R_1 \sim R_{12}$ 的阻值决定了单体电池均衡时的放电电流。电阻的选择应该考虑以下两点：对于放电均衡，均衡电流不能太大，一般为 0.01C。同时，放电功率不能超过电路板的承载能力。此处，电阻的阻值被设定为 46Ω，相当于实际中采用的 6.9Ah $LiFePO_4$ 单体电池，能产生约 0.069A 的均衡电流。

尽管采用这种放电方法进行电池均衡非常简单，并且该方法已经被用于许多已有的电动汽车上，一些缺陷会阻碍它未来的发展。第一，这种方法导致能量损耗在了电阻上。第二，电阻发出的热量会对系统的热管理，尤其是对保持一个均匀分布的温度场造成不利影响。另外，放电电流是一个由放电电阻决定的常数并且一般设计得比较小。这意味着均衡过程，尤其是当电池不平衡很严重的时候，需要持续很长的一段时间。

因此，为了提升电池均衡的质量，必须要建立更先进的均衡方法。在第 4 章中，已经提出了一种智能转换均衡法来进一步研究这个问题。

5）微程序控制单元（MCU）：选择 BMS 中的控制器需要考虑价格、能耗、电磁兼容性、代码长度效率、通信能力、在车辆环境中的适应性和可靠性等。飞思卡尔 MC9S12XE 家族不但拥有 16 位 MCU 中所有的功能与优点，而且提供了 32 位计算的能力[24]。它的一大特点是有一个加强版的高性能 XGATE 协处理器。该系列 MCU 可由 C 语言编写程序，其指令集对数据转移、逻辑与位操作进行了优化。它与外部设备通信能力也很出色，有八个同步串行通信接口、三个串行外设接口、两个 16 通道、12 位模 - 数转换器、一个 8 通道脉宽调制器（PWM）、五个控制器局域网（CAN）2.0A、B 软件兼容模块（MSCAN12）等。

基于这些特点，在我们的工作中，模块控制器与总控制器中的 MCU 均采用 MC9S12XEP100MAL。

6）控制器局域网：CAN 总线通信对于汽车工程来说非常重要。它可由两步来实现。

首先，ADuM5402 用来隔离控制器与 CAN 总线，如图 5.6 所示。ADuM5402 隔离器提供了四个独立的隔离通道，可以针对各种不同的通道配置和数据传输速度。通道的数量足够多，因此可以使用一个芯片来处理 CAN 通信的隔离问题。

接着，TLE6250 高速 CAN 收发器被用作 CAN 协议控制器与物理差分总线之间的接口，如图 5.7 所示[39]。TLE6250 为车辆与工业应用中进行的高速差模数据传递做了优化。基于 NUP2105L 双线 CAN 总线保护器，可以实现静电放电（ESD）保护[73]。为了提高抗电磁干扰的能力，使用 B82793 电容，与 CAN 线进行串联[21]。

7）实物：图 5.8 展示了模块控制器的实物照片。该控制器尺寸为 95mm ×

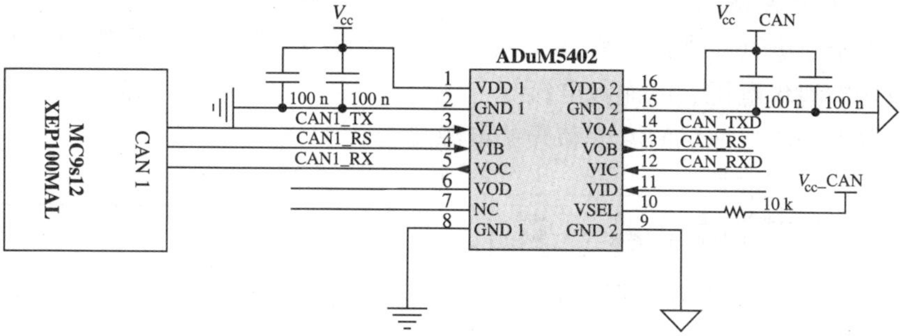

图 5.6　CAN 隔离电路原理图

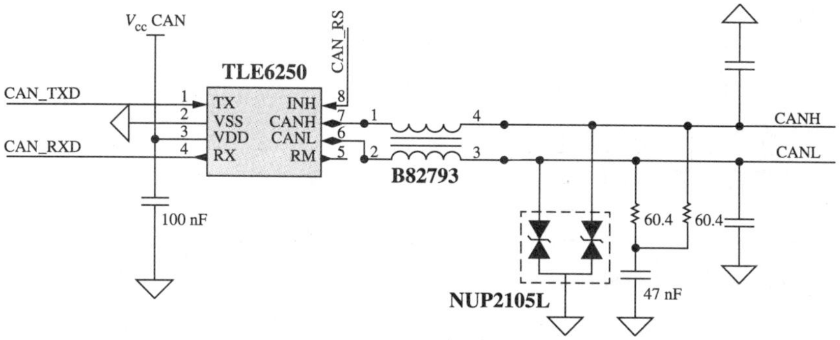

图 5.7　CAN 收发器电路原理图

95mm × 11.6mm，层数为四层。小巧的尺寸使得它可以装配于很小的空间当中。

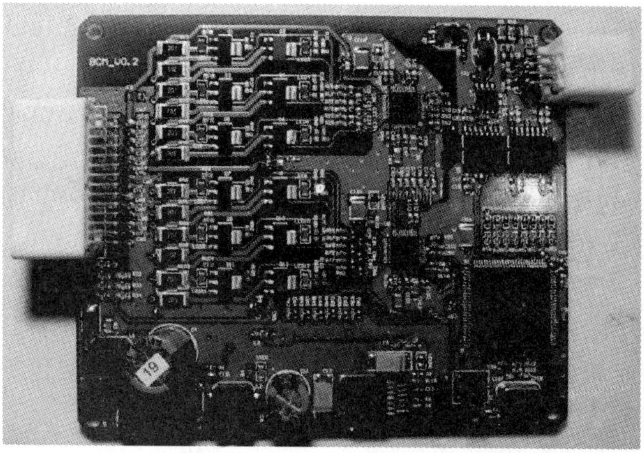

图 5.8　模块控制器实物照片

5.1.1.2 总控制器

总控制器电路原理图如图 5.9 所示。总控制器主要在电池包层面上进行管理，包括电池包电压、电池包电流与电池包泄漏电流的测量。它同样驱动着风扇与接触器以控制电池包的温度和开关电源总线。

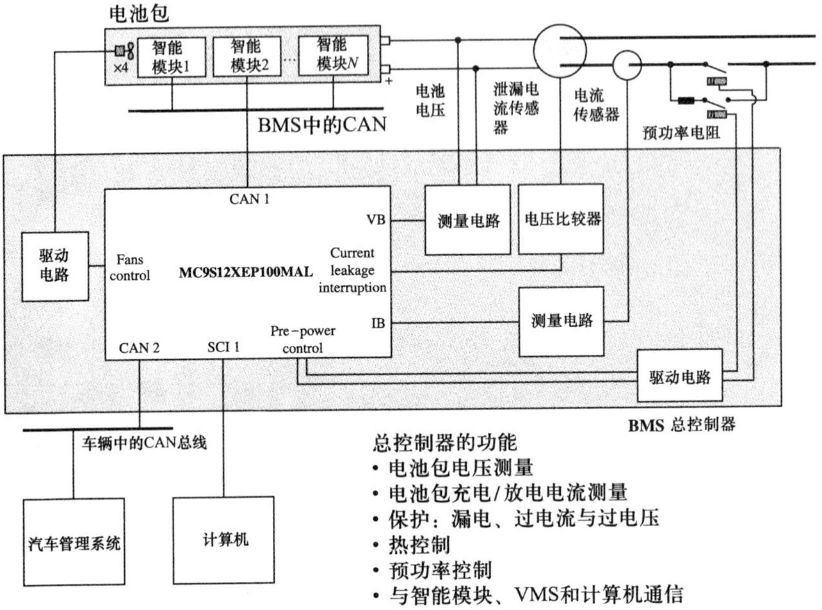

图 5.9 总控制器的结构与功能

1）供电：总控制器的电源来自于 12V 汽车电池，而不是高压的推进电池包。这么做主要有两点理由：第一，控制器电路板上的电源电压是 5V，而推进电池包中的电压一般超过 300V。如果用电池包供电，两者之间巨大的电压差异使得我们必须采用复杂与昂贵的 DC - DC 变换器才能提供一个稳定的电源。第二，电池包总控制器是在车辆层面上工作的，而在该层面上，大部分其他的控制器都采用 12V 汽车电池供电，例如，引擎控制单元（Engine Control Unit，ECU）。因此，这样的设计使得车辆层面上的控制器之间有公共的地、设备控制与通信。如图 5.10 所示，我们继续采用 TPS54160 来为总控制器提供稳定的电源。

2）电池包电压测量：如图 5.11 所示，为了测量电池包的高压，首先就是使用分压器将正负极之间的电压降低到 5V。值得注意的是电池包的负极并不是总控制器的地。V_{pos} 与 V_{neg} 这两个低电压分别按下式计算：

$$V_{pos} = \frac{R_2}{R_1 + R_2} \times V_+ \quad V_{neg} = \frac{R_2}{R_1 + R_2} \times V_- \tag{5.3}$$

式中，V_+ 和 V_- 是电池包电极相对总控制器地的电势差。接着，使用一个减法器

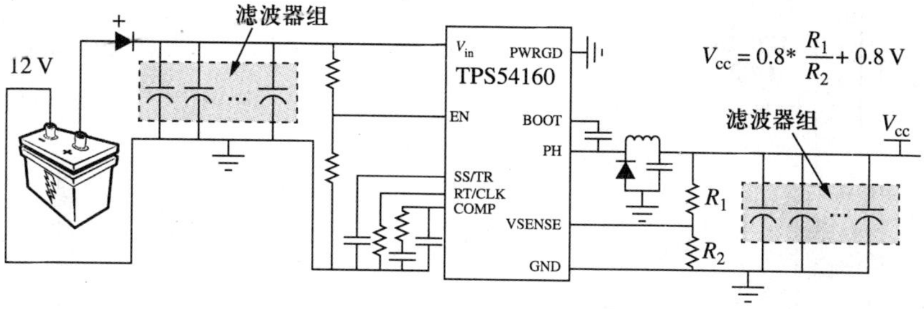

图 5.10　总控制器电源电路原理图

获得所需传送到 MCU AD 输入端口的差分电压 V_{pack}。V_{pack}大小如下：

$$V_{pack}=V_{pos}-V_{neg}=\frac{R_2}{R_1+R_2}\times(V_+-V_-) \tag{5.4}$$

R_1和 R_2的选择由电池包电压的大小决定。分压器必须使得 V_{pack}小于 5V 以避免对 MCU 产生伤害。

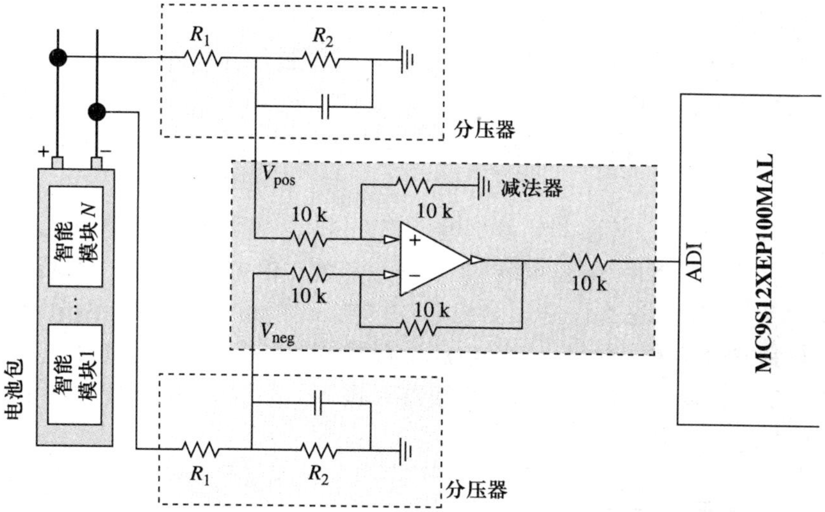

图 5.11　电池包电压测量电路原理图

3）电池包电流测量：采用 HTFS200 - P/SP2 霍尔效应电流传感器[56]将±300A之间的电流转化为(2.5±1.875)V 之间的电压。具体的转换关系如下：

$$V_{out}=2.5+1.25\times\frac{I}{200}\text{V} \tag{5.5}$$

式中，I 是所需测量的电池包电流；V_{out}是传感器输出电压。

为了降低输出阻抗并且将总控制器与安装于电源线上的传感器隔离开，V_{out}通过一个跟随器再传递给 AD 输入端口，如图 5.12 所示。

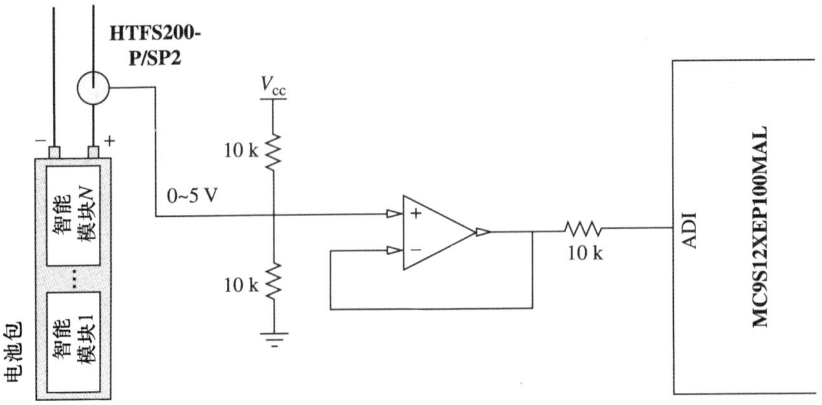

图 5.12 电池包电流测量电路原理图

4）泄漏电流测量：当电流泄漏发生时，一小部分电流流入车身或者地面，使得电源正极处的电流与负极处的不同。通过检测两者之间微量的电流差，可以进行电流泄漏监测。

CYCT04－M20B 电流传感器家族是基于磁调制与补偿原理工作的。它可以用来检测很小的直流电流和泄漏电流，以及两个或多个导体之间的电流差[12]。泄漏电流是双向的。传感器能够将 ±50mA 之间的电流线性地转换为 ±5V 之间的输出电压。

如图 5.13 所示，传感器的输出电压首先进入一个电压跟随器以减小输出阻抗并隔离总控制器与传感器。接着，采用一个绝对值电路把 ±5V 之间的电压转化为 0～5V。之所以这么做是因为泄漏的严重程度直接反应在泄漏电流的大小上，而与其方向无关。最后，一个电压比较器用来在所测电压比参考电压更高时产生中断信号。参考电压可由滑动变阻器 R 调节。本章中，*R* 使得泄漏电流的值大于 30mA 时产生中断。

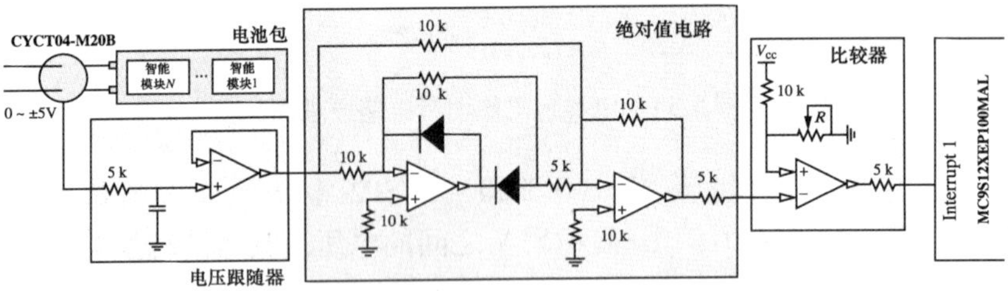

图 5.13 泄漏电流测量电路原理图

5）风扇与接触器驱动电路：风扇与接触器分别用来控制电池包温度和电源总线的开/关。为了驱动风扇与接触器，每个通道采用如图 5.14 中所示的驱动电路。NCV33125 双向高速 MOSFET 驱动器通过 MOSFET 来驱动执行器[72]。由于风扇与接触器的功率要高于控制器的驱动能力，我们直接采用 12V 的车辆电池作为电源。另外，为了测量风扇与接触器的状态，每个控制通道都能把反馈信号传递给 MCU。

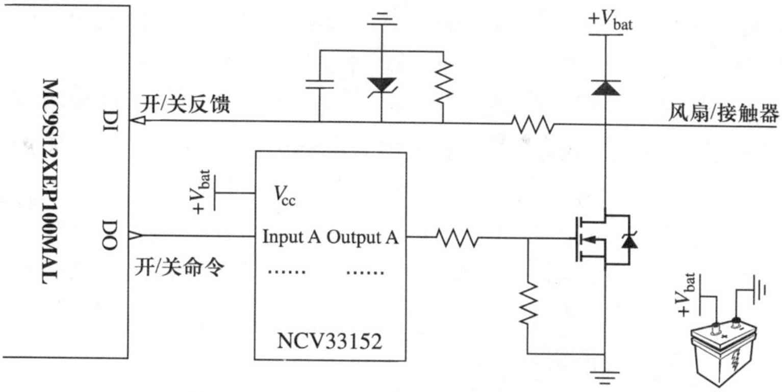

图 5.14　风扇与接触器驱动电路原理图

6）实物：图 5.15 展示了总控制器的实物照片。该电路板尺寸为 120mm × 95mm × 11.6mm，层数为四层。由于总控制器电路板与模块控制器电路板有着相同的宽度和高度，装配非常方便。

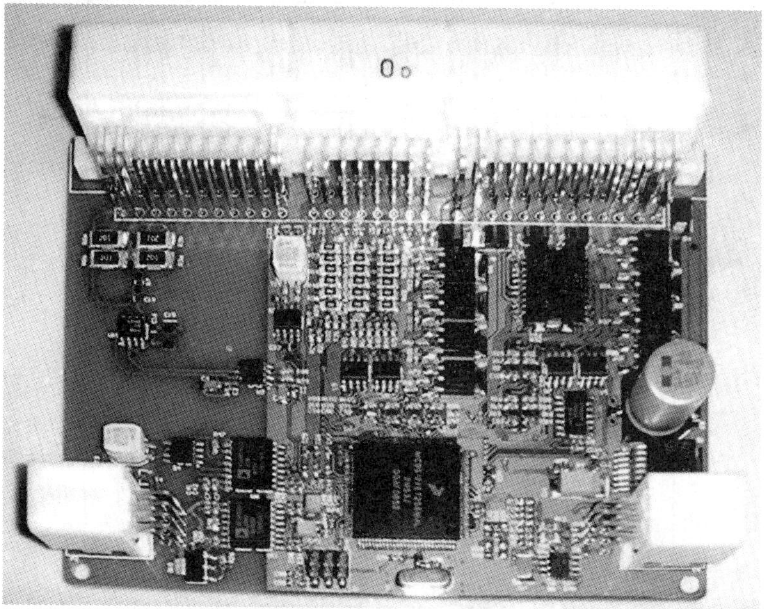

图 5.15　总控制器实物照片

5.1.1.3　含有电池控制系统的电池包

为验证所提出的 BMS 方案的可行性，并为接下来几章研究 SOC 估计、电池均衡和快速充电算法等内容搭建一个实验平台，我们开发了一套含有 BMS 的电池包。

电池包由 2.3Ah 的 $LiFePO_4$单体电池组成。该电池在充电性能、放电性能、内阻、电池一致性等方面都非常普通。之所以选择这么普通的电池，是为了显示所提出的 BMS 和其他各种算法在一般条件下的有效性。

增加容量与提高电压一般是开发车辆电池的两个要点。增加容量可以通过并联单体电池实现，而增加电压可以通过串联单体电池实现。电池包中的单体电池有两种可能的串并联结构来实现扩容与增压的目的。第一种结构，称为串联单体电池模块。这种结构首先把单体电池串联起来增加电压，然后把高压的电池串并联起来扩容。与此相反，第二种结构，称为并联单体电池模块，搭建电池包时首先把单体电池并联起来，然后把大容量的电池组并联起来。我们采用了第二种结构，因为并联的单体电池组可以看作一个新的容量得到扩充的单体电池，而在组内的单体电池不再需要监控。不需要监控的原因是并联的单体电池自然有着相同的电压，相当于自带了一个基于电压的电池均衡功能。另外，扩容后的电池可以看作一个整体，与原来的单体电池相比有着更大的容量和更小的内阻。

如图 5.16 所示，三个单体电池并联在一起形成一个新的 6.9Ah 扩容单体电

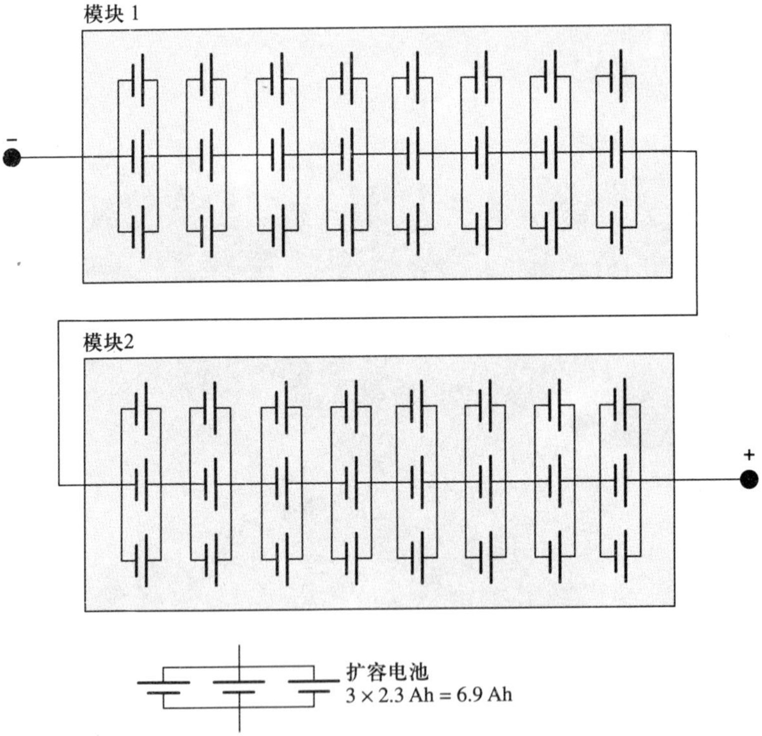

图 5.16　实际电池包的分组结构

池。然后，八个扩容的单体电池串联在一起组成了一个由模块控制器管理的智能模块。在模块控制器当中，每个 AD7280 监控四个新扩容后的单体电池。最后，两个智能模块串联起来形成了由总控制器控制的电池包。图 5.17 为扩容的单体电池与最后组成的电池包。

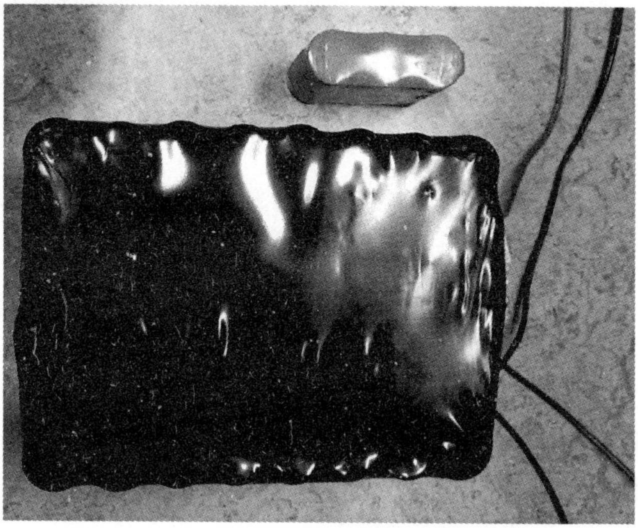

图 5.17　扩容单体电池与电池包实物图

5.2　鲁棒荷电状态估计

车辆中的剩余能量是基本的车辆状态之一。该状态能够帮助驾驶员估计剩余的续航里程。在传统的燃料驱动汽车中，油箱中剩余的汽油和柴油可以使用与浮标连接的变阻器直接测量。但是，在电动汽车中，驱动能源变成了电池包中所剩的电荷。如何测量剩余电荷是 BMS 设计中的难点。

荷电状态（SOC）的定义是剩余电荷容量与完全充电状态时额定容量的比值。它是电池最基本的状态，所扮演的角色与传统的燃料驱动汽车中的“燃油表”相当。不幸的是，这个重要的状态不能直接测量，只能通过一个估计器来间接计算它。一个精确的计算结果可以说明电池中还有多少剩余能量，提醒驾驶员车辆还能行驶多少里程，并与 VMS 协作延长电池的生命周期，从总体上达到最优的能量效率。因此，近年来，SOC 估计不管是在理论研究方面还是在实际应用方面都引起了广泛的关注，并成为 BMS 设计中最重要也是最困难的问题。

5.2.1 总体框架概述

实际的车辆行驶环境通常会引入一些干扰源，导致信号测量噪声，甚至零点漂移。同时，电池有着很强的时变特性，很难建立一套足够精确的线性模型来估计和预测电池的动态表现。换句话说，不理想的工作环境使得许多 SOC 观测器的工作前提都没法满足。

因此，为了保证实际行驶过程中观测的准确性，必须要改进 SOC 估计技术的抗噪声能力，或者说鲁棒性。在本节中，我们提出一种鲁棒估计的框架，如图 5.18 所示，其内容包括如下几个方面：

1）一个非线性耗散滤波器用来降低电流测量噪声。其中，I_m 是电流测量值，I_f 是滤波结果。

2）一个电流零点漂移观测器用来去除零点漂移。其中，$\hat{I}_{zd}$ 是电流测量中零点漂移的估计值，$I_d = I_f - \hat{I}_{zd}$ 是降噪结果。

3）一个库仑计数估计器用来实现开环估计 $\widehat{SOC}_1$。

4）一个基于模型的估计器用来实现闭环估计。其中，V_m 是测得的终端电压，而 $\widehat{SOC}_2$ 是估计结果。

5）一个数据融合环节根据结合 $\widehat{SOC}_1$ 与 $\widehat{SOC}_2$ 来获得最终的估计 $\widehat{SOC}$。

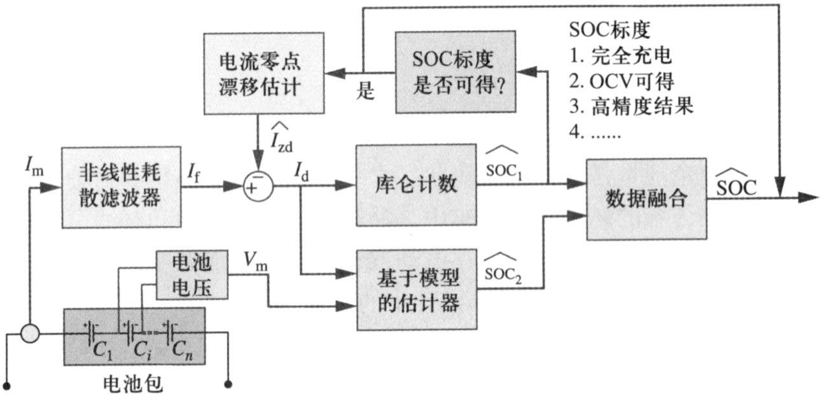

图 5.18 所提出的鲁棒 SOC 观测框架

5.2.2 电流降噪

电池是一个典型的欠信息系统。电池工作时其内部发生复杂的多参数电化学反应，然而在外部能直接测量到的物理量只有端电压、线电流和表面温度。SOC 作为电池的一种内部状态，只能通过有限的外部变量估计得到。因此，这些变量的测量精度对于 SOC 估计来说非常关键。

5.2.2.1　电流测量性能分析

一个车辆电池包通常含有数以十计，甚至数以百计的串联和并联单体电池来产生很大的充电/放电电流。它的电流变化范围可能达到 ±300A[36]。但是，商业电流传感器的精度在 ±1% 左右，这会导致测量最大误差达到 ±3A。这样的误差在 SOC 观测时是不能忽略的。而且，尽管电流最高能达到 300A，实际情况中电流通常都小于 100A，因此 ±3A 的噪声在实际情况中所占的比重可能更大。

另外一个非常突出的问题就是电流信号有伪随机性。这会导致传统滤波器的失效。图 5.19 展示了通过 Advisor 仿真得到的 Prius 运行在城市道路循环工况（UDDS）时所产生的一个典型电流曲线。电池电流是由电动机/发电机的需求决定的，而这从根本上来说取决于驾驶员行为。车辆驾驶的方式受到道路条件的制约并有可能被许多意想不到的情况打乱，例如交通拥堵、制动以避让行人、超车时的突然加速等。这样不规则的驾驶会不可避免地导致电源线上的电流是伪随机的。如图 5.20 所示，频域上的分析进一步描述了电池电流中的伪随机性。采样频率为 100Hz 时，电流信号扩展到了整个频率轴，因此很难决定一个截止频率来从信号中区分噪声。

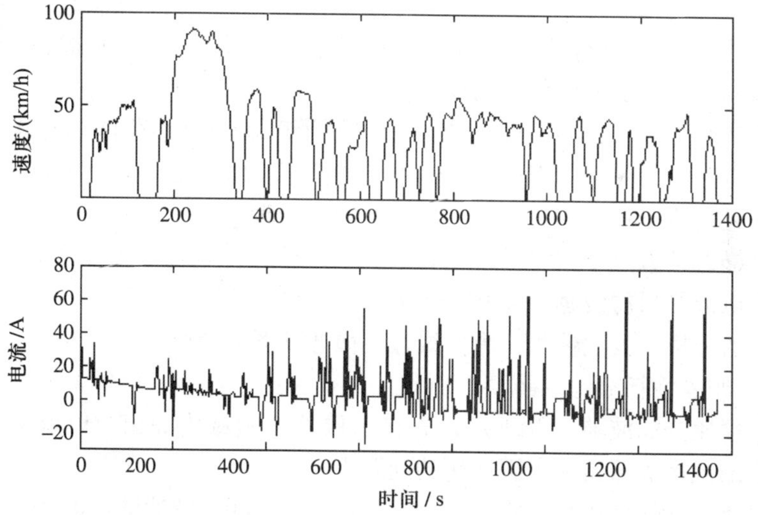

图 5.19　Prius 运行于 UDDS 工况时的电流曲线

降噪本质上需要知道信号与噪声之间的一些属性差异才能实现。正如前面所分析的，电流信号与噪声在频率域上相似的属性导致很难使用传统滤波器，例如低通滤波器，来隔离噪声。

实际情况中电流信号的变化是由驾驶行为引起的。这一般会导致电流发生相

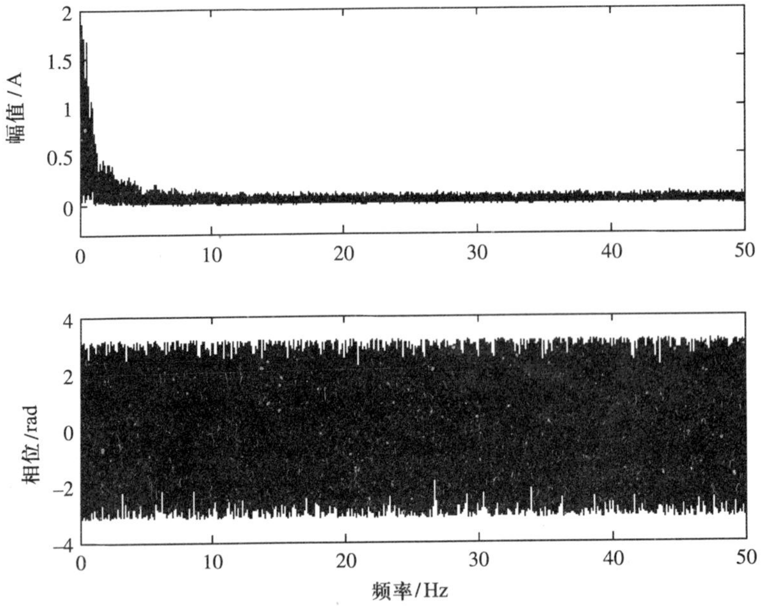

图 5.20　Prius 进行 UDDS 工况时电流曲线频域分析

当大的变化。但是，电流噪声一般是由测量单元的精度、电磁干扰、车辆振动等原因导致的，一般来说变化范围较小。

根据实验结果，我们发现电流测量中的噪声在一个小范围内是连续的。另外，噪声是时间无关的。因此，在这里，我们假设信号是高斯分布的，其标准差固定，并且均值非零。

在这样的假设下，很明显，驾驶行为引起的大电流变化有更高的信噪比(SNR)。电流测量滤波器就是用来改进低 SNR 测量并保证高 SNR 的测量不变。基于以上的分析，我们使用一个非线性耗散滤波器来降噪。

5.2.2.2　非线性耗散滤波器

非线性耗散滤波器（NDF）首先在图像处理领域内提出，以解决非线性的消除小范围振荡而保留大范围变化的问题[81]。

用 k 和 i 分别代表离散时间和迭代次数，非线性耗散滤波器的迭代方程如下所示：

$$
\begin{aligned}
I(k, i+1) = I(k, i) &+ \Delta t \times c_l(k, i) \times [I(k-1, i) - I(k, i)] \\
&+ \Delta t \times c_r(k, i) \times [I(k+1, i) - I(k, i)]
\end{aligned} \tag{5.6}
$$

式中，初始迭代 $I(k, 1)$ 被设定为测量数据序列 $I_m(k)$；最终的迭代结果 $I(k, N)$ 就是滤波结果 $I_f(k)$；N 是迭代时间。

在一个迭代步骤中，一个大的 Δt 表示每次迭代过程中耗散周期很长，会导致更光滑的结果，但有迭代过程不稳定的风险。相反，太小的 Δt 导致一个缓慢的耗散过程，需要更多的迭代次数来得到令人满意的结果。

$c_l(k, i)$和$c_r(k, i)$，通常表示为$c(k, i)$，分别是控制第 k 个数据与其左右邻值之间光滑度的左耗散系数和右耗散系数。$c(k, i)$越小，越不光滑。正如之前所讨论的，电流变化较大时，SNR 较高的可能性也很大。而电流变化小时，通常 SNR 也很低。因此，我们使用如下的传统方程，将$c(k, i)$设置成与信号差分量成反比：

$$c_l(k, i) = \frac{1}{1+\left[\frac{I(k-1, i)-I(k, i)}{\kappa}\right]^2} \tag{5.7}$$

和

$$c_r(k, i) = \frac{1}{1+\left[\frac{I(k+1, i)-I(k, i)}{\kappa}\right]^2} \tag{5.8}$$

式中 κ 是控制传导的梯度模量阈值。

5.2.2.3　自适应 κ 策略

式（5.7）和式（5.8）表明非线性耗散滤波器的性能依赖于 κ 的选择。一般来说，一个含有较低 SNR 的信号需要一个较大的 κ 来增强光滑的效果。但是，含噪声信号的 SNR 值是未知的，需要间接的估计得到。基于电池电流的特性，我们提出了一种自适应 κ 选择方法，其步骤如下。

1）计算原始信号 $I_m(k)$的差分信号 $\Delta I_m(k)$，其中 k 和 $k+1$ 之间的间隔为采样周期。

$$\Delta I_m(k) = I_m(k+1) - I_m(k) \tag{5.9}$$

2）将差分信号中绝对值小于5A 的信号选出来建立集合 Δ_s。去除较大的差分信号的原因是这些信号可能是由驾驶行为引起的，也就是说，是真实的电流变化。

$$\Delta_s = \{\Delta I_m(k) \mid |\Delta I_m(k)| < 5\} \tag{5.10}$$

3）计算集合 Δ_s中元素的标准差 SD(Δ_s)。在一定程度上，SD(Δ_s)是信号 SNR 的一种度量。SD(Δ_s)越小，SNR 越大。

4）根据 SD(Δ_s)自适应地决定 κ。在我们的研究中，首先确定迭代时间 $N = 20f_s$（f_s代表采样频率），迭代步骤中的 $\Delta t = 0.6$。接着，κ 与 SD(Δ_s)之间的关系由经验确定为以下分段函数：

$$\kappa = \begin{cases} \min(\mathrm{SD}(\Delta_s)/10,\ 2) & \mathrm{SD}(\Delta_s) > 2.2 \\ \max(\mathrm{SD}(\Delta_s)\times 1.76 - 3.652,\ 0) & \mathrm{SD}(\Delta_s) < 2.2 \end{cases} \tag{5.11}$$

注意：由于非线性耗散滤波器需要靠右的相邻值（未来的数据）来使电

流数据光滑，该滤波器不得不延时一段时间才能输出。在这里，迭代时间 $N=20f_s$ 将会导致一个 20s 的时滞。由于 SOC 变化缓慢，这个时间足够短，可以忽略。

5.2.2.4　性能比较

为了论证采用自适应 κ 策略的非线性耗散滤波器的效果，我们将它的表现与低通滤波器与小波滤波器进行比较。低通滤波器采用巴特沃斯方法设计，其截止频率 $f_{cut}=0.9(f_s/2)$ 由反复试验确定。小波滤波器采用博格－马萨特策略来确定层相关的阈值[6]。

电流曲线是通过 Advisor 仿真得到的。我们选择了设计者精心开发的"Prius－jpn"车辆模型，以及三种典型的驾驶循环工况：高速公路 HWFET、郊区 WVUSUB 和城市 MANHATTAN。电流信号被信噪比为 0～20dB 的白噪声干扰。

性能指标，即方均根误差减小量（RRMSoE）的定义如下：

$$\mathrm{RRMSoE}[A]=\mathrm{rms}(I,\ I_m)-\mathrm{rms}(I,\ I_f) \tag{5.12}$$

和

$$\mathrm{RRMSoE}[\%]=\frac{\mathrm{rms}(I,\ I_m)-\mathrm{rms}(I,\ I_f)}{\mathrm{rms}(I,\ I_m)}\times 100\% \tag{5.13}$$

其中

$$\mathrm{rms}(I_1,\ I_2)=\sqrt{\frac{1}{L}\sum_{i=1}^{L}[I_1(i)-I_2(i)]^2} \tag{5.14}$$

并且 I、I_m 和 I_f 分别是实际电流、测量的有噪声的电流和滤波结果。L 是数据长度。

图 5.21 所示为含有 15dB SNR 噪声的 HWFET 工况下的实验结果。最上面的图描绘了真实的电流信号与噪声信号。可以很清楚地看到真实的信号有更大的变化。附加的噪声看起来像是毛刺。滤波结果的误差在下面的图中给出。无疑，低通滤波器的表现很糟糕，甚至不如不进行滤波的情况。这是因为它将高频段的真实信号一起滤除了。总的来说，任何基于频率的滤波器在处理这个问题上都很困难。着眼于尺度和时间的小波滤波器的表现要比低通滤波器好，但仍然不能保持真实电流中较大的变化。非线性耗散滤波器成功地滤去了像毛刺一样的噪声，并且保持了有较大起伏的真实信号的原有形态。

总的结果都在表 5.1 中给出。其中每个值都是 100 个独立随机测试的平均值。很明显，自适应 κ 策略有效地观测出了每种工况下的等效 SNR，并因此可以计算出一个合适的 κ 来获得令人满意的降噪性能。

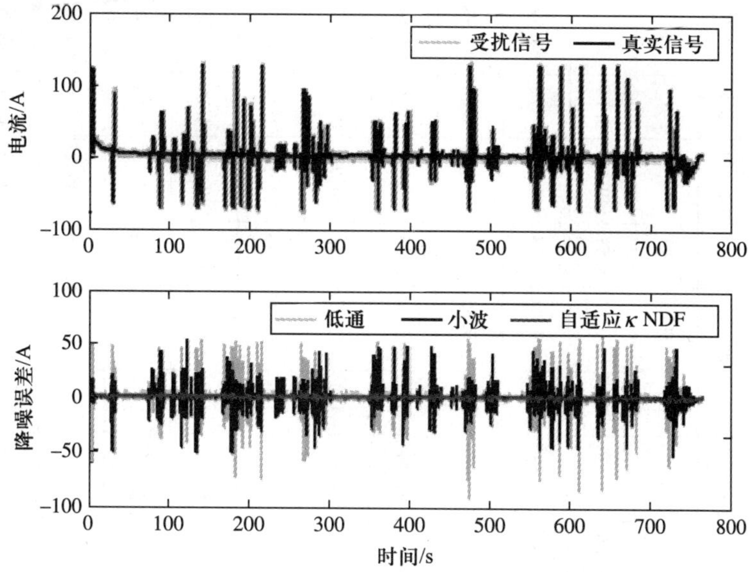

图 5.21　HWFET 工况下电流受 15dB SNR 噪声影响时的滤波结果

5.2.3　电流零点漂移消除

尽管非线性耗散滤波器能够滤去振荡的噪声，但它不能处理零点漂移的问题。零点漂移将导致基线偏移。零点漂移实际上是噪声的非零均值，是库仑计数结果发散的源头，会对其他估计器的表现产生负面的影响。

在本节中，我们将会提出一种自学习策略来估计电流测量的零点漂移。为了建立自学习系统，必须要知道估计误差，也就是说真实的 SOC。实际中，SOC 的真实值能在以下几种情况下获得：①电池充满电时；②开路电压可获得时；③靠某种方式得到更精确的结果。在这些真实标度可获得时刻，我们可以重置 SOC 估计值并且如接下来所要推导的那样，利用其与库仑计数结果之间的误差计算出零点漂移量。

5.2.3.1　电流零点漂移估计

离散的库仑技术递推关系式可以描述为

$$\widehat{\mathrm{SOC}}_1(k)=\widehat{\mathrm{SOC}}_1(k-1)+\frac{I_{\mathrm{d}}(k)\eta(k)T_{\mathrm{s}}}{Q_{\mathrm{full}}} \tag{5.15}$$

式中，$\widehat{\mathrm{SOC}}_1(k)$ 是时刻 k 时 SOC 的估计值；$I_{\mathrm{d}}(k)$ 是“降噪”电流；Q_{full}是充满电的电池中所储存的电荷量；T_{s}是采样周期。$\widehat{\mathrm{SOC}}_1(0)$ 由 SOC－OCV 关系表或其他的方法在每次开始时初始化，或者在每次标度可获得时刻重置为真实值。

$\eta(k)$ 是库仑效率或安时效率。严格来说，这是一个时变的参数，与温度、

表 5.1 基于不同滤波器的降噪误差均方根减小量

SNR/dB	高速公路（HWFET）						郊区（WVUSUB）						城市（MANHATTAN）					
	低通		小波		自适应 κNDF		低通		小波		自适应 κNDF		低通		小波		自适应 κNDF	
	A	%	A	%	A	%	A	%	A	%	A	%	A	%	A	%	A	%
0	-2.05	-21.98	2.98	31.95	5.53	59.41	0.00	-0.04	4.82	52.09	6.68	72.15	-0.14	-1.22	5.57	49.58	6.76	60.23
2	-2.62	-35.47	1.57	21.26	4.11	55.53	-0.24	-3.29	3.85	52.35	5.33	72.53	-0.43	-4.83	4.33	48.50	5.77	64.69
4	-3.14	-53.41	0.41	7.02	2.82	47.93	-0.44	-7.58	3.07	52.52	4.04	69.25	-0.70	-9.85	3.27	46.15	4.32	60.94
6	-3.77	-80.85	-0.58	-12.34	1.86	39.84	-0.67	-14.52	2.42	52.15	2.99	64.44	-0.99	-17.66	2.35	41.75	3.10	55.14
8	-4.24	-114.45	-1.42	-38.27	1.08	29.03	-0.91	-24.73	1.88	51.01	2.18	59.30	-1.33	-29.67	1.53	34.28	2.11	47.13
10	-4.73	-160.50	-2.11	-71.68	0.71	24.00	-1.16	-39.61	1.44	49.30	1.58	54.08	-1.63	-45.89	0.86	24.24	1.44	40.53
12	-5.16	-220.51	-2.67	-114.30	0.70	29.84	-1.40	-60.15	1.06	45.47	1.29	55.32	-1.96	-69.49	0.28	10.00	1.06	37.72
14	-5.51	-296.75	-3.12	-168.11	0.94	50.74	-1.63	-88.11	0.72	39.25	1.20	64.90	-2.24	-100.18	-0.21	-9.19	0.93	41.54
16	-5.81	-393.55	-3.49	-236.44	0.80	54.51	-1.84	-125.45	0.43	29.53	0.93	63.17	-2.52	-141.40	-0.63	-35.24	1.00	56.34
18	-6.07	-517.99	-3.78	-322.74	0.63	53.77	-2.03	-174.06	0.18	15.67	0.73	62.35	-2.76	-195.17	-0.96	-67.62	0.76	53.99
20	-6.28	-674.39	-4.02	-431.19	0.49	52.57	-2.20	-237.73	-0.02	-2.45	0.57	62.03	-2.96	-263.57	-1.23	-109.44	0.59	52.19

SOC 和其他相关状态有关。确定库仑效率最基本的方法就是根据制造商提供的数据手册或实验数据建立其数值表。库仑计数在实际应用中巨大的使用量已经证明了其可行性与正确性。另外，自适应学习与在线估计策略可以增加库仑效率估计的准确性[51,69,113]。再者，因为库仑计数的准确性主要与电池电流的测量和初始 SOC 的估计有关[69]，所以库仑效率的误差在本节中并不会涉及。

为了分析电流测量的零点漂移，我们用 $I(k)$ 表示电流的真实值，$I_{\mathrm{n}}(k)$ 表示影响库仑计数估计器的剩余噪声，$\mathrm{SOC}(k)$ 表示 SOC 的真实值。“降噪”电流通过库仑计数方法积累的关系式为

$$I_{\mathrm{d}}(k)=I(k)+I_{\mathrm{n}}(k) \tag{5.16}$$

和

$$\begin{aligned}\widehat{\mathrm{SOC}}_1(k) &= \widehat{\mathrm{SOC}}_1(k-1)+\frac{I_{\mathrm{d}}(k)\eta(k)T_{\mathrm{s}}}{Q_{\mathrm{full}}}\\ &= \widehat{\mathrm{SOC}}_1(0)+\frac{\sum\limits_{i=0}^{k}I_{\mathrm{d}}(k)\eta(i)T_{\mathrm{s}}}{Q_{\mathrm{full}}}\\ &= \widehat{\mathrm{SOC}}_1(0)+\frac{T_{\mathrm{s}}\left[\sum\limits_{i=0}^{k}I(i)\eta(i)+\sum\limits_{i=0}^{k}I_{\mathrm{n}}(i)\eta(i)\right]}{Q_{\mathrm{full}}}\\ &= \left[\widehat{\mathrm{SOC}}_1(0)+\frac{T_{\mathrm{s}}\sum\limits_{i=0}^{k}I(i)\eta(i)}{Q_{\mathrm{full}}}\right]+\frac{T_{\mathrm{s}}\sum\limits_{i=0}^{k}I_{\mathrm{n}}(i)\eta(i)}{Q_{\mathrm{full}}}\end{aligned} \tag{5.17}$$

因为$\widehat{\mathrm{SOC}}_1(0)$ 在每次开始时刻根据 SOC－OCV 对应表或先进策略进行初始化，或在每次标度可获得时刻重置为“真实”值，所以其误差足够小，可以在误差范围内忽略。因此，我们有

$$\widehat{\mathrm{SOC}}_1(0)=\mathrm{SOC}(0) \tag{5.18}$$

$$\widehat{\mathrm{SOC}}_1(k)=\mathrm{SOC}(k)+\frac{T_{\mathrm{s}}\sum\limits_{i=0}^{k}I_{\mathrm{n}}(i)\eta(i)}{Q_{\mathrm{full}}} \tag{5.19}$$

$$\begin{aligned}E[\widehat{\mathrm{SOC}}_1(k)-\mathrm{SOC}(k)] &= E\left[\frac{T_{\mathrm{s}}\sum\limits_{i=0}^{k}I_{\mathrm{n}}(i)\eta(i)}{Q_{\mathrm{full}}}\right]\\ &= \frac{T_{\mathrm{s}}\sum\limits_{i=0}^{k}\eta(i)}{Q_{\mathrm{full}}}E[I_{\mathrm{n}}(i)]\end{aligned} \tag{5.20}$$

在每次标度可获得时刻 k^*，真实值 SOC(k^*) 可获得，因此

$$\widehat{\mathrm{SOC}}_1(k^*) - \mathrm{SOC}(k^*) = \frac{T_s \sum_{i=0}^{k^*} \eta(i)}{Q_{\mathrm{full}}} E[I_n(i)] \tag{5.21}$$

电流测量值的零点漂移是噪声的平均值：

$$\widehat{I_{zd}} = E[I_n(i)] = \frac{Q_{\mathrm{full}}[\widehat{\mathrm{SOC}}_1(k^*) - \mathrm{SOC}(k^*)]}{T_s \sum_{i=0}^{k^*} \eta(i)} \tag{5.22}$$

每次标度可获得时刻，$\hat{I}_{zd}$根据式（5.22）进行更新，从而实现在线零点漂移跟踪。

5.2.3.2 性能比较

为了证明零点漂移估计的有效性，我们已经基于 Advisor 进行仿真，当 Prius 连续在 HWFET、WVUSUB、MANHATTAN、NEDC、US06 和 NYCC 工况下行驶时对 SOC 进行跟踪。每当完成一个循环工况后，停车半小时以确定电池的 OCV。当车辆开始一个新的驾驶循环时，SOC 被重置为真实值，并且算法重新估计零点漂移。电流测量的 SNR 被设为 0dB。第 1 ~3 个循环的零点漂移 I_{zd}为 0.5A，第 4 ~6 个循环的零点漂移为 1A。BMS 首先通过自适应 κNDF 对电流进行降噪，然后通过减去零点偏移估计值 $\hat{I}_{zd}$来去除零点漂移。

图 5.22 展示了 SOC 跟踪的结果，对比了用或者不用零点漂移自学习策略的表现。表 5.2 概括了每个循环的数值指标，包括 SOC 估计误差绝对值均值和每个循环中误差的标准差。因为开始时并不知道零点漂移是多大，所以在第一个循环 HWFET 中，其估计值被设置为 0。因此，其与不进行零点漂移估计时有完全相同的跟踪。在接下来两个循环中，OCV 在每次开始时都能够得到，可以标定 SOC 并且计算上一个循环的估计误差，从而可以更新 $\hat{I}_{zd}$。零点漂移的估计值分别是 0.4895A 和 0.4952A，与实际的零点漂移 0.5A 非常接近。因此，所提出的方法的估计误差要明显小于传统算法的误差。在第 4 个循环，实际的零点漂移变为 1A，从而测试学习策略的自适应能力。由于学习策略根据上一个循环的估计误差来确定零点漂移，一个循环的滞后意味着 $\hat{I}_{zd}=0.4987$ 不能完全补偿实际达到 1A 的漂移。这导致了不收敛的 SOC 估计。在接下来的循环中，较大的误差使得 $\hat{I}_{zd}$在第 5 和第 6 个循环中分别更新为 0.9863A 和 0.9967A。出色的自适应能力使得最后两个循环的表现令人满意。

尽管所提出的框架大大提高了传统库仑计数方法的性能，从本质上来说这仍然是开环估计，并没有利用可测量的电压，只能在标度可获得时刻自我纠正估计

值而不能在行驶过程中纠正误差。

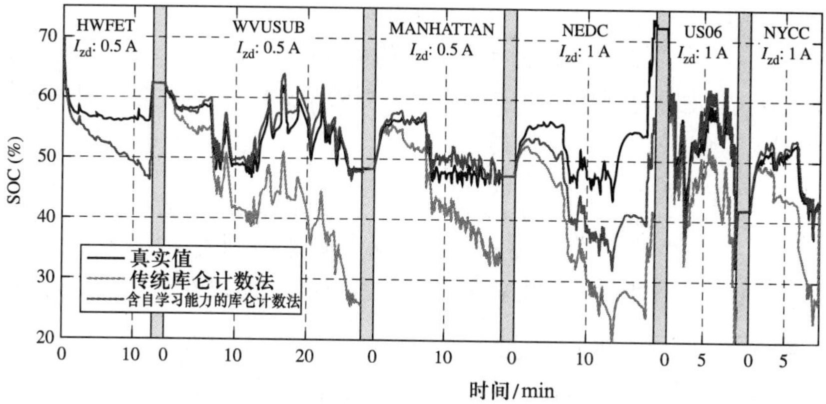

图 5.22 基于传统库仑计数方法和含自学习策略的库仑计数方法的 SOC 估计结果

注：循环工况之间的灰色柱形代表 0.5h 的停车时间。在停车时间内可以获得 OCV 的值。仿真条件：0dB 信噪比白噪声，第 1 ~3 个循环中的零点漂移为 0.5A，第 4 ~6 个循环中的零点漂移为 1A。

表 5.2 使用或不使用自学习策略的 SOC 跟踪数值结果

SOC 估计方法	HWFET		WVUSUB		MANHATTAN		NEDC		US06		NYCC	
	ave	SD	ave	SD	ave	SD	ave	SD	ave	SD	ave	SD
传统库仑计数法	4.71	2.71	9.87	6.22	6.20	4.04	16.21	9.36	7.74	4.36	7.16	4.86
含自学习能力的库仑计数法	4.71	2.71	1.34	0.96	1.23	0.95	8.24	4.77	1.42	1.65	0.96	0.50

5.2.4 仿真：*RC* 模型和 H_∞ 滤波器

电池是一个典型的时变系统，其参数与 SOC 和其他电池变量密切相关。在线辨识是处理时变问题的热门策略，但是，该策略需要耗费大量的时间，而噪声也会导致辨识的不精确。另一种可选择的方法是使用鲁棒估计技术。这种方法可以建立次优滤波器，使噪声和模型不确定性引起的最大估计误差最小化。

随着 H_∞ 控制理论的发展，学者们开始对 H_∞ 滤波器表现出极大的兴趣[32,33]。一个很好的介绍和综述可以在参考文献［100］中找到。与卡尔曼滤波器相比，H_∞ 滤波器是为了处理含有模型结构不确定、模型参数不确定和系统噪声的条件下的估计问题而提出的。它有两个主要的特点：①它不需要关于扰动和不确定性的任何假设；②它使得最差情况下的估计误差最小化。因此，它在实际应用过程中比卡尔曼滤波更实用。

5.2.4.1 H_∞ 滤波器策略

用 x 表示系统状态向量，y 表示输出向量，u 表示输入向量，w 表示过程噪

声，v 表示测量噪声，系统的状态空间方程可以表示为

$$
\begin{aligned}
x_{k+1} &= A_k x_k + B_k u_k + \Gamma_k w_k \\
y_k &= C_k x_k + D_k u_k + v_k
\end{aligned} \tag{5.23}
$$

次优 H_∞ 滤波器问题是：给定估计误差界限 $\gamma > 0$，找到一种估计方法 $\widehat{z}_k = F_f(u_0, \cdots, u_k, y_0, \cdots, y_k)$，使得

$$
\inf_{F_f} \sup_{x_0, w \in H_2, v \in H_2} \frac{\| z_k - \hat{z}_k \|_2^2}{\| x_0 - \hat{x}_0 \|_{P_0^{-1}}^2 + \| w_k \|_2^2 + \| v_k \|_2^2} < \gamma^2 \tag{5.24}
$$

式中，$z_k = L_k x_k$ 是估计目标，也就是说，是系统状态的线性组合，L_k是使用者所需的权重矩阵，而 $\| x_k \|_2^2 = \sum_{i=0}^{k} x_i^* x_i$。

H_∞ 滤波器问题的次优解可以通过如下的递推关系式得到：

$$
\hat{x}_{k+1,k} = A_k \hat{x}_k + B_k u_k \tag{5.25}
$$

$$
R_k = \begin{bmatrix} I & 0 \\ 0 & -\gamma^2 I \end{bmatrix} + \begin{bmatrix} C_k \\ L_k \end{bmatrix} P_k [C_k^{\mathrm{T}} \quad L_k^{\mathrm{T}}] \tag{5.26}
$$

$$
P_{k+1} = A_k P_k A_k^{\mathrm{T}} + \Gamma_k \Gamma_k^{\mathrm{T}} - A_k P_k [C_k^{\mathrm{T}} L_k^{\mathrm{T}}] R_k^{-1} \begin{bmatrix} C_k \\ L_k \end{bmatrix} P_k A_k^{\mathrm{T}} \tag{5.27}
$$

$$
K_{k+1} = P_{k+1} C_{k+1}^{\mathrm{T}} [I + C_{k+1} P_{k+1} C_{k+1}^{\mathrm{T}}]^{-1} \tag{5.28}
$$

$$
\hat{x}_{k+1} = \hat{x}_{k+1,k} + K_{k+1}(y_{k+1} - C_{k+1} \hat{x}_{k+1,k} - D_{k+1} u_{k+1}) \tag{5.29}
$$

$$
\hat{z}_{k+1} = L_{k+1} \hat{x}_{k+1} \tag{5.30}
$$

当$[A_k \quad \Gamma_k]$满秩，并且对于所有 k，有

$$
P_k^{-1} + C_k^{\mathrm{T}} C_k - \gamma^{-2} L_k^{\mathrm{T}} L_k > 0 \tag{5.31}
$$

根据以上公式，很明显当 $L(k) = I$ 且 $\gamma \to \infty$ 时 H_∞ 滤波器退化为卡尔曼滤波器。因此，卡尔曼滤波器实际上是一种特殊情况下的 H_∞ 滤波器，其 H_∞ 范数指标为无穷大，所以是鲁棒性最小的一种情况。

5.2.4.2　电池 *RC* 模型

如图 5.23 所示，我们在本章中采用电池 *RC* 等效电路模型[42]。*RC* 模型中有一个大容量电容 C_b和一个表面电容 C_s，分别模拟电池的能量储存和动态特性。输出电阻 R_0、表面电阻 R_s和大电阻 R_b是电池内阻的物理模型。

选择大容量电容和表面电容的电压作为状态向量 $x_k = [V_{bk} \quad V_{sk}]'$，系统输入为电源线电流 $u_k = I_k$，输出为端电压 $y_k = V_{ok}$，采样周期为 T_s，离散状态空间方程（5.23）具体表现为如下的矩阵：

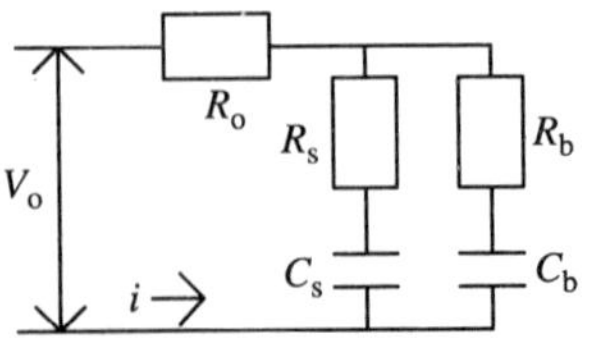

图 5.23　电池 *RC* 模型

$$A=\begin{bmatrix}1-\dfrac{T_s}{C_b(R_b+R_s)} & \dfrac{T_s}{C_b(R_b+R_s)}\\ \dfrac{T_s}{C_s(R_b+R_s)} & 1-\dfrac{T_s}{C_s(R_b+R_s)}\end{bmatrix} \tag{5.32}$$

$$B=\begin{bmatrix}\dfrac{-R_sT_s}{C_b(R_b+R_s)}\\ \dfrac{-R_bT_s}{C_s(R_b+R_s)}\end{bmatrix} \tag{5.33}$$

$$C=\begin{bmatrix}\dfrac{R_s}{R_b+R_s} & \dfrac{R_b}{R_b+R_s}\end{bmatrix} \tag{5.34}$$

$$D=-R_o-\frac{R_bR_s}{R_b+R_s} \tag{5.35}$$

RC 模型的 SOC 是使用两个电容的电压估计得到的。因为 C_b代表了电池中最大部分的能量，所以正如下式所表达的那样，它对 SOC 的贡献最多。

$$\widehat{\mathrm{SOC}}_2(k)=\frac{1}{21}[20\,\widehat{\mathrm{SOC}}_{C_b}(k)+\widehat{\mathrm{SOC}}_{C_s}(k)] \tag{5.36}$$

其中

$$\widehat{\mathrm{SOC}}_{C_b}(k)=F_{\mathrm{OCV-SOC}}(V_{bk})=F_{\mathrm{OCV-SOC}}(x_k(1)) \tag{5.37}$$

$$\widehat{\mathrm{SOC}}_{C_s}(k)=F_{\mathrm{OCV-SOC}}(V_{sk})=F_{\mathrm{OCV-SOC}}(x_k(2)) \tag{5.38}$$

并且 $F_{\mathrm{OCV-SOC}}$（·）是 OCV 到 SOC 的函数映射关系。这通常可以通过制造商的数据手册和实验测试数据预先获得。

模型参数在运行过程中会发生很大的改变。NREL 电池热管理实验室曾经对一种 6.5Ah 的松下镍锰电池进行测试，并且 Advisor 提供了测试得到的模型参数关系[61]。图 5.24 展示了电阻阻值相对于温度和 SOC 的变化。以输出电阻为例，很明显，最大的阻值为 0.0216Ω，比最小值 0.0071Ω 的 3 倍还要多。模型参数中巨大的变化在 SOC 观测器设计过程中值得特别关照。其他电阻和电容也有相似的属性。

因为模型误差很难事先确定，所以我们把这个难题交给 H_∞ 滤波器来解决，并且仅仅通过电流噪声估计 Γ。所测量的电流 $u=I_c=I+I_n$，其中 I 是真实信号而 I_n是电流噪声。因此，$Bu=BI+BI_n=BI+Bw$，也就是说，$\Gamma=B$。

5.2.4.3　性能比较

为了验证 H_∞ 滤波器的性能，我们进行了仿真实验来比较模型输出、卡尔曼滤波器结果和 H_∞ 滤波器结果的 SOC 估计误差。

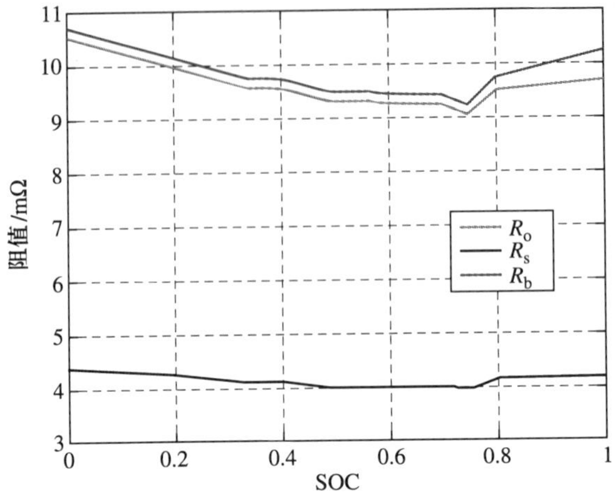

图 5.24　*RC* 模型中电阻阻值变化

正如之前所验证过的，自适应 $-\kappa$ 非线性耗散滤波器能够去除电流噪声，而自学习策略可以对零点漂移进行补偿。因此，我们固定电流噪声的 SNR 为 10dB，而其零点漂移为 0.5A，这模拟了两个降噪步骤过后的残余噪声。实验的目的是验证滤波器处理模型误差的能力。因此，我们在每个循环中采用固定的模型，模型中的参数分别设定为最大值、最小值和平均值。不准确的模型参数包括 R_b、R_s、R_o 的阻值和 C_c 的电容值。由于 C_b 是由电池的名义电容量，而不是辨识决定的，在其中没有模型误差。

电池模型参数参考松下 Prismatic 6.5Ah 电池。卡尔曼滤波器的设定通过实验优化得到，其中初始状态估计误差 $P=0.01I$，处理噪声方差矩阵 $Q=0.001^2I$，而测量噪声方差矩阵 $R=0.01^2$。H_∞ 滤波器的设定为 $L=[1,\ 1]$ 并且 $\gamma=50$。当 γ 不满足式（5.31）中的条件时，使 γ 每次增加 10，直到其满足要求。

图 5.25 所示为 Prius 在 HWFET、WVUSUB、MANHATTAN 和 NEDC 循环工况下连续行驶时 SOC 估计的结果。由于电流噪声的非零均值及模型误差，累积的误差在模型输出中体现了出来，并导致了一个不收敛的估计结果。在一段较短时间的振荡之后，卡尔曼滤波器逐渐收敛到一个稳定的估计，但是有稳态误差。零点漂移和模型误差使得它没法成为设想中的最优滤波器。H_∞ 滤波器的收敛速度比卡尔曼滤波器更快，并且稳态误差更小。

表 5.3 给出了数值结果。很明显，H_∞ 滤波器能够估计出循环中参数固定的时变电池的 SOC。无论模型参数取什么值，它的表现都比卡尔曼滤波器要好。H_∞ 滤波器的鲁棒性得到了很好的验证。

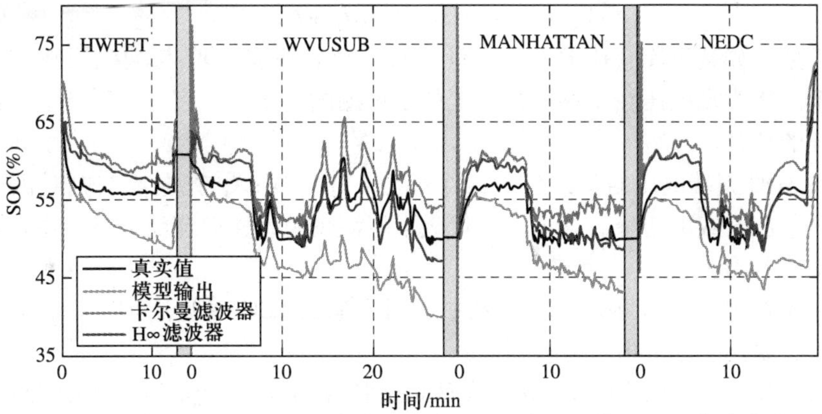

图 5.25　参数采用真实时变参数平均值的不准确电池模型 SOC 估计结果

表 5.3　基于一套固定参数电池模型的 SOC 估计性能比较（单位:%）

固定模型参数取为	高速公路（HWFET）				郊区（WVUSUB）				城市（MANHATTAN）				欧洲混合（NEDC）			
	卡尔曼滤波器		H_∞ 滤波器		卡尔曼滤波器		H_∞ 滤波器		卡尔曼滤波器		H_∞ 滤波器		卡尔曼滤波器		H_∞ 滤波器	
	ave	SD	ave	SD	ave	SD	ave	SD	ave	SD	ave	SD	ave	SD	ave	SD
参数最大值	4.38	1.41	2.92	2.03	3.99	1.44	1.71	1.59	4.00	1.98	1.35	2.32	3.57	1.22	1.60	1.61
参数平均值	4.34	2.22	2.47	1.21	3.56	1.48	1.94	2.20	3.71	1.88	1.55	1.42	3.82	1.85	1.93	1.83
参数最小值	3.77	3.73	1.50	1.15	3.20	1.20	1.78	2.01	3.92	2.24	2.15	2.19	3.90	1.58	2.22	2.34

注：不准确的模型参数包括 R_e、R_t 和 R_o 的阻值以及 C_c 的容值，并且在每一个行驶循环工况中它们分别固定为它们的最大值、平均值和最小值。电流曲线当中加入了 10dB SNR 的白噪声和 0.5A 的零点漂移。

5.2.5　实验与应用：改进 ESC 模型与扩展卡尔曼滤波器

5.2.5.1　改进 ESC 模型

在实验与应用当中，基于以下两个原因，我们选择并且修改了参考文献[84]中提出的非线性电池模型 ESC：①在一个清晰的物理背景之下对 $LiFePO_4$ 电池建模更加准确；②我们希望在不同环境下验证所提出的估计器框架。

ESC 模型的表达式如下：

$$\begin{bmatrix} f_{k+1} \\ h_{k+1} \\ \mathrm{SOC}_{k+1} \end{bmatrix} = \begin{bmatrix} \mathrm{diag}(\alpha) & 0 & 0 \\ 0 & F(I_k) & 0 \\ 0 & 0 & 1 \end{bmatrix} \begin{bmatrix} f_{k+1} \\ h_{k+1} \\ \mathrm{SOC}_{k+1} \end{bmatrix} + \begin{bmatrix} 1 & 0 \\ 0 & 1-F(I_k) \\ -\dfrac{\eta_i T_s}{C_n} & 0 \end{bmatrix} \begin{bmatrix} I_k \\ M(\mathrm{SOC},\mathrm{SOC}) \end{bmatrix} \tag{5.39}$$

$$V_k = \mathrm{OCV}(\mathrm{SOC}_k) - RI_k + h_k + Gf_k \tag{5.40}$$

模型首先基于库仑技术方法估计 SOC，然后建立 SOC 与端电压在同一时间的关系。因为端电压在车辆运行过程中是可测的，所以以它作为系统的输出来建立闭环的估计。

从 SOC 到端电压的映射包含四个部分：①OCV；②充电或放电时因内阻而产生的电压升或电压降；③迟滞，代表了迟滞现象；④电流滤波器，用来表示电池的动态行为。

在本章中，我们将会建立实验中所用电池的 ESC 模型，其中对传统模型做了修改，采用了新的电流滤波器。

1）SOC 与 OCV 的对应关系：从 SOC 到 OCV 的映射 $V_{\mathrm{OCV}}(k) = \mathrm{OCV}(\mathrm{SOC}(k))$ 是基于实际数据采用曲线拟合方法建立的。如图 5.26 所示，我们在每个 SOC 点上测量相对应的 OCV，然后运用一个非线性模型来拟合曲线。

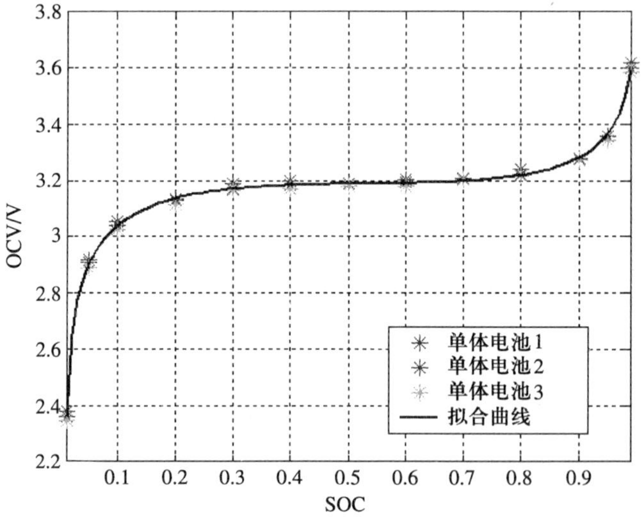

图 5.26　SOC 相对 OCV 采样与曲线拟合结果

如参考文献［84］所建议的，OCV 函数根据下式确定，从而使其导数的计算非常简单。

$$\mathrm{OCV}(\mathrm{SOC}(k)) = a_0 - \frac{a_1}{\mathrm{SOC}(k)} - a_2\mathrm{SOC}(k) + a_3\ln(\mathrm{SOC}(k)) + a_4\ln(1-\mathrm{SOC}(k)) \tag{5.41}$$

式中，$a = [3.545,\ 0.00338,\ 0.6605,\ 0.1828,\ -0.1539]$，由曲线拟合确定。

值得注意的是以上公式当 SOC = 1 和 SOC = 0 时无法求解。因此我们使用 SOC = 0.01 和 SOC = 0.99 来表示空和满的状态。接下来，我们使用相同的公式来对内阻与迟滞进行建模。

2）欧姆降/升：当电池在工作时，由于存在内阻 R，放电或充电将会导致端电压的升与降，由 $RI(k)$ 表示。

严格意义上来说，电池内阻的放电和充电阻值会沿 SOC 变化，如图 5.27 和图 5.28 所示。尽管在参考文献［84］中采用一个常数作为内阻模型，我们发现在实际应用中这么做不足够精确，因为最高的内阻值比最低的内阻值的 2 倍还要多。因此，我们采用相同的公式来拟合内阻的曲线。

对于放电内阻值，有

$$R_{\mathrm{dis}}(\mathrm{SOC}(k)) = a_0 - \frac{a_1}{\mathrm{SOC}(k)} - a_2\mathrm{SOC}(k) + a_3\ln(\mathrm{SOC}(k)) + a_4\ln(1-\mathrm{SOC}(k)) \tag{5.42}$$

式中，$a = [0.5291,\ 0.0247,\ -8.164,\ -4.341,\ -0.2616]$，由曲线拟合得到。

对于充电内阻值，有

$$R_{\mathrm{chg}}(\mathrm{SOC}(k)) = a_0 - \frac{a_1}{\mathrm{SOC}(k)} - a_2\mathrm{SOC}(k) + a_3\ln(\mathrm{SOC}(k)) + a_4\ln(1-\mathrm{SOC}(k)) \tag{5.43}$$

式中，$a = [6.837,\ 0.01123,\ -1.901,\ -0.3976,\ -0.4924]$，同样由曲线拟合得到。

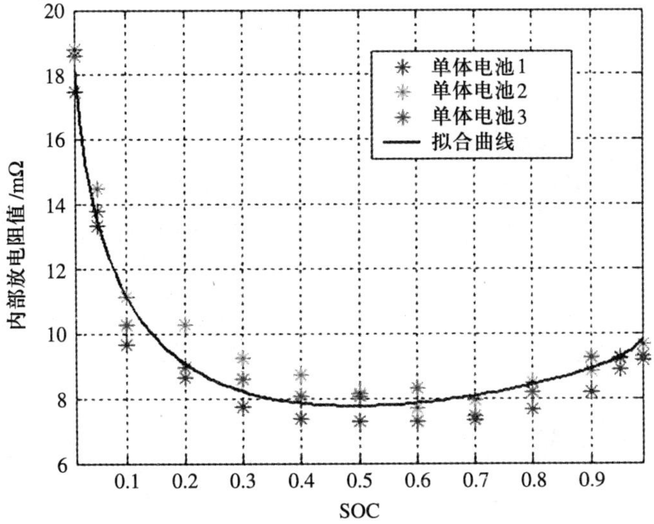

图 5.27　SOC 与对应的单体电池内部放电阻值

3）迟滞：理想情况下，在电池工作之后，端电压会逐渐收敛到 OCV。但是，实际上，在放电过程后收敛到的值总是小于 OCV，相反的，充电后收敛到

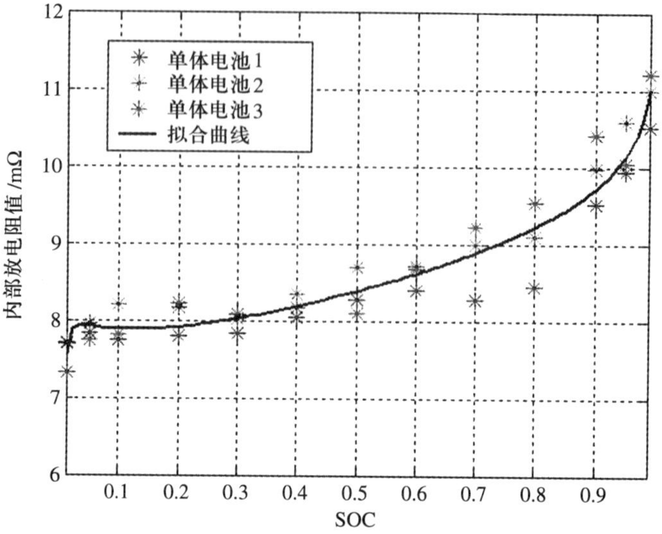

图 5.28 SOC 与对应的单体电池内部充电阻值

的值总是大于 OCV。这种现象就是所谓的迟滞。

为了对迟滞进行建模，在 25℃的温度下，对单体电池用 C/20 的电流进行放电，将充满的电量放空。然后用同样的电流再将电池充满。以 SOC 为指标的放电曲线与充电曲线并不一致。两曲线电压之间的差别包含了欧姆电压与迟滞。由于电流十分小，欧姆电压只有 2.8mV 左右。因此，剩下的电压差是由迟滞产生的。图 5.29 所示为减去 $RI(k)$ 后由迟滞效应引起的电压差的一半。在这里，我们使用相同的公式来拟合迟滞曲线。

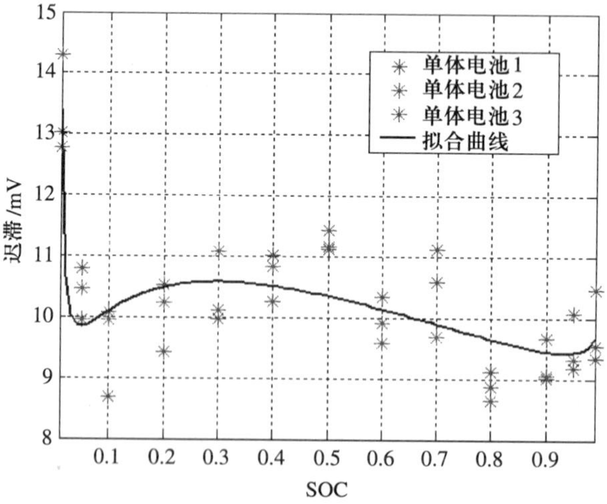

图 5.29 SOC 对应的单体电池迟滞

$$M(\mathrm{SOC}(k)) = a_0 - \frac{a_1}{\mathrm{SOC}(k)} - a_2\mathrm{SOC}(k) + a_3\ln(\mathrm{SOC}(k)) + a_4\ln(1-\mathrm{SOC}(k)) \tag{5.44}$$

式中，$a=[14.39,\ -0.08124,\ 6.033,\ 1.963,\ -0.2637]$，由曲线辨识得到。

在实际应用中，$h(k)\ =s_{\mathrm{H}}(k)M$，其中 $s_{\mathrm{H}}(k)$ 是电流的符号，其表达式为

$$s_{\mathrm{H}}(k)=\begin{cases}1 & I(k)>\varepsilon\\ -1 & I(k)<-\varepsilon\\ s_{\mathrm{H}}(k-1) & |I(k)|<\varepsilon\end{cases} \tag{5.45}$$

4）电流的动态特性：以上的模型中并未考虑电池的动态响应。事实上，当给一个阶跃信号输入时，电池需要一段时间才能使其端电压达到稳定值。

如图 5.30 所示，以上没有考虑时间常数的模型没法模拟电池的动态特性。原有的一些方法常常使用一个状态空间形式的模型 $V_{\mathrm{f}}(k)=Gf(k)=GA_{\mathrm{f}}f(k-1)+GB_{\mathrm{f}}I(k-1)$来模拟 ESC 中的动态行为。其中，$A_{\mathrm{f}}=\mathrm{diag}(\alpha)$ 是状态转移矩阵；B_{f} 是任意的输入矩阵；而 G 是使得当电流趋于稳态时，$Gf(k)\to 0$ 的输出矩阵。

但是，A_{f}、B_{f}和 G 的设计并没有明显的物理意义。时间常数以及电流滤波器的增益并没有明确地在矩阵参数中表达出来。因为系统的瞬态过程与一个指数衰减函数非常相似，所以我们提出了一种新的设计方法来给出一个电池动态特性模型的实现。

假设一个阶跃函数 $u(t)$，电池的理想响应是一个指数衰减 $y(t)=\mathrm{e}^{-t/\tau}$；因此，运用拉普拉斯变换可以得到传递函数

$$G(s)=\frac{I_{\mathrm{f}}(s)}{I(s)}=\frac{Ks}{s+\tau} \tag{5.46}$$

式中，K 是增益；τ 是指数时间常数，代表初始值衰减到原来 $1/e$ 所需的时间。

如图 5.30 所示，K 由 $K=V_1/(V_1+V_2)$ 决定，而 τ 直接通过初始值 V_1 衰减到 V_1/e 所经过的时间测得，在本章中 $K=0.287$，$\tau=12.5\mathrm{s}$。

在应用中，连续的传递函数按采样周期 T_{s}离散化。此处，离散化是基于三角近似得到的。离散时间形式表示为

$$G(z)=\frac{I_{\mathrm{f}}(z)}{I(z)}=\frac{n_1z+n_2}{d_1z+d_2} \tag{5.47}$$

式中，当 $T_{\mathrm{s}}=1\mathrm{s}$ 时，$n_1=0.2758$，$n_2=-0.2758$，$d_1=1$，$d_2=-0.9231$。

最终，整个电池的模型由下式给出：

$$\begin{bmatrix}I_{\mathrm{f}}(k)\\ \mathrm{SOC}(k)\end{bmatrix}=\begin{bmatrix}-d_2/d_1 & 0\\ 0 & 1\end{bmatrix}\begin{bmatrix}I_{\mathrm{f}}(k-1)\\ \mathrm{SOC}(k-1)\end{bmatrix}+\begin{bmatrix}n_2/d_1 & n_1/d_1\\ 0 & -\eta T_{\mathrm{s}}/C_n\end{bmatrix}\begin{bmatrix}I(k-1)\\ I(k)\end{bmatrix} \tag{5.48}$$

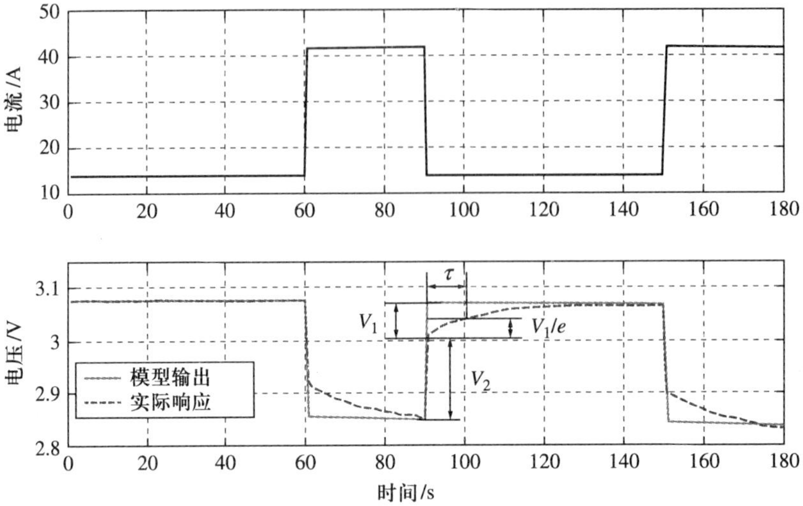

图 5.30 电池对阶跃放电电流的响应与不考虑动态特性时的模型输出

$$V(k)=\mathrm{OCV}(\mathrm{SOC}(k))-s_{\mathrm{dis}}(k)R_{\mathrm{dis}}(\mathrm{SOC}(k))(I(k)-I_{\mathrm{f}}(k)) \\ -s_{\mathrm{chg}}(k)R_{\mathrm{chg}}(\mathrm{SOC}(k))(I(k)-I_{\mathrm{f}}(k))-s_{\mathrm{H}}(k)H(\mathrm{SOC}(k)) \tag{5.49}$$

式中，当 $I(k)-I_{\mathrm{f}}(k)\geqslant 0$ 时，$s_{\mathrm{dis}}=1$，$s_{\mathrm{chg}}=0$；当 $I(k)-I_{\mathrm{f}}(k)<0$ 时，$s_{\mathrm{dis}}=0$，$s_{\mathrm{chg}}=1$。

5.2.5.2 扩展卡尔曼滤波器算法

不像仿真时采用的线性 *RC* 模型，之前的修正 ESC 模型是一个非线性模型，不能采用之前提到的线性 H_∞ 滤波器。因此，在实验与应用过程中，我们采用扩展卡尔曼滤波器（EKF）作为所提出框架中的闭环部分。

考虑一个离散时间非线性系统，其在 k 时刻的状态向量为 x_k，输入向量为 u_k，观测向量为 y_k。系统状态空间模型可由下式表示：

$$x_{k+1}=f(x_k,u_k,w_k) \\ y_k=g(x_k,v_k) \tag{5.50}$$

式中，$f(\cdot)$ 是状态演化函数；$g(\cdot)$ 是观测函数。这里，w_k 和 v_k 分别是处理与测量噪声向量，其相关协方差矩阵分别是 $Q=E\{w_kw_k^{\mathrm{T}}\}$ 和 $R=E\{v_kv_k^{\mathrm{T}}\}$。为了递推演化过程，需要提前估计一个初始状态向量，由 x_0 表示。然后，状态初始估计的期望和协方差矩阵由 $\bar{x}_0=E\{x_0\}$ 和 $P_0=E\{(x_0-\bar{x}_0)(x_0-\bar{x}_0)^{\mathrm{T}}\}$ 给出。

为了运用 EKF，同样需要在一个期望的参考点（$\hat{x}_k$，u_k，$\bar{w}_k$，$\bar{v}_k$）附近相对状态和噪声推导出线性的状态和观测方程：

$$
\begin{aligned}
x_{k+1} &\approx f(\hat{x}_k, u_k, \bar{w}_k) + A_k(x_k - \hat{x}_k) + F_k(w_k - \bar{w}_k) \\
y_k &\approx g(\hat{x}_k, \bar{v}_k) + C_k(x_k - \hat{x}_k) + G_k(v_k - \bar{v}_k)
\end{aligned} \tag{5.51}
$$

其中

$$
\begin{aligned}
A_k &= \frac{\partial f(x, u_k, \bar{w}_k)}{\partial x} \Big|_{x=\hat{x}_k} \\
F_k &= \frac{\partial f(\hat{x}_k, u_k, w)}{\partial w} \Big|_{w=\bar{w}_k} \\
C_k &= \frac{\partial g(x, \bar{v}_k)}{\partial x} \Big|_{x=\hat{x}_k} \\
G_k &= \frac{\partial g(\hat{x}_k, v)}{\partial v} \Big|_{v=\bar{v}_k}
\end{aligned} \tag{5.52}
$$

式中，$\bar{w}_k = E\{w_k\}$ 和 $\bar{v}_k = E\{v_k\}$ 分别是输入噪声向量和测量噪声向量的期望；$\hat{x}_k$ 是时刻 k 时状态向量的估计。

卡尔曼滤波器在运行中有两个阶段：预测与更新。在预测阶段中，使用基于过往时刻信息的状态估计来产生一个现在时刻状态估计；在更新阶段中，当前时刻测量到的信息被用来改进所做的预测并获得一个修正过的，而且很有希望是更加精确的当前时刻结果。

1）预测方程

$$
\begin{aligned}
\hat{x}_{k|k-1} &= f(\hat{x}_{k-1|k-1}, u_k, \bar{w}_k) \\
P_{k|k-1} &= A_k P_{k-1|k-1} A_k^{\mathrm{T}} + F_k Q_k F_k^{\mathrm{T}}
\end{aligned} \tag{5.53}
$$

2）新息方程

$$
\begin{aligned}
e_k &= y_k - g(\hat{x}_{k|k-1}, \bar{v}_k) \\
S_k &= C_k P_{k|k-1} C_k^{\mathrm{T}} + G_k R_k G_k^{\mathrm{T}}
\end{aligned} \tag{5.54}
$$

3）更新方程

$$
\begin{aligned}
K_k &= P_{k|k-1} C_k^{\mathrm{T}} S_k^{-1} \\
\hat{x}_{k|k} &= \hat{x}_{k|k-1} + K_k e_k \\
P_{k|k} &= P_{k|k-1} - K_k C_k P_{k|k-1}
\end{aligned} \tag{5.55}
$$

式中，$\hat{x}_{k|k-1}$ 和 $P_{k|k-1}$ 分别是基于过去的测量和相关误差协方差矩阵 e_k 的估计输出；S_k 是从当前测量和相关新息协方差矩阵 $\widehat{x}_{k|k}$ 中获得的新息信息；$P_{k|k}$ 是基于新息信息中推导出的卡尔曼增益 K_k 获得的修正估计结果。

在修正 ESC 模型中，以上的步骤具体的实现为

$$A_k = \begin{bmatrix} -d_2/d_1 & 0 \\ 0 & 1 \end{bmatrix} \tag{5.56}$$

$$F_k = I \tag{5.57}$$

$$C_k = \left[\left.\frac{\partial V(k)}{\partial I_{\mathrm{f}}(k)}\right|_{\mathrm{SOC}(k)} \quad \left.\frac{\partial V(k)}{\partial \mathrm{SOC}(k)}\right|_{I_{\mathrm{f}}(k)} \right] \tag{5.58}$$

$$G_k = 1 \tag{5.59}$$

5.2.5.3　性能验证

在试验中，“真实”的 SOC 是对放电和充电效率为 1 的电动负载和充电器的测量进行库仑计数得到的。

我们对电动负载进行了一次组合脉冲放电测试。一次放电循环包括 60s 的 2C 放电和 30s 的 3C 放电。如图 5.31 所示，我们令初始的 SOC 与真实值不同。在第一个回合中，测量范围从 -200A 到 200A 的电流传感器实际上有一个 +2A 左右的偏置，导致了库仑计数方法的误差不断增加。EKF 能够基于电压反馈跟踪实际的 SOC 轨迹。SOC 的平均估计误差为 6.235%，而除了由初始误差引起的误差外的最大误差是 11.273%。在第二回合中，根据库仑计数方法的误差，电流测量的零点漂移的估计值在不含初始 SOC 误差影响时为 1.908A。通过去除零点漂移，估计结果得到了很大的改善，其误差平均值为 4.673%，而最大误差

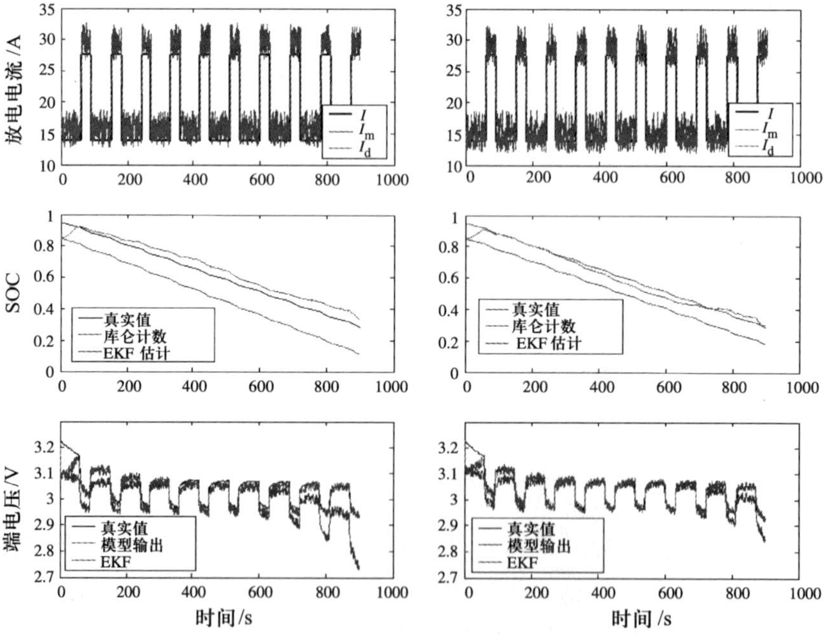

图 5.31　基于电动负载的放电实验结果

为 7.632%。

按相同的方式，我们进行了一次含 60s 的 2C 充电和 30s 的 3C 充电的组合脉冲充电测试。如图 5.32 所示，在第一回合中我们同样假设零点漂移是未知的。平均误差是 5.863%，而最大误差为 9.736%。在第二回合中，所估计的零点漂移为 1.836A，平均误差是 4.352%，而最大误差为 7.018%。

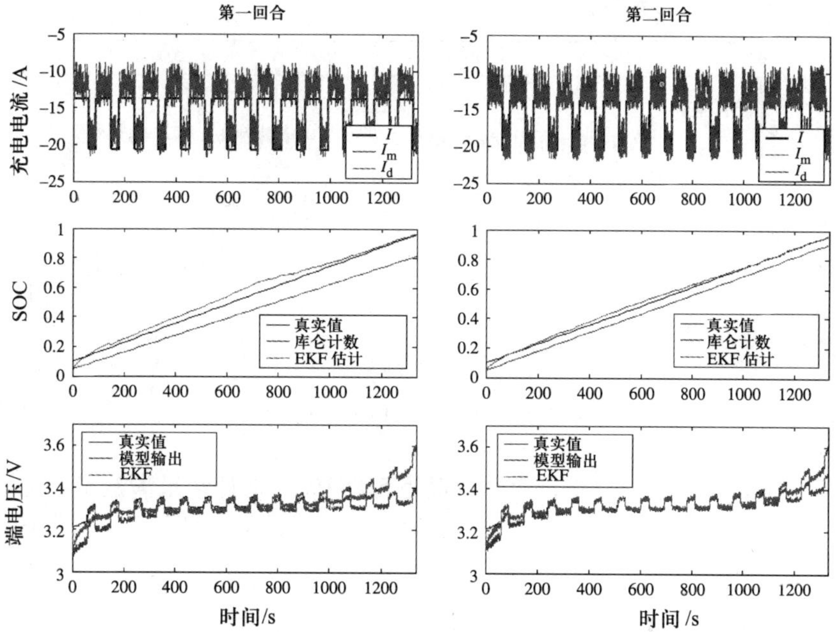

图 5.32　充电器充电实验结果

因为以上的结果证实了基于 EKF 估计的模型在每个过程中都比库仑计数方法做得更好，所以实际应用中的数据融合单元设计为相信 EKF 的结果，并且库仑计数的估计结果仅仅用来估计零点漂移。如图 5.33 所示，电池包已经在实际应用中进行了测试。为了将车速维持在 20km/h，我们一开始在纯电动模式下运行汽车，然后起动引擎来提供驱动转矩并对电池充电。这个过程此后又被重复一次。

在通过实验平台估计获知零点漂移为 1.875A 的前提下，我们对每个扩展单体电池的 SOC 进行了在线测量。因为扩展单体电池的数量太大了，不能显示每一个结果，所以我们只给出电量最高的单体电池和电量最低的单体电池的估计结果以及平均值。其他单体电池的结果也很类似。在实际的应用中，每个扩展单体电池的真实 SOC 不能在线获得。只有当车停下后，相应的 OCV 能获得时我们才能得到最终 SOC 的“真实”值。在运行过程之后 SOC 估计误差的最大值为

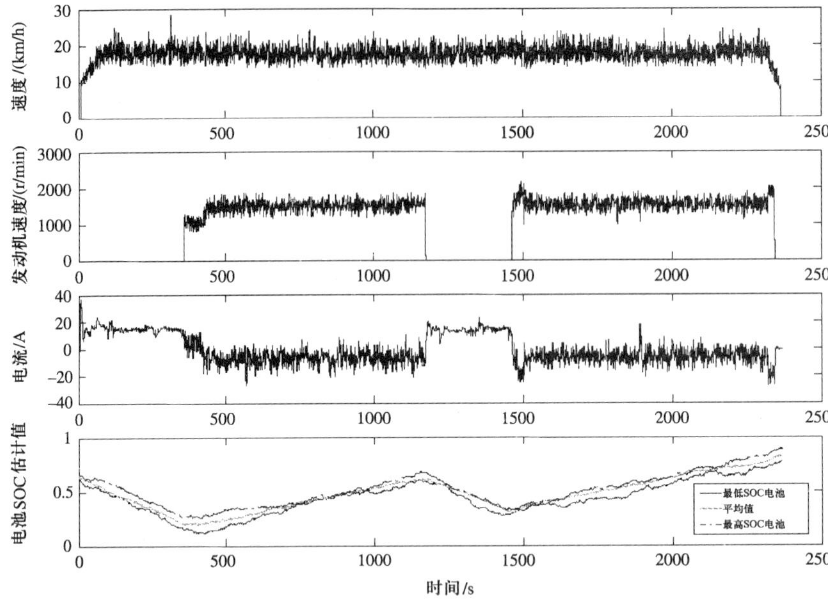

图 5.33　HEV 单体电池 SOC 估计

7.635%，最小值为 3.263%，而平均值为 5.893%。估计结果满足了中国最新发布的发展目标中 8% 的要求[71]。

5.2.6　数据融合

由图 5.22 和图 5.25 可以很明显地看出，由于误差积累的还比较少，库仑计数估计通常在测量周期开始时表现不错，而 H_∞ 滤波器在之后的过程中，也就是误差收敛后，表现出色。因此，一种自然的尽可能利用优点而避免缺点的方法就是，结合这两种估计器的结果，并由时间确定两者的权重。

在所提出的框架中，我们设计了一个简单的数据融合单元，基于 $\widehat{SOC}_1(k)$ 和 $\widehat{SOC}_2(k)$ 的线性组合获得最终 SOC 估计 $\widehat{SOC}(k)$。这两个估计器的权重通过实验确定为

$$\widehat{SOC}(k)=\begin{cases}\widehat{SOC}_1(k) & t\leqslant 5\\ \omega_1\times\widehat{SOC}_1(k)+\omega_1\times\widehat{SOC}_2(k) & 5<t<10\\ \widehat{SOC}_2(k) & t\geqslant 10\end{cases}\tag{5.60}$$

式中，$\omega_1=-0.2t+2$，$\omega_2=0.2t-1$；t 是车辆行驶时间（min）。

由于我们已经证明了含自学习策略的库仑计数比传统的方法更优越，而且 H_∞ 滤波器能够在实际的车辆驾驶环境中获得比卡尔曼滤波器更加鲁棒的观测，

只需要把数据融合的结果与这两个估计器单独作用时的结果进行比较，就能验证总体框架的有效性。

仿真的环境与之前所描述的相同。电流白噪声的 SNR 固定为 5dB，而零点漂移在前三个循环中设为 0.5A，并在之后的循环中变为 1A。为了进一步测试整个框架的鲁棒性，我们引入模型误差（E_m），其定义为 $E_m = p_m/p_r$，其中 p_m 是模型参数，p_r 是实际参数，而 p 表示 R_o、R_s、R_b 和 C_c 这几个参数中的任意一个。E_m 从第一个循环中的 1.2 一直变为最后一个循环中的 0.7。

图 5.34 展示了估计的结果，而图 5.35 给出了每个循环中的估计误差绝对值的平均值和标准差。

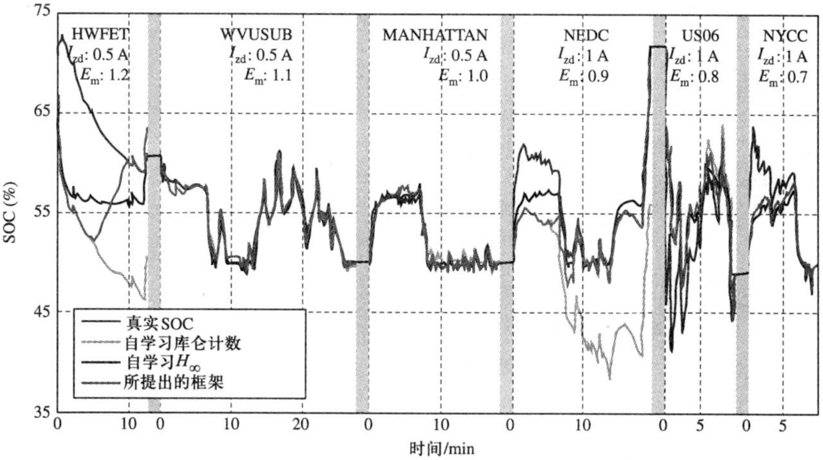

图 5.34　自学习库仑计数、H_∞ 滤波器以及总体框架的 SOC 估计结果

注：循环工况之间的灰色柱形代表 0.5h 的停车时间。在停车时间内可以获得 OCV 的值。仿真条件：5dB SNR 的白噪声，第 1～3 个循环 0.5A 的零点漂移，第 4～6 个循环 1A 的零点漂移，模型误差由 1.2 变为 0.7。

在第一个循环 HWFET 中，电流测量中的零点漂移与模型误差导致了库仑计数与 H_∞ 滤波器的估计误差较大。这两种方法的融合可以减小这种误差。在接下来的两个循环中，自学习策略估计出零点漂移并有效地补偿了误差。尽管两种方法单独作用时同样有很好的表现，两者综合的结果更为出色。在第四个循环中，零点漂移的数量增加。在前三分之一周期中，H_∞ 滤波器误差最大，而在后三分之二周期中，库仑计数方法的误差最大，而混合的方法有着最小的误差。在最后两个循环中，自学习策略再次估计了零点漂移。因此，库仑计数方法的表现得到了改进。尽管模型误差增加了，由于其鲁棒性，H_∞ 滤波器的误差只在很短的时间内较大，然后马上收敛到一个很小的值。因此，两种方法的结合仍然表现得很好。

作为总结，库仑计数和 H_∞ 滤波器的性能与模型误差、噪声和零点漂移有关。尽管它们独立作用时的表现在某些范围内可能稍稍更好，两种方法的结合在总体表现上更优。

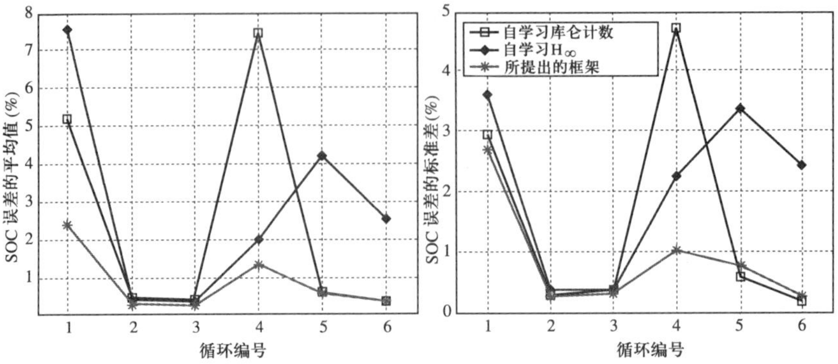

图 5.35 自学习库仑计数、H_∞ 滤波器以及总体框架的 SOC 估计结果数值指标

注：左图是估计误差绝对值的均值，右图是它们的标准差。仿真条件：5dB SNR 的白噪声，第 1 ~ 3 个循环 0.5A 的零点漂移，第 4 ~ 6 个循环 1A 的零点漂移，模型误差由 1.2 变为 0.7。

5.3 快速充电控制器

车辆运行一段时间后，需要重新补给燃料。传统的燃油车可以在加油站内快速安全地加满燃油，耗费的时间可以忽略，而且几乎没有能量损失。然而，电动汽车的能量补给需要给电池组充电。一般的电器诸如 MP3 播放器、剃须刀、手机，充电时间都需要几个小时，导致其在此期间内长时间停用。充电的方法也至关重要，不合适的方法会导致电池内温度增高，甚至会有火灾和爆炸的危险。

因此，充电控制是 BMS 的另一个重要方面，其目的是为了快速、安全、高效地将电能充进电池。快速充电有助于降低停车时间，提高电动汽车的商品化能力。安全充电不仅可以防止在充电过程中电池燃烧和爆炸，以确保用户安全，而且还可以防止过度充电以及电池过热所造成的损害，延长电池寿命。高效充电可以尽可能多地将电能转化为储存在电池内的电化学能，提高能量效率。

5.3.1 框架概述

近年来，研究人员花费大量精力来建立电池模型，其中一些建模被证明可以准确而有效地模拟电池工作过程[4,42,84,96,103]。这些模型使得应用模型预测控制（MPC）来管理电池的充电过程成为可能。

MPC 是一种典型的先进控制方法，在许多领域被广泛使用[9,91]。它是用系统模型去预测系统在未来可能输入下的响应，并寻找一组最优的控制序列来优化用户定义的目标函数。在每次预测后，只有控制序列中的第一控制量被输入到系统中，然后更新系统的状态，并在下一个控制时域内重复此步的计算过程，因而预测时域不断地向前移动。由于滚动时域控制策略是基于控制时域内系统瞬时的输入和输出来更新系统的预测量，所以具有很强的鲁棒性[3]。依据系统模型和约束条件的线性程度，MPC 可分为线性 MPC 和非线性 MPC。对于线性 MPC，最佳控制序列可以通过求解 Diophantine 方程而精确求得；而对于非线性 MPC，最佳的控制序列则需要在最优化框架内通过多次数值计算得到。

从图 5.36 可以看出，快速充控制框架由以下部分组成：

1）一个 SOC 预测器，用于预测电池 SOC 在一组充电电流序列输入下的变化。

2）一个温度预测器，用于预测电池温度在该充电电流序列输入下的变化。

3）一个稳健的估计器，用于估计电池在该充电电流序列输入下的性能。

4）一个优化器，用于应用遗传算法（GA）求取一组最优的充电电流序列。

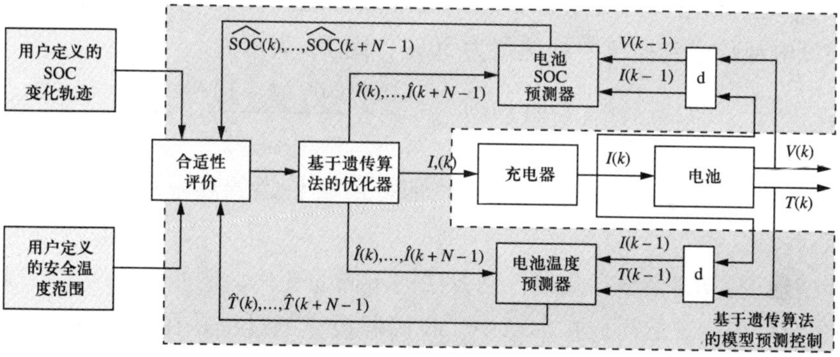

图 5.36 基于 MPC 的快速充电控制框架

5.3.2 预测模型

为了使用预测控制，电池模型要能在一组充电电流序列输入下，真实反映出系统状态的变化。在本研究中，与充电电流相关的状态量是电池的 SOC 和温度。前者关系到电池的充电速度和是否可能发生过充损害，而后者代表充电过程的安全性以及转化为热量的能量损失程度。要想使充电速度最快、温度增加最慢、温度控制在安全范围内，必须要对充电进行控制。

RC 模型和改进的 ESC 模型都可以根据未来的给定电流预测电池的 SOC。因

此，我们可以把它们直接运用在仿真和实验中。

5.3.2.1 仿真中的热量模型

建立一个简化单节点集中参数热量模型[82]，用于模拟三个阶段的热量变化过程。在第一阶段，电池的焦耳效应产生热量。在第二阶段，电池的热量传递到周围的空气中。在第三阶段，周围的空气与周围环境进行热交换。

在 RC 模型中，产生的热量定义为

$$Q_g(k)=T_s[I_o^2(k)R_o(k)+I_s^2(k)R_s(k)+I_b^2(k)R_b(k)] \tag{5.61}$$

其中

$$I_o(k)=I(k)$$

$$I_b(k)=\frac{V_b(k)-V_s(k)+R_s(k)I(k)}{R_s(k)+R_b(k)} \tag{5.62}$$

$$I_s(k)=I_b(k)-I(k)$$

热量从电池传到周围空气的表达式为

$$Q_p(k)=\frac{T(k-1)-T_{air}(k-1)}{R_{eff}} \tag{5.63}$$

式中，T_{air}是周围空气的有效温度；R_{eff}是有效热阻。

假设电池传递到空气中的热量为50%，则 T_{air}表示为

$$T_{air}(k-1)=T_{amb}-\frac{0.5\times Q_p(k-1)}{\dot{m}_{air}C_{air}} \tag{5.64}$$

式中，T_{amb}是环境温度；$Q_p(k-1)$ 是前一阶段传递的热量；$\dot{m}_{air}$是空气流量；C_{air}是热容量。

严格地说，R_{eff}会根据热量控制方法的不同而变化，例如，如果冷却扇打开，R_{eff}就会变得很小。然而，在本章中，我们假设充电过程是在空气自然对流环境中进行，而且没有热量控制装置。这样一来，R_{eff}可看成一个常值，其表达式为

$$R_{eff}=\frac{1}{hA}+\frac{t}{kA} \tag{5.65}$$

式中，h 是自然环境的传热系数；A 是暴露在空气中的总模块表面积；t 是模块的厚度；k 是模块材料的热导率。

这里，$Q_g(k)$ 是使电池发热的热生成量，而 $Q_p(k)$ 是通过加热周围空气导致电池冷却的热损失量。因此，电池温度 $T(k)$ 的表达式为

$$T(k)=T(k-1)+\frac{Q_g(k)-Q_p(k)}{m_{bat}C_{bat}} \tag{5.66}$$

式中，m_{bat}是电池质量；C_{bat}是电池热容量。

5.3.2.2　热模型实验

电池的仿真模型需要许多物理参数和工作环境。然而在实践中，这些参数通常不能准确获得。与此同时，理论模型通常只考虑理想情况，这可能不适合电池内部复杂和非线性的电化学过程。此外，发热只是加热电阻引起的，不完全代表了实际情况。在现实中，充电过程中热量的产生也会受到充电接受率的影响。Notten、Veld 和 Beek[70]指出，“几乎完全用完的蓄电池能够在短时间内用大电流进行再充电”；Chow 等人[14]认为，对于 A123，一种磷酸铁锂（$LiFePO_4$），“低电荷状态，几乎所有的充电电流都会被化学反应吸收。而当 SOC 值超过 80% 时，越来越多的能量转化为热量。”

图 5.37 所示为在不同的充电率下实验电池的温度曲线。温度上升的趋势与之前文献中的两个结论相匹配。另外两个扩展电池还在测试中，同样显示出类似的结果。

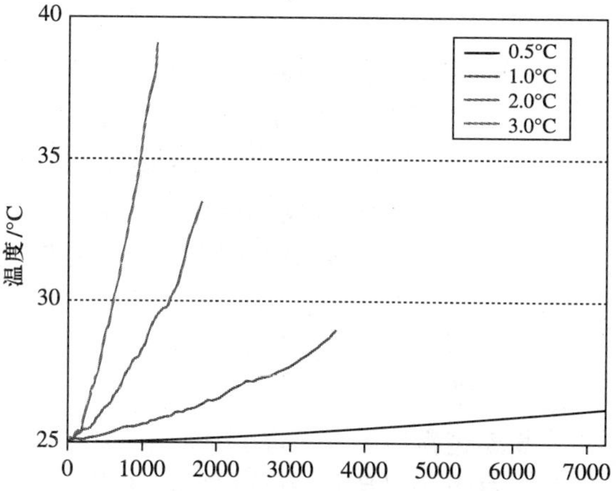

图 5.37　不同充电率下温度上升

除了 SOC，温度的明显增加与充电率也有密切的关系。高充电率将导致温度的急剧上升。因此，在实验中，我们基于神经网络（NN）方法，选择 SOC、充电率和当前温度预测未来温度，神经网络的训练从三个扩展电池的数据中获得。

图 5.38 所示为利用神经网络的结构来预测温度。这种训练方法是反向传播（BP）学习。当时间步长设置为 30s 时，平均预测误差为 3.36%，最高为 5.43%。

5.3.2.3　基于模型的预测

除了上面的模型，在给定的电流序列下预测电池状态，还需要解决两个问题：①如何初始化预测 k 时刻；②如何使用一步预测模型实现多步预测。

为了初始化预测时的 k，RC 模型需要最后系统状态 $x(k-1)$、最后输入

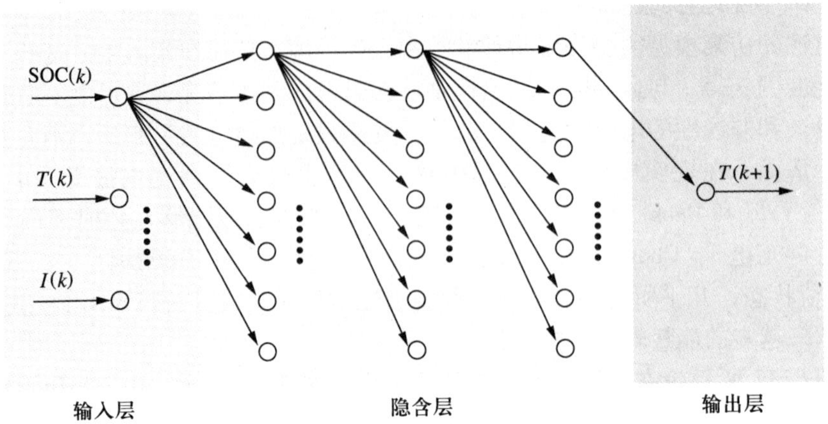

图 5.38　预测电池温度的神经网络

$u(k-1)$和模型参数 k。由于 $u(k-1)$和 $y(k-1)$都可以从当前的传感器和电压测量获得，所以 $x(k-1)$可以利用闭环滤波器测算出，比如扩展卡尔曼滤波器[85]、sigma 点卡尔曼滤波器[86,87]、H_∞ 滤波器[117] 和 5.2 节提出的鲁棒 SOC 估算框架。闭环过滤器能够消除累积误差，评估结果将逐渐收敛于真实值或有限的误差范围。模型参数可以在 SOC 和温度的索引表中查找。SOC 和温度缓慢变化的原因是由于更新模型参数时刻 k 需要根据 SOC$(k-1)$和电池温度 $T(k-1)$来决定，尤其是当 T_s 相对较小时。5.2 节提出了 SOC$(k-1)$的估计方法，$T(k-1)$是直接由固定在电池表面的温度传感器测量的。

考虑到 $I(k)$的值，上述准备允许一步预测 SOC(k)和 $T(k)$。然而，单步预测通常不足以预测一个长期过程的系统表现。一般来说，预测过程在模型预测控制中是多步骤的。因此，对于预测受未来充电电流影响的系统状态，进行多步骤的预测至关重要。较为简单的实现多步骤预测的方法是用迭代预测，使用预测未来时刻系统状态 $k+j$ 作为下次的初始状态 $k+j+1$。

总之，控制时间 k，SOC 模型和温度模型可以迭代映射未来的充电电流序列$(I(k), I(k+1), \cdots, I(k+P-1)]$，以此来预测未来电池状态[SOC$(k)$,SOC$(k+1)$, $\cdots$, SOC$(k+P-1)$]和[$T(k)$,$T(k+1)$, $\cdots$, $T(k+P-1)$]。多步预测使用开环方法，每一步都受前一步的预测误差影响，最后在 $k-1$ 时刻恢复到初始误差。幸运的是，这些初始值估计是以闭环方式进行，因此初始误差可以被限制得较小。在现实中，任何 BMS 都需要这样一个估计来获取实时 SOC 和电池温度。其结果可以作为初始值。

5.3.3　模型预测公式控制框架

考虑到一系列的控制输入，其长度用预测范围 P 表示，未来的系统状态可以用动态系统模型来预测。在输入序列下的未来系统行为可以用性能指标来评价。对于每一个控制时间 k，MPC 的基本思想是要找到控制输入的最佳序列 $[\hat{u}(k),\hat{u}(k+1),\cdots,\hat{u}(k+P-1)]$来优化性能指标，并应用输入序列$\hat{u}(k)$中的第一要素作为系统的电流控制变量。

对于充电控制问题，MPC 可基于被预测的电池状态，来优化一组未来的充电电流$[\hat{I}(k),\ \hat{I}(k+1),\ \cdots,\ \hat{I}(k+P-1)]$，使其拥有最优的性能指标$[\widehat{\mathrm{SOC}}(k),\ \widehat{\mathrm{SOC}}(k+1),\ \cdots,\ \widehat{\mathrm{SOC}}(k+P-1)]$和$[\hat{T}(k),\ \hat{T}(k+1),\ \cdots,\ \hat{T}(k+P-1)]$。

5.3.3.1　性能指标

性能指标反映了控制目标。首要目的是最大限度地提高充电速度。然而，由于在有限的预测范围内，不可能直接预测总充电时间，所以我们要对一个用户定义的 SOC 的轨迹进行跟踪。一个快速上升的 SOC 系统的轨迹需要一个快速充电的速度，而平坦的轨迹需要一个缓慢的充电速度。

预期的 SOC 轨迹可以直接从任一充电轨迹中直接复制，该充电轨迹受控于任一充电方案。此外，基于某些特殊考虑，预期轨迹可以被设置为一个真正的修订轨迹。例如，对于一个恒定电流、恒定电压（CCCV）的轨迹，在 SOC 处于中间状态并且内阻很小的时候，我们可以提高充电速度。另外，预期轨迹可以完全根据充电系统需要来设计。

为了跟踪预期的轨迹，其中的一个性能指标 J_1 可以表示为

$$J_1 = \left|\widehat{\mathrm{SOC}}(k+P-1) - \mathrm{SOC}^*(k+P-1)\right| \tag{5.67}$$

式中，SOC^*是预期的 SOC 的轨迹。SOC 跟踪性能评价只基于最终预测状态来评价，因为 SOC 系统只需要在最后一步达到预期点即可。从充电过程的角度看，过程不是很重要。

充电控制的第二个目标是尽量减少温度升高，这个目标反映了能源效率和系统安全。假设预期的轨迹从恒流恒压充电过程中复制，而不考虑温度，则最佳充电电流序列与恒流恒压过程的这个序列一致。然而，如果我们把温度考虑进来，如表达式 J_2 所示，MPC 会在最后一步达到预期的 SOC 点，这个过程中，温度上升值最低。

$$J_2 = \max\{\hat{T}(k+j) - T(k-1) \mid j = 0,\ 1,\ \cdots,\ P-1\} \tag{5.68}$$

5.3.3.2　约束

充电过程中的约束设计是为了防止在充电过程中电池损坏，导致危险发生。首要约束是 SOC 不得超过 100%，以避免过充对电池造成损伤。在实验中，为了保留一定的容忍度，98% 的 SOC 就会被视为充满电。其次是温度须保持在一个用户定义的范围内，以避免过充或由于一个大的超过允许范围的充电电流而引起过热。

这两个约束可表示为

$$C_1:\widehat{\mathrm{SOC}}(k+j) \leqslant 98\% \tag{5.69}$$

和

$$C_2:\hat{T}(k+j) \leqslant \bar{T}(k+j) \tag{5.70}$$

式中，$j=0$，1，…，$P-1$ 和 $\bar{T}$ 是用户定义的安全范围，通常为一个常数，表示整个充电过程中的最高温度，或在充电过程中作为时间指标功能来对温度进行限制。

5.3.4 采用遗传算法优化

MPC 的充电控制问题可以看作求性能指标 J_1 和 J_2 的最小值，约束条件是 C_1 与 C_2。从本质上讲，控制问题可以转化为一个多目标优化问题。

一般情况下，多目标优化问题可以直接求解或者转化为单目标优化问题[17]。本章中，我们应用后者的方法，因为在充电过程中，SOC 系统跟踪比温度管理更重要，因此通过将不同的权重求和，这两个目标可以合并为一个指标。对于解决优化问题，遗传算法的优点是其强大的全局搜索能力，不需要知道目标函数的具体信息。为了保证充电安全，这两个约束必须同时满足。仅满足其中一个条件是不可行的。

基于上面的讨论，这个基于遗传算法的最小化问题可表示为

$$F=\begin{cases}\omega_1 J_1+\omega_2 J_2 & C_1 \text{ 和 } C_2 \text{ 一定} \\ +\infty & \text{其他}\end{cases} \tag{5.71}$$

式中，ω_1，ω_2 分别是 J_1、J_2 的权重。

最小化问题可以通过标准的遗传算法来解决，可参考图 5.39 中所示的方案，并在下文简要说明。

1）编码：标准遗传算法一般将潜在解集编码为字符串，通常是二进制数字，称为染色体。候选解决方案称为个体。因此，这些由许多个体所组成的集合被称为种群。本章中，我们采用一个真实值编码方法，将潜在解集编码为一个浮点决策变量集。在控制优化的二进制编码方法的问题上，这个实值编码方法被证明具有优越的性能。

2）初始化：标准遗传算法开始于一代初始种群。一般情况下，个体在初始种群随机产生。在 MPC 中，初始化过程执行每个控制点，开始以最好的算法在时间上优化控制序列，包含很好的从 $K+1$ 到 $K+P-1$ 候选个体，如图 5.40 所示，通过转移一个时间步长以及将最后的充电电流填充为相同值 $\hat{i}(KP-1)$，就可以设计一个初始个体。这个个体引入了历史最好的充电序列优化过程，有利于提高优化性能，至少跟以前预测非常相似。

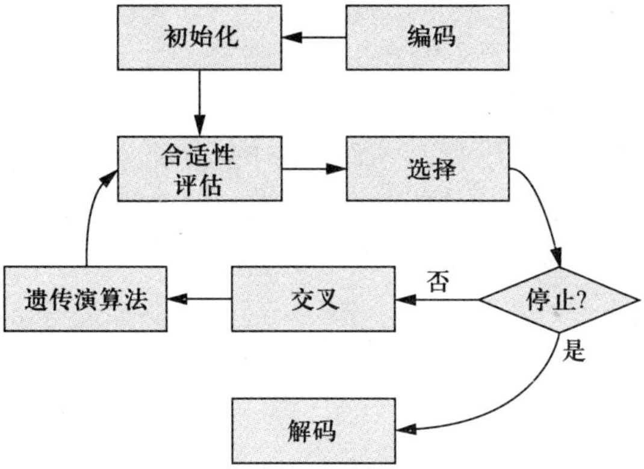

图 5.39　标准遗传算法的结构图

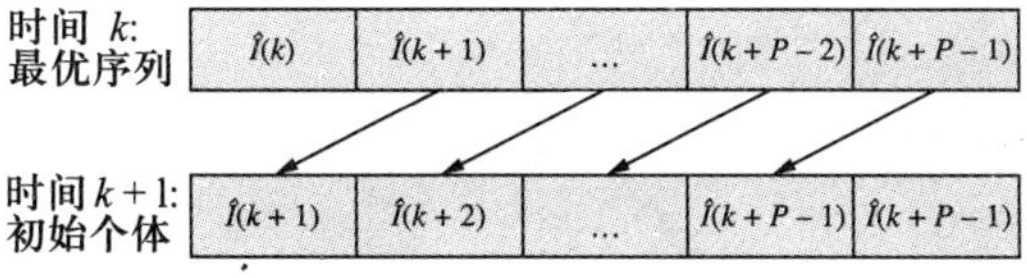

图 5.40　通过引入在最后一步到当前一步的最好的控制序列优化初始化一个特殊个体

3）合适性评估：根据式（5.71），我们可以评价每一代中每个个体的合适性。合适性越小，个体越优良。然而，为了促进接下来的步骤选择，原始的合适性通常是按比例缩小来分配每个个体的选择压力。在这项工作中，尺度函数表示为

$$F_{\text{scale}} = \frac{1}{1 + F^{r}} \tag{5.72}$$

式中，r 是原适应度。一个大的 r 将迅速增加对一个更坏的个体的选择压力，加速它的收敛速度，并增加了过早收敛的风险，尤其是对于多峰值电池的故障，反之亦然。

4）选择：从上一代到下一代，个体选择以适应度 F_{scale} 为基础，采用优胜劣汰法则。许多选择方法已经发展为可以避免遗传的漂移和早产现象。在这项工作中，采用轮盘选择方法，当然也采用精英策略，保证一直是选择最优的方法。

5）交叉：在交叉步骤中，标准遗传算法交换个体和产生的后代的信息。在这项工作中，使用算术交叉方法。给出两个父母 x_1 和 x_2，后代 y_1 和 y_2 由含有一个随机系数 $\lambda \in R_\lambda$ 的线性组合产生：

$$\begin{aligned} y_1 &= \lambda x_1 + (1 - \lambda) x_2 \\ y_2 &= \lambda x_2 + (1 - \lambda) x_1 \end{aligned} \tag{5.73}$$

6）变异：在交叉步骤之后，选择一个子集，突变概率为 P_{m}。探索搜索空间，我们使用高斯突变，从高斯分布的方差来看，每一个项目选定的个体增加了一个随机值。

7）终止：为了终止迭代过程，研究者们提出了许多终止条件。例如，当在个体之间的距离小于预定值时，某个个体满足一个最小准则，或最大迭代数达到时终止。这里运用最后的方法。

5.3.5 操作示范

5.3.5.1 设置

为了评估所提出的基于 MPC 的充电控制策略，基于一个用 Advisor 搭建好的“7Ah 锂离子电池”进行了模拟实验。*RC* 模型参数和开路电压（OCV）都是基于 SOC 和温度的时变量。以图 5.41 所示的 OCV 和 R_{o} 曲线为例。用插值方法来创建连续值空间。此仿真环境中的恒定参数见表 5.4。

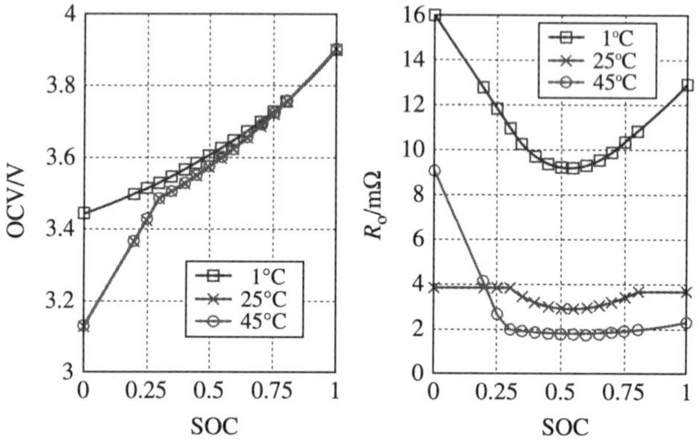

图 5.41 电池的时变特性，以 OCV 和 R_{o} 为例（数据来源：Advisor）

表 5.4 仿真和试验参数设置

	符号	描述	值	单位
电池（仿真）	C	电池额定容量	7	Ah
	m_{bat}	电池质量	0.37824	kg
	C_{bat}	电池热容量	795	J/kg·K
	R_{eff}	有效热阻	7.8146	K/W
	T_{amb}	环境温度	20	℃
	$\dot{m}_{air}$	空气流量	5.8333	g/s
	C_{air}	空气热容	1009	J/kg·K

（续）

	符号	描述	值	单位
MPC	T_s	控制周期	30	s
	P	预测水平	5	—
	ω_1	SOC 跟踪 J_1 的权重	100	—
	ω_2	温度上升 J_2 的权重	1	—
遗传算法	MaxGen	最大遗传代数	30	—
	PopSize	个体数量	50	—
	r	原适应度的缩放度	2	—
	R_λ	交叉系数范围	[0.1, 0.9]	—
	P_m	突变概率	0.2	—
	σ	高斯变异的方差	1	—

注：J_1 的典型值约是 0.08，J_2 约是 2。因此，J_1J_2 的实际重量比大约是 4:1。

本研究中，我们选择了控制周期 T_s 为 30s，并根据实验结果使用反复试验的方法。在较短周期内要求充电器频繁地改变充电电流，将增加充电器的工作负荷，导致更大的由于切换电路造成的能量损失。较长周期会减少调整充电过程中的充电电流的频率，使其 MPC 性能被限制。此外，长控制周期意味着模型的预测需要很长一段时间，本质上需要一个更精确的电池模型，所以遗传算法优化过程用 30s 的时间控制是足够的。

5.3.5.2　评价方法

充电控制的两个目标是快充速度和低热量。然而，这两个目标彼此冲突。快速充电需要大电流，因此，会产生高热量，反之亦然。多目标最优化问题通常由帕累托曲线评价。在充电控制中，x 轴为充电时间，y 轴为最终的增加温度 $T(\mathrm{end})-T(0)$。如图 5.42 所示，圆圈标志的曲线代表恒流恒压种群的帕累托前沿，对于快速充电，恒流期间适用 1.5C ~ 6C 的电流。恒流恒压帕累托前沿将目标空间分为两部分。对于这两个目标，在右上部分的任何充电结果比恒流恒压的效果差，而在底部左部分的任何结果比恒流恒压的好。因此，我们可以根据充电控制器的性能结果评估定位。

5.3.5.3　仿真结果

为了方便与传统的恒流恒压比较，我们将预期的 SOC 轨迹乘以 1.05。这个新的轨迹是为了加快充电速度。锂离子电池的工作温度，特别是对车用电池，其数值范围一般为 20 ~ 40℃。环境温度设置为 20℃，温度的安全范围低于 40℃。充电电流的搜索区间固定为 0 ~ 6C。

MPC 应用于跟踪修正的 SOC 轨迹，该轨迹为 1.5C ~ 4.5C。在安全的范围内，充电速度更快并不能保持温度上升。图 5.42 为 MPC 的帕累托前沿所示的曲线，用星形标记。MPC 的结果明显地控制着恒流恒压种群。只有根据 1.5C 修正轨迹结果有着与恒流恒压相同的性能。其原因是 1.5C 电流是比较小的，它限制合适的电流序列到一个小的范围。如果固定搜索范围可以相应地减少，例如，从 0 到 3C，结果将得到改善。

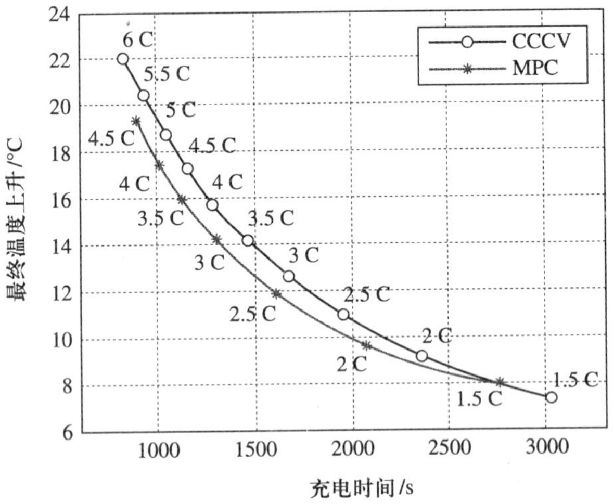

图 5.42　恒流恒压的帕累托前沿与 MPC 的充电方法仿真，MPC 的预期轨迹由恒流恒压乘以 1.05 得到

例如，在 3C 情况下，恒流恒压与 MPC 的充电过程如图 5.43 所示。在充电开始时，当 SOC 非常低时，内部电阻较大。在这个过程中，温度上升占适应度函数的主导地位。优化的充电配置相比于恒流恒压，更加适用于较小电流。然而，如果增加该系统的跟踪误差，则需要较大的电流来加速。同时，随着 SOC 系统跟踪误差的增加，内部电阻明显降低。因此，在中期，MPC 的充电电流大于恒流恒压的充电电流。在最后阶段，恒压的电流会降低以防止终端电压过电压。由于 MPC 的轨迹是由恒流恒压改进而来，同样的趋势是保留在 MPC 里的，这样也就保证了终端电压低于 4V。

5.3.5.4　实验结果

因为可编程充电器的最大充电电流是 9A，所以在实验中我们用一个 2.3Ah 的单电池演示了 MPC 的快速充电性能。相应地，6.9Ah 电池充电电阻模型需要乘以 3。为了保护电池，我们将充电电流限制在 3C 以下，即 6.9A。环境温度是 25℃。预期 MPC 的 SOC 轨迹是恒流恒压结果的 1.1 倍。

图 5.44 所示为恒流恒压和 MPC 实验充电结果中的帕累托前沿。所有的预测结果优于恒流恒压。图 5.45 给出了 2C 充电过程细节。与仿真模型不同，在较低

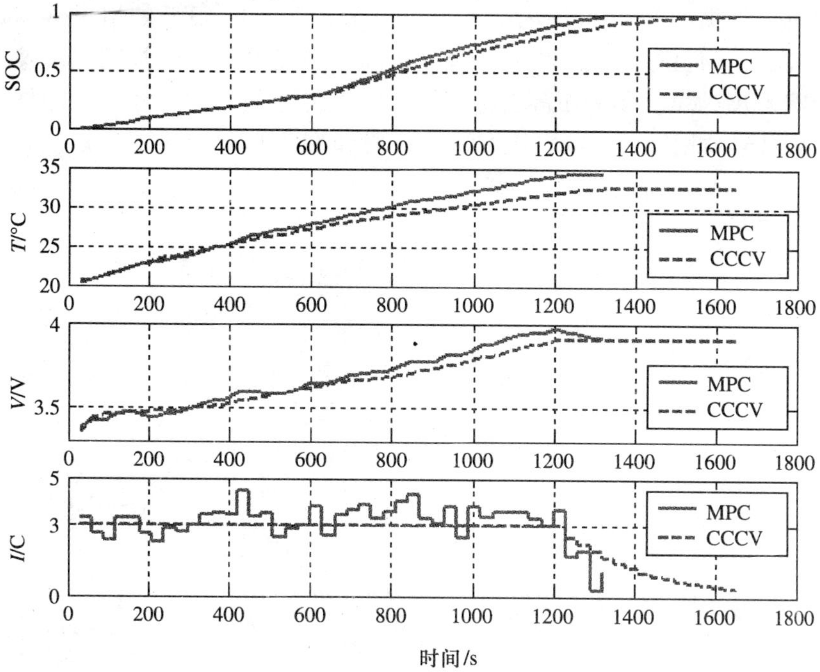

图 5.43 用 3C 轮廓改进的恒流恒压和 MPC 充电过程曲线

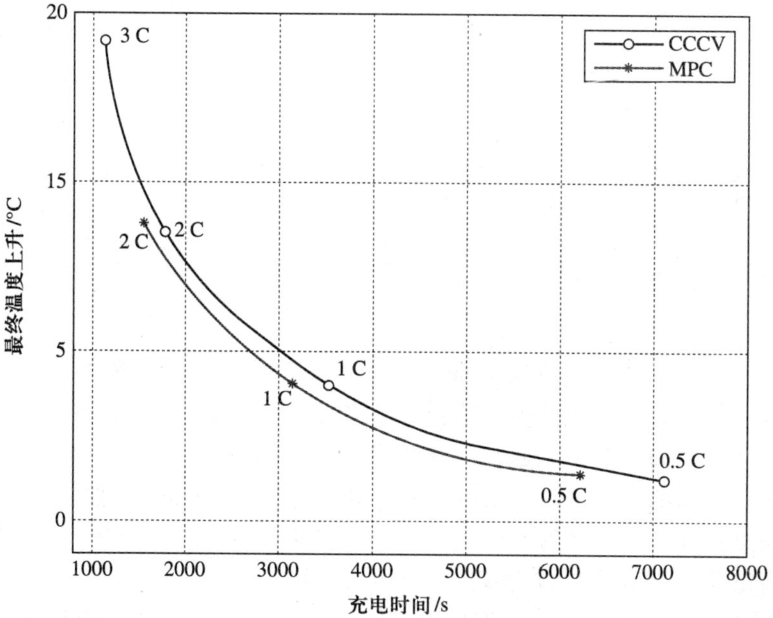

图 5.44 实验获得的恒流恒压和 MPC 充电方法的帕累托前沿。从恒流恒压改进的 MPC 期望曲线乘以 1.10

的指定的电池类型 SOC 范围内的温度是高的，在 SOC 很低的情况下，真正的 $LiFeO_4$ 电池具有良好的接受度。因此，大充电电流可以用于提高充电速度。在到达 80% SOC 之前，另一个高充电周期产生。这是因为 MPC 预测高温增加超过 80%，因此它适用于大充电电流在这个阶段和当 SOC 接近 1 时，切换到小充电电流。

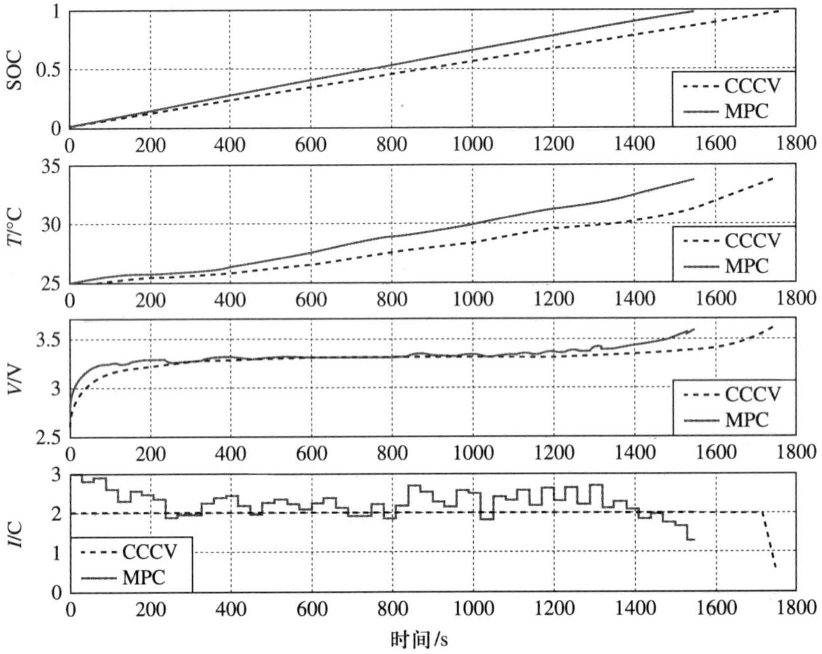

图 5.45　用 2C 轮廓改进的恒流恒压和 MPC 充电过程实验曲线

5.4　电池均衡

现有的电池设计和制造技术难以保持电池单元参数的一致性，例如电池内阻、充放电效率、老化速度和衰减等不一致的问题。这些差异将导致一个电池组内各个电池单元的不均衡问题，并致使其具有不同的充电状态和端电压。因此，尤其是对于车用电池组来说，在电池组层级中进行监控不足以对其进行管理。

电池不均衡导致的最为显著的问题是各个电池单元之间 SOC 的不均衡。电池组的容量是一个典型的木桶效应，SOC 最低的电池单元决定了其放电能力，而 SOC 最高的一个则决定了其充电水平。因此，要使整个电池组具有最大充电能力以及避免过充和过放的损害，有必要将 SOC 的差别控制在可接受的一个小范围内。尤其对于电动汽车来说，这个被称作电池均衡或电池单元均衡的功能成为 BMS 中最为困难和重要的内容。

对电池均衡的研究聚焦于均衡电路的设计以及均衡电流的控制。均衡电路设计通常分为放电均衡、充电均衡和传输均衡。

放电均衡是一种耗散方法，利用旁路电阻使电池放电具有更高的 SOC[57]。虽然这种方法能够以较低成本投入应用，但由于其容量由最弱的一个电池单元决定，这种方法将电池容量减少至最低水平，并且需要特殊的温控措施以控制旁路电阻的发热。

充电均衡通过对不同电池单元给予不同的充电量来平衡电池单元。一种策略是将所有电池单元并联一个分流电阻，对整个电池组充电，同时通过控制 MOSFET，让其与每个并联电阻相串联用来调节并联电流[66]。根据这个原理，一种简单的设计是将充满电的电池单元直接从电池组中断开[23]。另一种方法是通过一种选择性的继电器矩阵将增大的电流充入性能较弱的电池单元[31,120]。充电均衡的缺点是只有充电器才能工作，因此它不能用于混合动力汽车（HEV）及其行进过程。

传输均衡是一种领先的均衡技术，其通过使具有更高 SOC 的电池单元向较低 SOC 的电池单元充电来实现均衡。此方法只会产生轻微的能量损耗并且不需要任何外部元件维持工作，因而成为近年来研究热点。充电过程由电容、电感和变压器来完成。基于电容或电感的传输通常用于电池单元之间的均衡。拥有较高电压的电池单元首先对电容放电，将电能储存在电容或电感中，再由电容或电感释放出能量供给相对低压的电池单元。其时序由 MOSFET 通过脉宽调制（PWM）信号进行控制[52,54,55]。基于变压器的均衡通常用于电池组或模块包，通常利用整个电池组对其特定的电池单元，通常是性能最弱的电池单元充电，变压器将电池组的高压转换为电池单元的低压。均衡电流也由经过 PWM 信号的 MOSFET 控制[78,105]。均衡电路的具体问题将在参考文献［23］，［66］和［77］回顾。

与均衡电路的增强设计相比，其控制方面还未有全面的研究。当特定或相邻的一组电池单元的端电压差较大时，均衡电流决定了均衡持续时间也将设计的较长，反之则较短。同样需要考虑的是，端电压越高，电流越小。基于这些基本概念，提出一种模糊控制系统[53]，用来实时调节均衡电流。然而，实际上造成端电压差以及应该被均衡的则是 SOC。虽然开路电压（OCV）可以直接表示 SOC，但是由于电压和 SOC 之间非线性和单调的关系，一个微小的开路电压差可能是由于一个较大的 SOC 的差导致。因此，Speltino 等人[101]近期提出了一个基于 SOC 估计的均衡控制方法，尽管如此，SOC 仅用于均衡过程开闭的阈值，而非用于调节均衡电流。

5.4.1 平衡电路及其分析

5.4.1.1 电池组模型

为了分析平衡电路的动态特性，有必要对电池单元进行建模。一种方法是利用电感模拟能量的存储，用串联电阻模拟内阻。这种电池单元的模型使得剩余电荷与 OCV 之间具有线性关系，可用 $Q=CV$ 来表示。然而，实际上 SOC－OCV 之间是一种典型的非线性关系，尤其是对于锂离子电池来说。图 5.46 显示出了这一关系。电源内阻同样是一个变量，如图 5.47 所示，其随 SOC 变化。因此，一个电容－电感模型不足以模拟电池平衡中电池单元的动态过程。

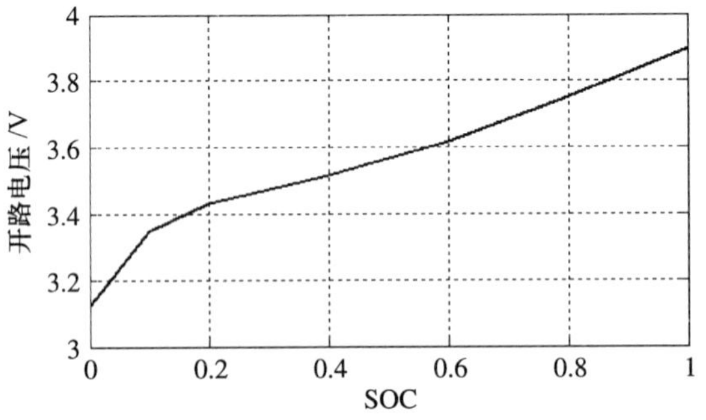

图 5.46 25℃下一个 Saft 6Ah 锂离子电池的典型 OCV－SOC 曲线，曲线由 Advisor 提供

考虑在 MOSFET 控制环当中只传递很少量的电荷，电池单元的电压波动可以忽略不计。至此，根据测试或制造手册获得的电池单元特性曲线，我们可以用电压源和串联电阻模拟电池单元。电压源电压和电阻的阻值均由 SOC 决定。

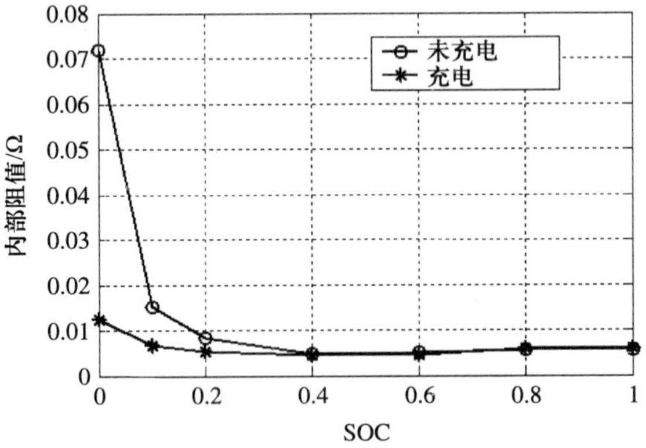

图 5.47 25℃下一个 Saft 6Ah 锂离子电池的典型内阻－SOC 曲线，曲线由 Advisor 提供

5.4.1.2　平衡电路及其原理

如图 5.48 所示，本节中电池组平衡的框架基于个体电池单元平衡器（ICE），可用来平衡每对相邻的电池单元。一个电池组含 n 个电池单元，需要（$n-1$）个 ICE。

由于 ICE 工作在电池单元与电池单元之间的层级，所以我们假定以电池单元 1 和电池单元 2 来做说明和分析，如图 5.49a 所示。根据 4.1 节的描述，每个 ICE 的执行具有多个选择，如图 5.49b 所示，在本次研究中，我们选择改进双向 Cuk 变换器。

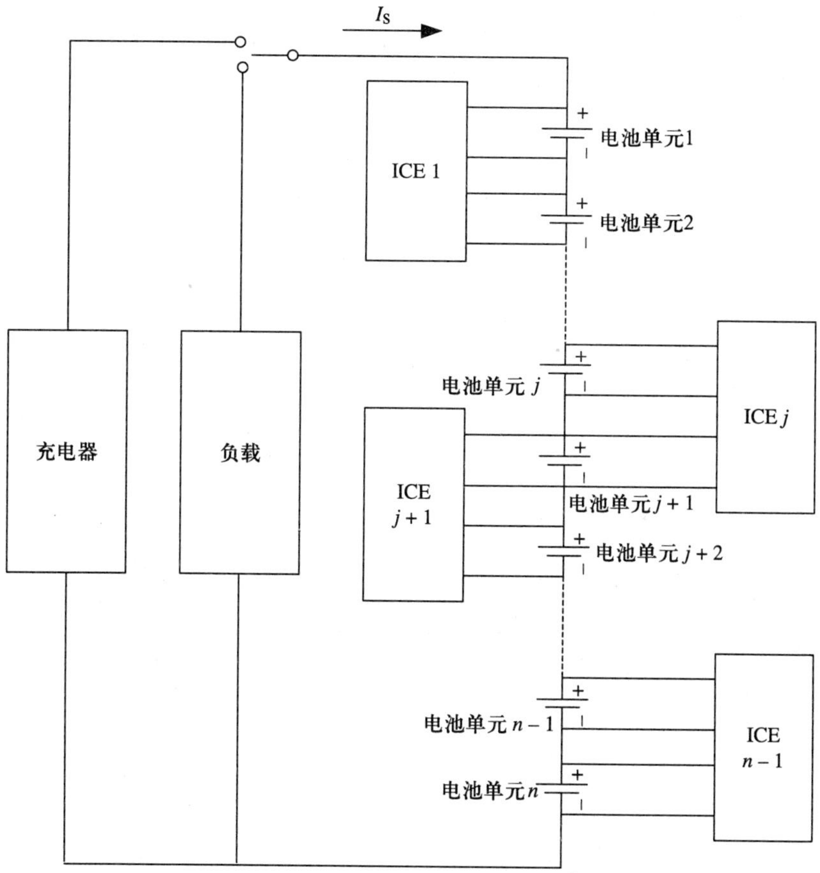

图 5.48　单个电池单元均衡系统框架

平衡器具有对称结构；因此，我们可以假设电池单元 1 的 SOC 大于电池单元 2 的 SOC。电路由 PWM 信号控制 MOSFET Q_1 的开闭来驱动。

设 V_1 和 V_2 是电压源电压，V_{L1} 和 V_{L2} 是电感 L_1 与 L_2 的电压，V_C 是电容 C 的电压，i_1 与 i_2 为正向电流。如图 5.49c 所示，f_s 和 D 作为 Q_1 的控制频率和占空

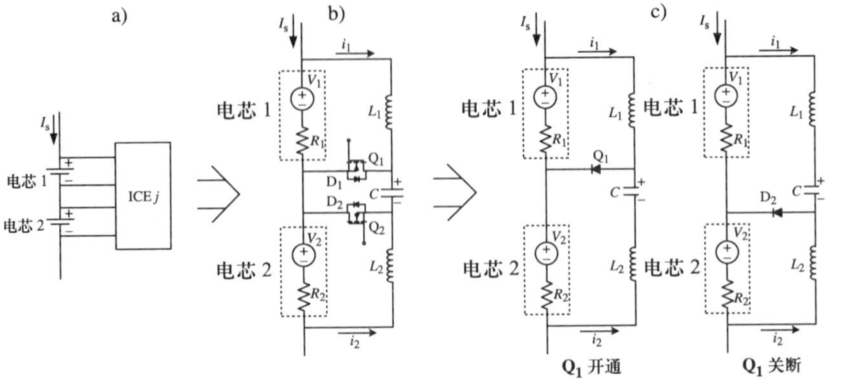

图 5.49　单个电芯均衡的电路设计与分析

比，$T_0 = D/f_s$ 作为关断 Q_1 的时刻，$T_s = 1/f_s$ 是控制周期，每个 Q_1 控制周期的电路动态特性分析如下：

在初始状态，整个电路无电流，$i_1 = i_2 = 0$，中间电容电压等于 $V_C = V_1 + V_2$。

在（0，T_0］时段，Q_1 开通，等效电路如图 5.49c 左边所示。在电池单元 1 侧，$i_1 > 0$，电池单元 1 对 L_1 放电，L_1 储存电能。在电池单元 2 侧，$i_2 > 0$，中间电容 C 对电池单元 2 放电，L_2 同样储存部分电能。

在（T_0，T_s］时段，Q_1 关断，等效电路如图 5.49c 右侧所示。在电池单元 1 侧，由于电感 L_1 能够保持电流 i_1 不变，L_1 将利用电感储存的电能对电容 C 充电。在这一时段，电池单元 1 仍将放电。D_2 限制了 i_1 的流向；因此当 $i_1 = 0$ 时，电路达到了稳定状态。同样在电池单元 2 侧，L_2 同样对电池单元 2 持续充电，直到电感储存的能量全部转移。当 i_2 减少到 0 时，电路达到稳态。

对 L_1、L_2、C、f_s 和 D 进行选择，在 Q_1 的控制周期后 L_1、L_2 和 Q_1 的终态重置到其初始状态。这种情况下，均衡动作将会重复这一循环，电池单元 1 的电能逐渐传到电池单元 2。对此电路的定量分析在之后的章节表述。

5.4.1.3　定量分析

1）得到 i_1 的方程：当 $i_1 \geqslant 0$ 时，可表示为

$$
\begin{aligned}
&L_1 i_1'(t) + R_1 i_1(t) - V_1 = 0 && t \in [0, T_0] \\
&CL_1 i_1''(t) + CR_1 i_1'(t) + i_1(t) = 0 && t \in (T_0, T_s]
\end{aligned}
\tag{5.74}
$$

当 $i_1 < 0$ 时，D_2 将其限制在 0。初始和阶跃情况可表示为

$$
\begin{aligned}
&i_1(0) = 0 \\
&i_1'(0) = V_1 / L_1 \\
&i_1'(T_0 + 0^+) = [V_1 - R_1 i_1(T_0) - V_C(T_0)] / L_1
\end{aligned}
\tag{5.75}
$$

2）得到 i_2 的方程：当 $i_2 \geqslant 0$ 时，可表示为

$$
\begin{aligned}
&CL_2 i_2''(t) + CR_2 i_2'(t) + i_2(t) = 0 \quad && t \in [0, T_0] \\
&L_2 i_2'(t) - R_2 i_2(t) + V_2 = 0 && t \in (T_0, T_s]
\end{aligned} \tag{5.76}
$$

当 $i_2 < 0$ 时，D_2 将其限制在 0。初始和阶跃情况可表示为

$$
\begin{aligned}
&i_2(0) = 0 \\
&i_2'(0) = V_1/L_2 \\
&i_2'(T_0 + 0^+) = [R_2 i_2(T_0) - V_2]/L_2
\end{aligned} \tag{5.77}
$$

3）得到 V_C 的方程为

$$
V_C(t) = \begin{cases} V_C(0) - \dfrac{\int_0^t i_2(x)\,\mathrm{d}x}{C} & t \in [0, T_0] \\ V_C(T_0) + \dfrac{\int_{T_0}^t i_1(x)\,\mathrm{d}x}{C} & t \in (T_0, T_s] \end{cases} \tag{5.78}
$$

其初始条件为

$$
V_C(0) = V_1 + V_2 \tag{5.79}
$$

考虑到通常 R_1、R_2 约为 $10^{-2}\Omega$，L_1、L_2 约为 10^{-4}H，C 约为 10^{-4}F，上述方程的解由下式给出：

1）i_1 的解为

$$
i_1(t) = \begin{cases} \dfrac{V_1}{R_1} - \dfrac{V_1}{R_1}\mathrm{e}^{-(R_1/L_1)t} & t \in [0, T_0] \\ \mathrm{e}^{\alpha_1 t}[b_1\cos(\beta_1 t) + b_2\sin(\beta_1 t)] & t \in (T_0, T_{11}] \\ 0 & t \in (T_{11}, T_s] \end{cases} \tag{5.80}
$$

其中

$$
\begin{aligned}
&\alpha_1 = -\frac{R_1}{2L_1} \\
&\beta_1 = \frac{\sqrt{4CL_1 - R_1^2 C^2}}{2CL_1} \\
&b_1 = \frac{\beta_1 i_1(T_0)\cos(\beta_1 T_0) - i_1'(T_0)\sin(\beta_1 T_0) + \alpha_1 i_1(T_0)\sin(\beta_1 T_0)}{\beta_1 \mathrm{e}^{\alpha_1 T_0}} \\
&b_2 = \frac{\beta_1 i_1(T_0)\sin(\beta_1 T_0) + i_1'(T_0)\cos(\beta_1 T_0) - \alpha_1 i_1(T_0)\cos(\beta_1 T_0)}{\beta_1 \mathrm{e}^{\alpha_1 T_0}} \\
&T_{11} = \frac{1}{\beta_1}\arctan\left(\frac{-b_1}{b_2}\right)
\end{aligned} \tag{5.81}
$$

2）i_2 的解为

$$i_2(t)=\begin{cases}e^{\alpha_2 t}\dfrac{V_1}{\beta_2 L_2}\sin(\beta_2 t) & t\in[0,T_0]\\ \dfrac{V_2}{R_2}+Ae^{(-R_2/L_2)t_0} & t\in(T_0,T_{12}]\\ 0 & t\in(T_{12},T_s]\end{cases}\tag{5.82}$$

其中

$$\begin{aligned}\alpha_2&=-\frac{R_2}{2L_2}\\ \beta_2&=\frac{\sqrt{4CL_2-R_2^2C^2}}{2CL_2}\\ A&=e^{(-R_2/L_2)T_0}\left[i_2(T_0)-\frac{V_2}{R_2}\right]\\ T_{12}&=T_0+\frac{L_2}{R_2}\ln\frac{-V_2}{R_2 i_2(T_0)-V_2}\end{aligned}\tag{5.83}$$

3）必要条件：

上述解遵循如下必要条件。设计一个控制器时，D 和 f_s 须满足这些条件。

a）保证 Q_1 中电池单元 2 充电时段为 $T_0\leqslant\pi/\beta_2$；

b）保证电池单元 1 在 T_0: $T_{11}>T_0$ 后仍在放电；

c）保证电池单元 2 在 T_0: $T_{12}>T_0$ 后仍在充电；

d）保证 $i_1(T_s)=0$:$T_s\geqslant T_{11}$；

e）保证 $i_2(T_s)=0$:$T_s\geqslant T_{12}$。

5.4.1.4 均衡电路的应用

将一均衡电路应用于上文提到的 6Ah 电池单元，选择均衡参数 $L_1=L_2=100\mu H$，$C=470\mu F$，$D=0.45$。虽然电池单元的内阻随其 SOC 的改变而变化，但在本节，用一个 10mΩ 的电阻作为一个典型值以便于下面的讨论。

控制频率 f_s 作为平衡系统的控制变量。给定 $f_s=5kHz$，2 个连续的 Q_1 控制周期的典型电压和电流曲线如图 5.50 所示。可以明显看出均衡系统的动态特性符合理论分析。动态特性的一个显著特点是 i_1 和 i_2 的微小差别，导致其电流曲线不完全重叠。这种差别是由于电池单元内阻的电能损耗引起的。从电池单元 1 获得的能量始终大于传输到电池单元 2 的能量。因此，i_2 与 i_1 的比值可作为均衡效率的指标。如图 5.51 所示，控制频率越小，均衡电流越大，从而内阻的损耗上升，导致电能传输效率下降。在实际应用中，电容、电感和 MOSFET 同样会引起损耗，所以能量传输效率会比仿真给出的值低。

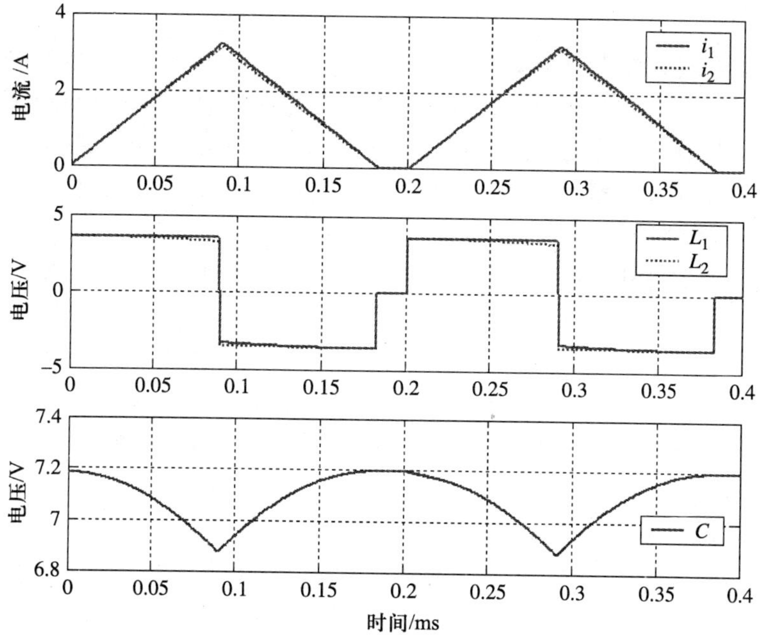

图 5.50　两个连续 MOSFET 控制循环的电流与电压曲线（$f_s=5\text{kHz}$，$SOC_1=0.6$，$SOC_2=0.5$）

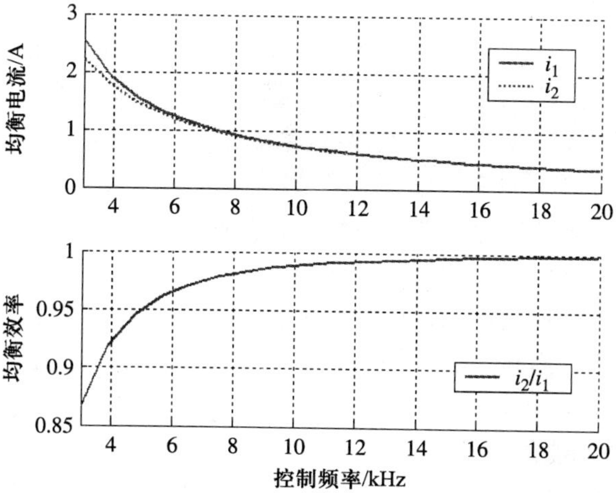

图 5.51　不同控制频率下（$SOC_1=0.6$，$SOC_2=0.5$）平均均衡电流和均衡效率。能量效率只考虑电阻上的能量损失

5.4.2 基于充电状态的模糊控制

基于之前给定参数的均衡电路，均衡过程可由 MOSFET 的控制频率决定。除了均衡过程的速度外，均衡器的性能也可由均衡效率和电池单元保护来评估。因此，固定控制频率不足以达到满意的总体表现。在电池单元状态给定的情况下，如何调节控制频率，也即如何调节均衡电流，成为均衡系统设计的关键。

5.4.2.1 输入选择

通常，基于控制器可获得最优，至少是合适的控制变量的值，控制器的输入选择应反映相关因素。本次研究中影响均衡性能的相关因素有均衡速度、效率和电池单元保护。因此，可将 3 种相应的电池单元状态作为输入。

1）SOC 之差（$\Delta SOC = |SOC_1 - SOC_2|$）：电池组均衡的目标是将所有电池单元保持在相同 SOC。电池单元不平衡实际上是 SOC 不平衡而不是电压不平衡。一个较大的 ΔSOC 表征了严重的不平衡，需要一个相对较大的均衡电流来对均衡速度进行加速。SOC 之差大于 30% 时可认为是故障状态，至少有一个电池单元需要更换。反之，一个较小的差值意味着较轻程度的不平衡，不需要马上进行平衡。在这种情况下，均衡过程可以更多地聚焦于均衡效率上。在实际中，由于受到 SOC 估计精度的限制，小于 2% 的 SOC 之差足以认为是平衡的。换句话说，这种输入主要决定了其均衡速度。

2）SOC 的均值（$\overline{SOC} = \frac{1}{2}(SOC_1 + SOC_2)$）：传输均衡法是将一个电池单元放电给另一个充电，因此应考虑其放电能力。为了加速均衡速度而过充的均衡电流可能导致电池单元的放电能力的损害，造成 SOC 较低。SOC 的均值代表了其剩余容量水平。因此，须指明是否允许较大的充电电流。通常，如果 SOC 的均值低于 0.15，电池单元处在一个很低的状态，大的均衡电流是严格禁止的。简单地说，第二个输入主要重点考虑电池单元保护。

3）总内阻（$\sum R = R_1 + R_2$）：如图 5.47 所示，电池单元的内阻随着 SOC 的不同而变化。同时，如前面的讨论，内阻引起电能损耗。因此，一种增强均衡效率的简单方法是当内阻较小时施加一大电流，反之施加小电流。从而第三种输入重点在于能效。

5.4.2.2 模糊控制器的实现

基于上文提到的输入方式，一个控制器应将输入矢量映射到控制频率上，即建立一个方程 F：$f_s = F(\Delta SOC, \overline{SOC}, \sum R)$。然而，由于缺乏定量分析以及这些变量之间关系的模型，所以很难基于传统方法设计控制器。相反，输入可以很容易地定量分为不同的等级，并且可以表示为可描述的变量，例如大小等。因此我们有充分理由将模糊控制应用于均衡电流。

通常，一个模糊控制器包含输入和输出的隶属函数、一个规则库和推断方法[80]。推断方法与 MATLAB 的模糊逻辑工具箱的默认设置一致。如图 5.52 所示，输入和输出的隶属函数是基于电池单元均衡的基本理论和经验，其中 VS = 非常小，S = 小，M = 中等，B = 大，VB = 非常大，NS = 不算小。规则库由表 5.5 给出，从而当 $\overline{SOC}$ = 0.15 和 $\overline{SOC}$ = 0.4 时的一个典型的决策面如图 5.53 所示。

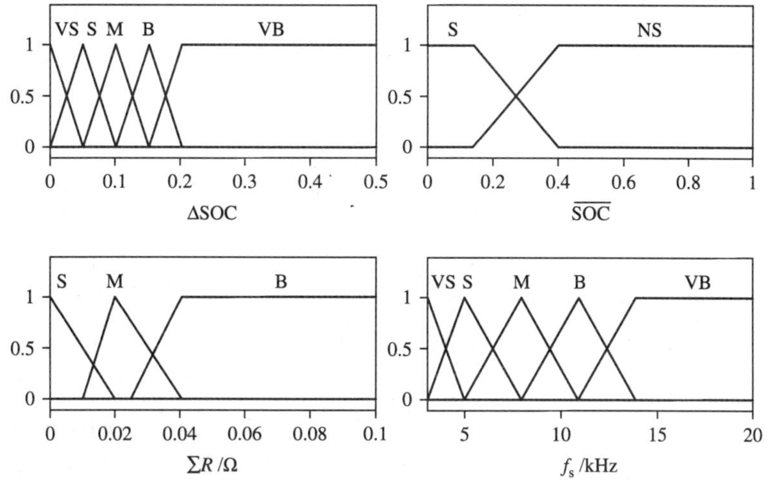

图 5.52　模糊控制器中输入和输出变量的隶属度函数

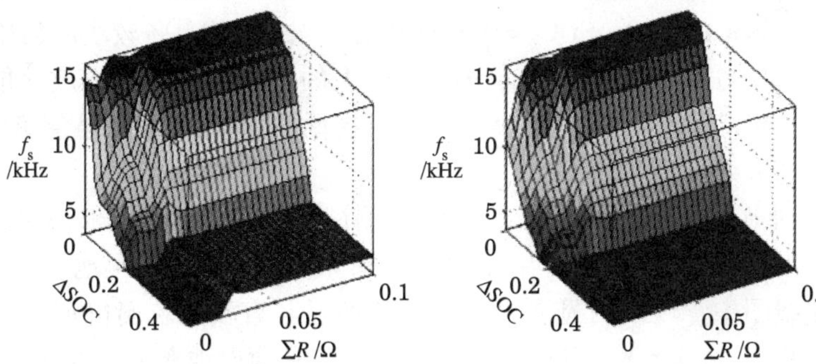

图 5.53　模糊控制器决策面。左图：将 $\overline{SOC}$ 固定为绝对 S；右图：将 $\overline{SOC}$ 固定为绝对 NS

表 5.5 模糊控制器规则率

f_s	$\overline{SOC}$	S			NS		
	$\sum R$	S	M	B	S	M	B
ΔSOC	VS	VB	VB	VB	M	B	VB
	S	B	VB	VB	S	M	B
	M	M	B	VB	VS	S	M
	B	S	M	B	VS	VS	S
	VB	VS	S	M	VS	VS	VS

5.4.3 应用结果

5.4.3.1 仿真结果

为了展示所提出的均衡系统的实用性和效果，用 6Ah 的电池组模型进行仿真，其特性如图 5.46 和图 5.47 所示。模糊控制器的控制时间设为 1s，在每 1s 中，电池单元状态的变化忽略不计，故只有一个 MOSFET 控制循环需要计算，基于给定的 f_s，后面的 f_s-1 个循环将会重复同样的动态过程。从而，在 1s 内传输的总电能等于任何一个周期电能的 f_s 倍。由于微小变化的累积，SOC 每秒将更新一次，由 SOC 变化，电池单元端电压和内阻将根据其各自的特性曲线变化。在模糊控制器中，输入 ΔSOC、$\overline{SOC}$和 $\sum R$ 也将每秒计算一次。因此，调节 MOSFET 控制频率 f_s 实现适应性控制，达到满意的整体均衡效果。仿真温度固定在 25℃。考虑到实际 SOC 估计的准确度，当 SOC 之差小于 2% 时，均衡过程将终止。

四个典型的均衡过程如图 5.54 所示。前两行展示了在初始条件 $SOC_1=0.2$、$SOC_2=0.1$ 和 $SOC_1=0.9$、$SOC_2=0.8$ 时的结果。它们均具备较小的初始 SOC 之差。虽然 ΔSOC 初始时相同，较低 SOC 时较大的总电阻和有限的放电能力使其均衡电流比在更高 SOC 水平时更小。因此，在低 SOC 时均衡过程会变长，但好处是会带来高能效。

后两行图中，提高了 SOC 之差 30%，测试其控制器是否能够快速减轻较大的不平衡程度，若没有合适的均衡方法，会带来过充和过放对电池单元的损害的风险。在曲线图中，可以明显看出均衡器初始时具有较大均衡电流（在高 SOC 情况下大概 0.4C，低 SOC 情况下 0.3C）以尽快平衡电池单元。在这种情况下，能效不作考虑，因其优先级低于电池单元的安全和性能表现。随着 SOC 之差的减小，电流逐渐减小以提高能效。因此，后面的阶段与开始两行的图像展示的均衡过程相似。

虽然本节只展示了四种情况，但是实际上我们进行了大量的仿真以检测目标

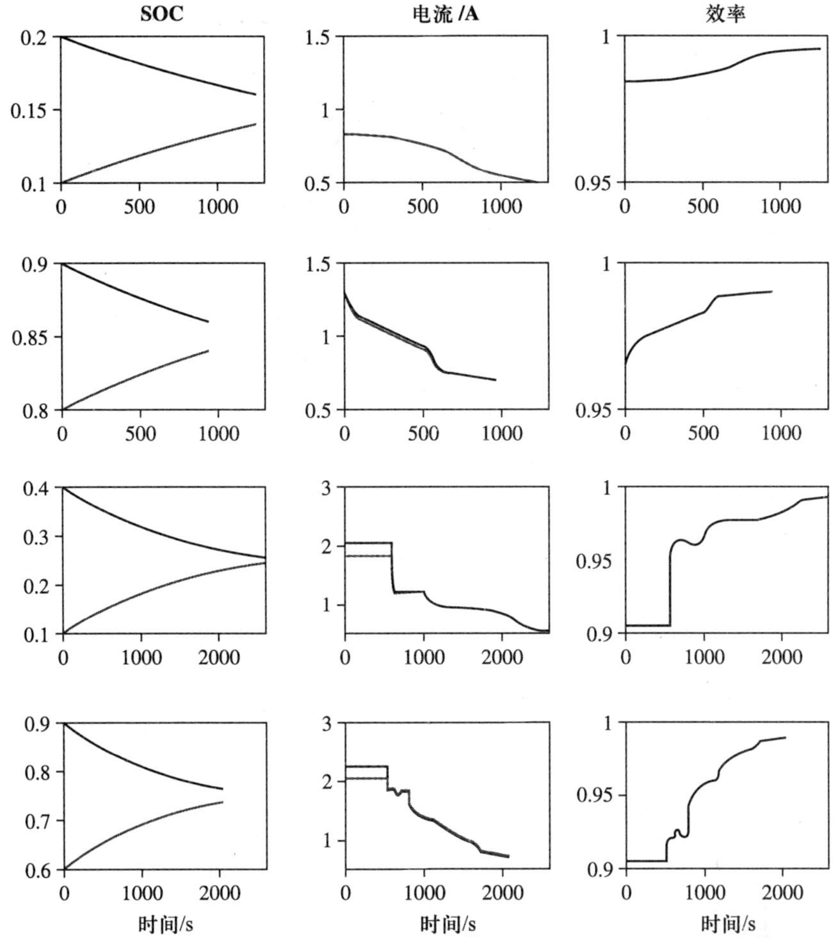

图 5.54　不同初始条件下的仿真结果。每一行的图分别为在相同初始条件下的 SOC 曲线、均衡电流、能量效率

控制器的性能。四种情况展现了极端情况下的结果，在一般状态下得到的结果更为缓和。它的自适应能力、综合均衡速度、效率及电池单元保护等多重考虑充分证明任何低于 30% SOC 之差的不平衡情况能够在 1h 内被平衡，平均能效几乎都在 0.95 之上。测试中最坏的结果是 0.9493。

5.4.3.2　实验结果

在实验中，我们也将均衡方法用于平衡两个具有拓展容量的电池单元。每个电池单元的 SOC 用 5.2 节提出的方法进行估计，充放电内阻也在 5.2 节进行了建模。

图 5.55 和图 5.56 在示波器中分别展示了 MOSFET 在 5kHz 和 20kHz 时的均衡周期。与理论情况相比，均衡电流和均衡效率均较小。图 5.57 展示了不同控制频率实验下平均均衡电流和均衡效率。

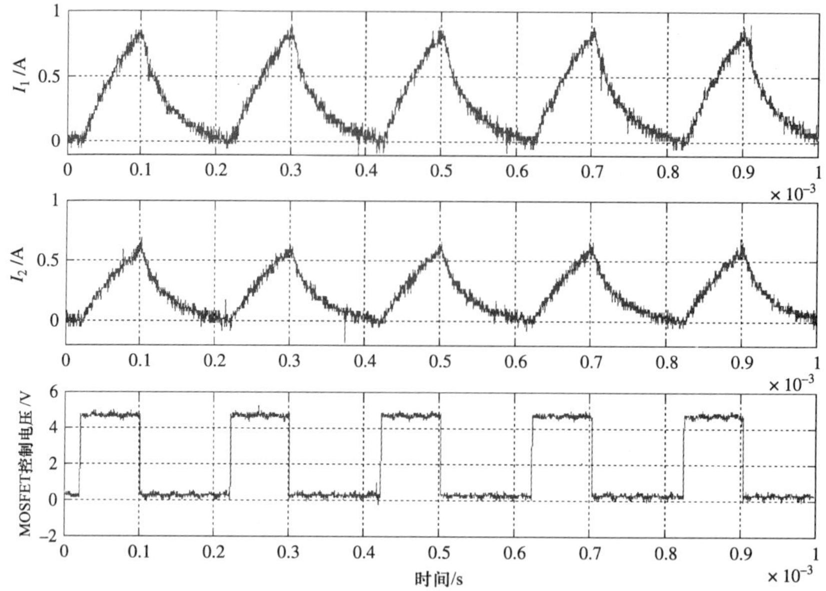

图 5.55 当 MOSFET 的控制频率为 5kHz 时的均衡周期

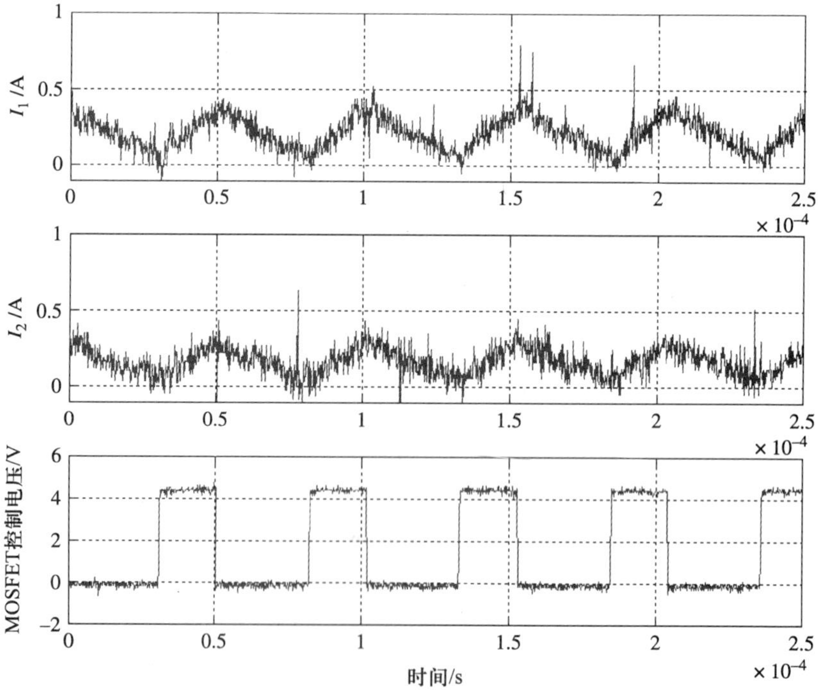

图 5.56 当 MOSFET 的控制频率为 20kHz 时的均衡周期

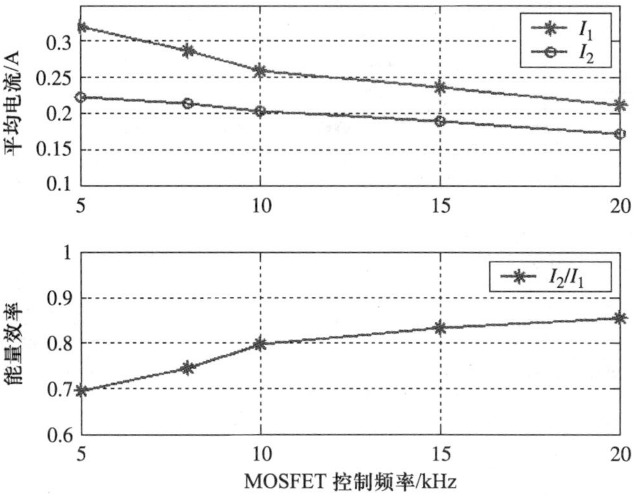

图 5.57 不同控制频率实验下平均均衡电流和均衡效率

在实验中，我们用三个拓展电池单元在不同初始状态下测试其性能。图 5.58 和图 5.59 分别展示了在高 SOC 和低 SOC 的情形下的均衡过程。SOC 曲线由 5.2 节突出的方法估计。由于受到了实验中 SOC 估计精确度的影响，在最大 SOC 之差低于 5% 时终止均衡过程。可以明显地看出，由于在低 SOC 时的总内阻高于在高 SOC 的情况，同时在低 SOC 时电池单元的放电能力弱于高 SOC 时，均衡电流在低 SOC 时较小，产生热量较少，从而保护了电池单元。

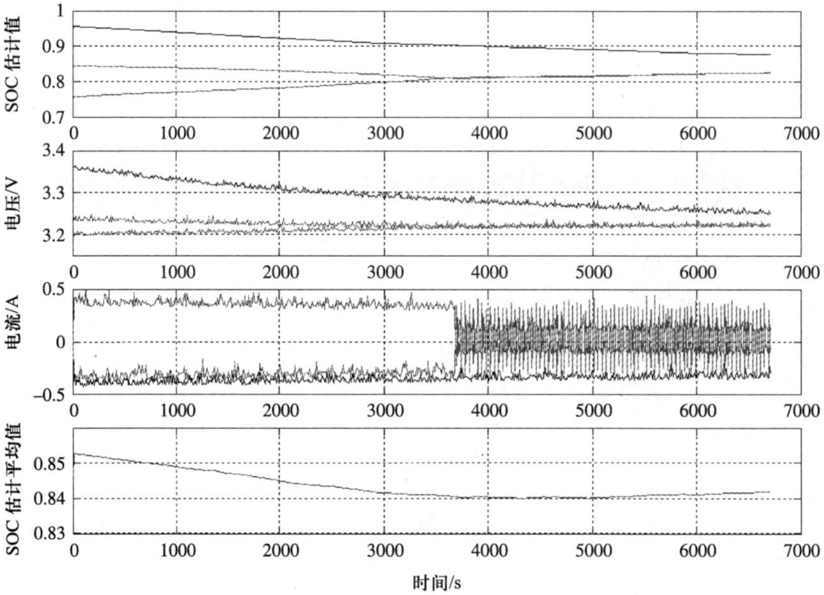

图 5.58 高 SOC 初始条件下的均衡过程（SOC = 0.95，0.75，0.85）

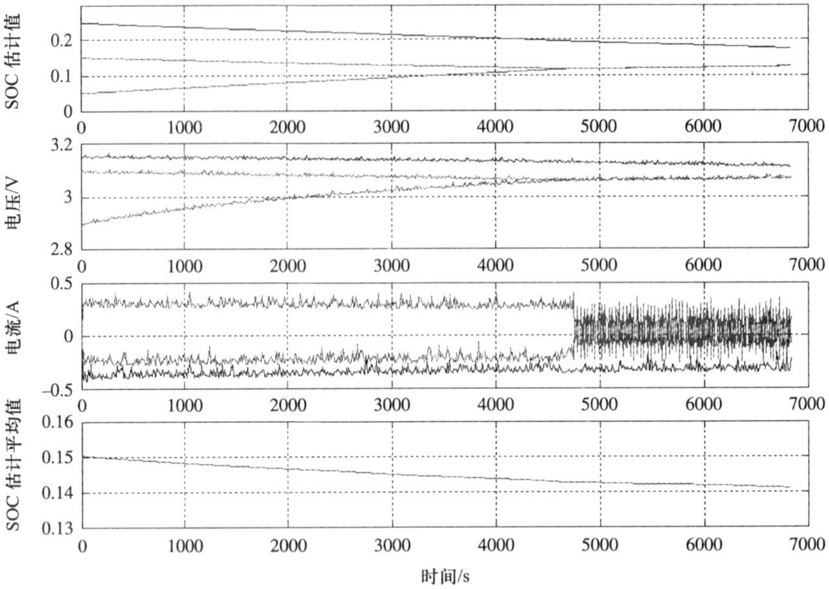

图 5.59 低 SOC 初始条件下的均衡过程（SOC =0.25，0.05，0.15）

图 5.60 展示了在中等 SOC 时均衡过程更加显著的性能。因为 $LiFePO_4$ 具有很平的 SOC - OCV 关系曲线，所以一个较大的 20% 的 SOC 不平衡只引起了约 20mV

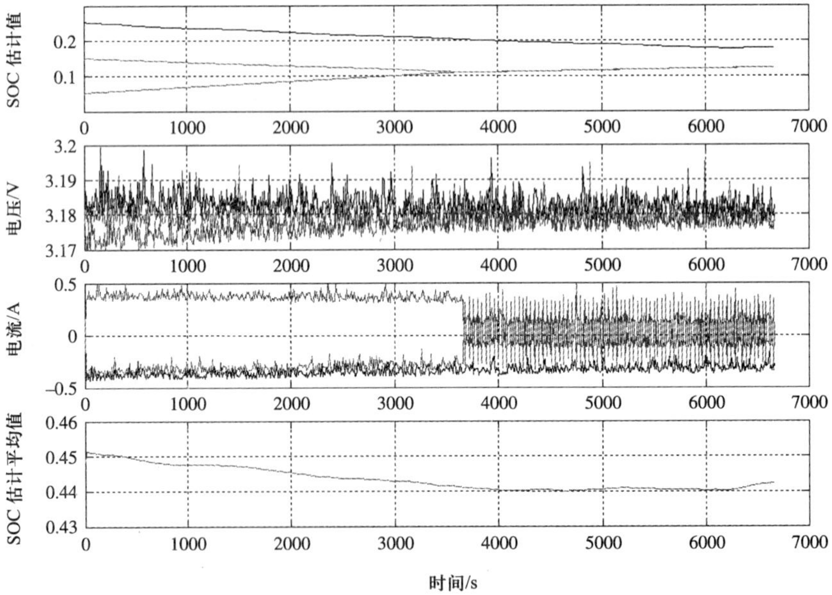

图 5.60 中等 SOC 初始条件下的均衡过程（SOC =0.55，0.35，0.45）

的电压差。随着均衡过程的进行，电压差逐渐变小至小于电压测量设备的测量误差，在实验中约为 8mV。解决如此小的电压差对于现有的基于电压的模糊控制器来说并不能胜任。本方法应用 SOC 而不是电压作为模糊控制器的输入，成功地解决了 $LiFePO_4$ 电池组的均衡问题。

5.5 总结

本章提供了一个新的适用于电动汽车的实用 BMS 总体概述。提出了一个抗噪声的 SOC 估计的整体框架，并将其应用在真实车辆环境中，提高其适用性。此外，实现了一个基于模型预测控制（MPC）的快速充电结构，减少了充电时间和温升。在实验中，建立了神经网络用来模拟充电过程的温升，在给定未来充电时序的情况下，利用改进 ESC 模型预测未来的 SOC。仿真和实验结果均说明基于 MPC 的方法能够同时减少充电时间以及限制温升。所提出的 Pareto 前沿展示了其对于大多数恒流恒压方法的主导性地位。最后，提出了一种基于 SOC 的模糊控制器并将其应用于均衡电池单元。仿真和实验结果均说明所提出的控制器能够包含专家的经验和知识，同时根据电池组的实时状态智能调节充电电流以实现多目标平衡。

第 6 章　能源管理系统

本章介绍混合动力汽车（HEV）的能源管理系统，各节的内容如下：6.1 节介绍串联式电动汽车模型；6.2 节是关于载荷预测系统分析及其仿真，其中载荷预测问题采用基于节点解耦卡尔曼滤波算法训练的级联神经网络（CNN－NDEKF）来处理；6.3 节设计出了一套实时电源控制系统，该系统由基于模型预测控制（MPC）的电源控制器和载荷预测系统组成；6.4 节是对设计出的电源管理系统进行实验验证。

6.1　串联式电动汽车模型

按照定义，HEV 是指汽车驱动力的来源为两种或两种以上不同形式能量，且其中至少有一种为电能的汽车。根据此定义，HEV 的能源可以有多种配置，包括汽油机与电池、柴油机与电池、电池与电容器、电池与飞轮、电池与电池的混合。本书中，HEV 特指以汽油机、电动机和电池为动力源的这一类车辆。

HEV 的牵引力系统是指汽车中能产生或传递动力系统所需功率的那一部分结构。根据选择和排列方式不同，HEV 可分成三种结构：串联式、并联式、串并联式。最早，HEV 只包括串联式和并联式两种结构，这两种结构的最大不同在于功率部分与车轮的连接方式不同。串并联式 HEV 是最近出现了一种新的形式，兼顾了串联式和并联式的特点。在串联式 HEV 中，内燃机只连接发电机产生电流，和车轮间没有传动机构连接，因此汽车只能以电动机进行驱动。在并联式 HEV 中，内燃机和电动机分别和车轮相连来驱动汽车。在串并联结构中，根据车辆行驶条件的不同，可以分别选择串联或并联形式来驱动汽车。

虽然 HEV 有三种类型，但是本书仅限于介绍串联式混合系统。在串联式混合系统中，内燃机的机械功率被转变成发电机的电能，如图 6.1 所示。发电机产生的电流要么储存于电池中要么直接输入到电动机中以驱动车轮。

串联式结构的优点是发动机在多数情况下能工作在其转速和功率的最佳平衡点处，因此具有低燃料消耗和高效率的特点。但是，由于在内燃机与车轮的能量传递过程中有两次能量转换（内燃机－发电机、发电机－电动机），因此在这两个阶段中会产生一些能量损失。串联式 HEV 多运行于城市环境中。

HEV 由一些复杂部件组成，由于系统中不同部件的动态响应周期可以从电子元件的几秒钟到电池寿命的几个月，因此无法找到一个合适的时间刻度包含系

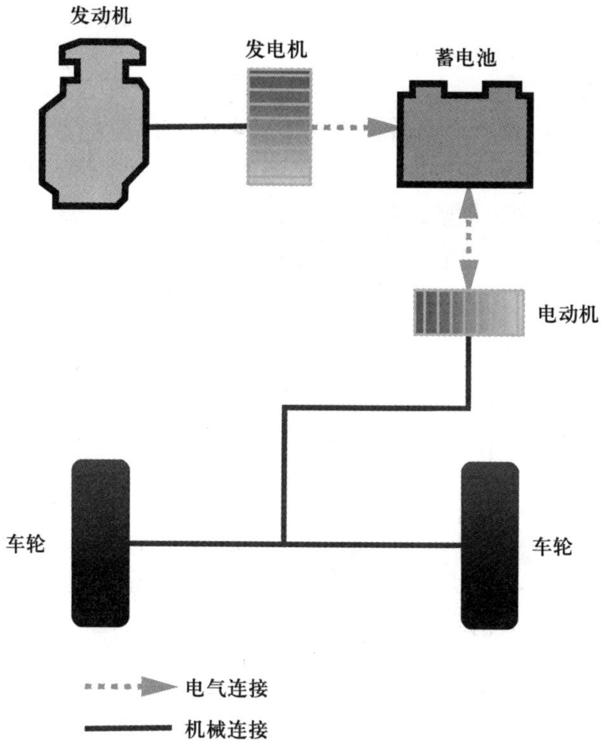

图 6.1　串联式 HEV 结构

统中所有元件的动态过程。

本节中，建模的目的是为了建立一个适合于计算 HEV 功率流的模型。虽然模型应尽量保证有高的精确度，但是只要耗油量的误差和电池电能小百分比的损失能保持一致，那么这两个量在建模中可以不考虑。由于建立模型的重点在于计算功率流，不再考虑比系统整体变化更快的动态过程，因此忽略系统中频率高于 1Hz 的动态部分。

6.1.1　模型的主要组成部分

一般 HEV 模型是基于汽车重要的零部件或子系统建立的，即发动机、传动系、电动机/发电机、电池组、车轮和车辆动力学模型。本节将会对这些子系统分别进行介绍，并建立四轮独立转向（4WIS）串联式 HEV 模型。

6.1.1.1　发动机

发动机模型采用静态模型。耗油量为两个独立变量（发动机的转速和扭矩）的静态特性曲线。我们采用静态特性图作为发动机模型的原因有：

1）发动机的一个燃烧 - 排放周期时间太短（几毫秒），正如前面所述，我们对这类能源管理情况不感兴趣。

2）发动机的工作点的变化很慢（几秒钟），因此从静态特性图中得到的耗油量能保证有足够的精度。

本章中，串联式 HEV 采用两种不同型号发动机，其主要规格如表 6.1 所示。发动机以静态图来表示，静态图中给出了耗油量与发动机转速和扭矩的关系。此外，假设发动机是在完全预热的情况下工作，因此不考虑温度的影响。

图 6.2 和图 6.3 分别是表 6.1 中两台发动机的燃油效率图。图 6.4 为第 2 台发动机最大功率和扭矩的关系图，该曲线可以确定发动机所能提供的最大功率。

表 6.1　发动机规格

	第 1 台发动机	第 2 台发动机
模型	CF172MM	BENZ A160
类型	单缸，4 冲程	4 缸，4 冲程
发动机容量	250cc	1600cc
排量	244mL	1598mL
最大功率	11kW/（4500r/min）	150kW/（4000r/min）
最大扭矩	18N·m/（4500r/min）	75N·m/（5250r/min）
点火方式	C. D. I	S. I

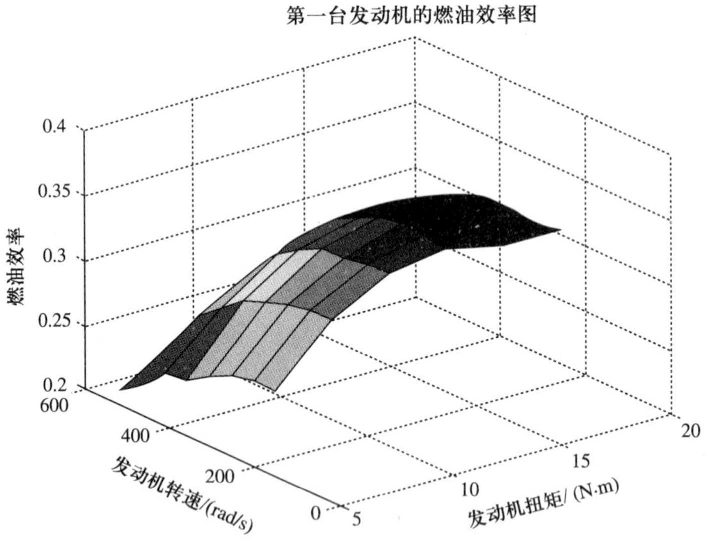

图 6.2　第 1 台发动机的燃油效率图

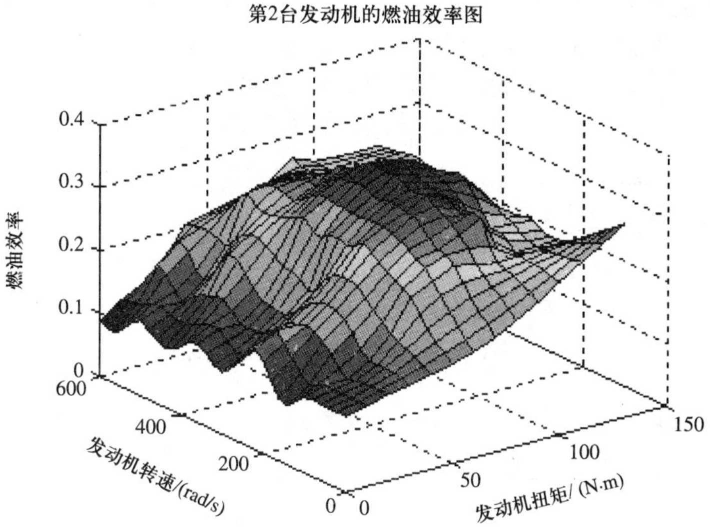

图 6.3 第 2 台发动机的燃油效率图

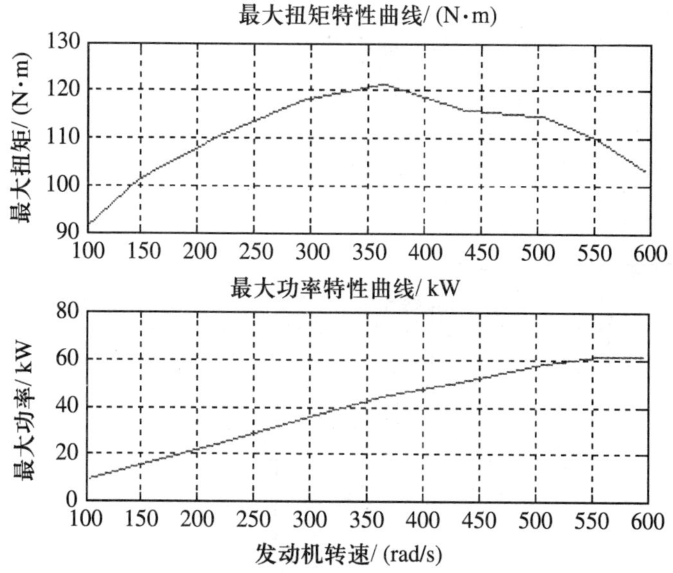

图 6.4 第 2 台发动机最大功率 – 扭矩特性曲线

6.1.1.2 电动机/发电机

HEV 的电动机通常为直流电动机或无刷直流电动机[8,47]。本节中，采用无刷直流电动机来充当 HEV 的驱动电动机和发电机。

电动机模型基于具有梯形反电动势、星形绕线定子式无刷直流电动机。由于处理该模型需要联立求解一些微分方程，因此我们假设一些参数为定值，如相电感、扭矩常数和内电阻。模型的核心部分用状态空间来表示。

根据电动机常数，电动机定子绕组的耦合回路方程为

$$\begin{bmatrix} V_{as} - v_n \\ V_{bs} - v_n \\ V_{cs} - v_n \end{bmatrix} = \begin{bmatrix} R_s & 0 & 0 \\ 0 & R_s & 0 \\ 0 & 0 & R_s \end{bmatrix} \begin{bmatrix} I_a \\ I_b \\ I_c \end{bmatrix} + p \begin{bmatrix} L_{aa} & L_{ab} & L_{ac} \\ L_{ba} & L_{bb} & L_{bc} \\ L_{ca} & L_{cb} & L_{cc} \end{bmatrix} \begin{bmatrix} I_a \\ I_b \\ I_c \end{bmatrix} + \begin{bmatrix} E_a \\ E_b \\ E_c \end{bmatrix} \tag{6.1}$$

式中，R_s为每相中定子的电阻；I_a、I_b、I_c为定子的相电流；$p = \mathrm{d}/\mathrm{d}t$，对时间一阶微分算子；$E_a$、$E_b$、$E_c$为反电动势；$v_n$为中性点节点电压，表示为

$$v_n = \frac{1}{3}[V_{as} + V_{bs} + V_{cs}] - \sum BEMF \tag{6.2}$$

式中，$\sum BEMF$为单相中每个瞬时的电动势之和。假设所有的感应电动势都视为不规则四边形，其顶点值为

$$E_p = (BLv)N = N(BLr\omega) = N\phi\omega = \lambda\omega \tag{6.3}$$

式中，B为磁感应强度（T）；L为转子的长度；N为每一相中感应线圈的匝数；ω为线圈的角速度（rad/s）；ϕ为磁通量，$\phi = BLr$；λ为磁链，是线圈的匝数与线圈的磁通量的乘积。

假设：①转子的磁阻不会随角度变化，这是由于三相对称性和转子是非凸的；②所有相中电感和互感都是对称的。因此，式（6.1）变为

$$\begin{bmatrix} V_a \\ V_b \\ V_c \end{bmatrix} = \begin{bmatrix} R_s & 0 & 0 \\ 0 & R_s & 0 \\ 0 & 0 & R_s \end{bmatrix} \begin{bmatrix} I_a \\ I_b \\ I_c \end{bmatrix} + p \begin{bmatrix} L & M & M \\ M & L & M \\ M & M & L \end{bmatrix} \begin{bmatrix} I_a \\ I_b \\ I_c \end{bmatrix} + \begin{bmatrix} E_a \\ E_b \\ E_c \end{bmatrix} \tag{6.4}$$

进一步可简化为

$$\begin{bmatrix} V_{as} \\ V_{bs} \\ V_{cs} \end{bmatrix} = \begin{bmatrix} R_s & 0 & 0 \\ 0 & R_s & 0 \\ 0 & 0 & R_s \end{bmatrix} \begin{bmatrix} I_a \\ I_b \\ I_c \end{bmatrix} + p \begin{bmatrix} L-M & 0 & 0 \\ 0 & L-M & 0 \\ 0 & 0 & L-M \end{bmatrix} \times$$

$$\begin{bmatrix} I_a \\ I_b \\ I_c \end{bmatrix} + \begin{bmatrix} E_a \\ E_b \\ E_c \end{bmatrix} \tag{6.5}$$

产生的转矩可表示为

$$T_e = [E_a I_a + E_b I_b + E_c I_c]/\omega \tag{6.6}$$

反电动势E_a、E_b、E_c——可以理解为与电动机轴的角速度成比例的电压。

$$\begin{aligned} E_a &= f_a(\theta)\lambda\omega \\ E_b &= f_b(\theta)\lambda\omega \\ E_c &= f_c(\theta)\lambda\omega \end{aligned} \tag{6.7}$$

式中，因为反电动势的大小从 -1 到 1，所以 $f_a(\theta)$、$f_b(\theta)$、$f_c(\theta)$ 是具有相同形式的函数。

电动机方程的机械部分可以用牛顿定律得出，即转动惯量 J 乘以角加速度等于电动机轴转矩之和，所以

$$J\frac{d\omega}{dt} = \sum \tau_i = -K_f\omega + T_e - T_l \tag{6.8}$$

式中，T_l 是负载转矩；J 是转动惯量；K_f 是摩擦系数。

联立以上所有方程，无刷直流电动机系统用状态空间表示为

$$\begin{aligned} \boldsymbol{x}' &= \boldsymbol{Ax} + \boldsymbol{Bu} \\ \boldsymbol{y}' &= \boldsymbol{Cx} + \boldsymbol{Du} \end{aligned} \tag{6.9}$$

其中

$$\boldsymbol{x} = [I_a \quad I_b \quad I_c \quad \omega]^T \tag{6.10}$$

$$\boldsymbol{u} = [V_a \quad V_b \quad V_c \quad T_l]^T \tag{6.11}$$

$$\boldsymbol{y} = \omega \tag{6.12}$$

状态空间矩阵为

$$\boldsymbol{A} = \begin{bmatrix} -R_s/L_1 & 0 & 0 & \lambda f_a(\theta)/L_1 \\ 0 & -R_s/L_1 & 0 & \lambda f_b(\theta)/L_1 \\ 0 & 0 & -R_s/L_1 & \lambda f_c(\theta)/L_1 \\ \lambda f_a(\theta)/J_1 & \lambda f_b(\theta)/J_1 & \lambda f_c(\theta)/J_1 & -K_f/J_1 \end{bmatrix} \tag{6.13}$$

$$\boldsymbol{B} = \begin{bmatrix} 1/L_1 & 0 & 0 & 0 \\ 0 & 1/L_1 & 0 & 0 \\ 0 & 0 & 1/L_1 & 0 \\ 0 & 0 & 0 & -1/J_1 \end{bmatrix} \tag{6.14}$$

$$\boldsymbol{C} = [0 \quad 0 \quad 0 \quad 1] \tag{6.15}$$

和

$$\boldsymbol{D} = [0 \quad 0 \quad 0 \quad 0] \tag{6.16}$$

式中，$L_1 = L - M$，L 为每相的自感系数，M 为每相的互感系数；V_a、V_b、V_c 为每相施加在电动机绕组的外部电压。以上所建立的无刷直流电动机模型既可以工作在电动机模式也可以工作在发电机模式，模式的转变依赖于机械负载转矩符号的变化（正的转矩是电动机模式，相反为发电机模式）。

6.1.1.3　电池组

正如第 5 章所介绍的，电池可能是 HEV 各部件中最难以理解，同时也是最难建立模型的部分。虽然电池组在充放电时，只是充当电能的储存设备，但是由于电化学作用引起的发热现象使对其建模非常困难。电池组的电学特性是非线性

的，其中涉及多个时变参数，如电压、电流、温度和效率。对电池组的建模需要综合考虑，所建立的模型既要尽量包括电池组所有相关特性，又要使实际工作时的充电参数处于合理的范围。

图 6.5 是电池的充电特性。从图中可以看出随着 SOC 升高，充电效率在降低。在 SOC 水平较低时，电池的充电性能较好，但放电性能较差。因此，对电池必须预先设定工作范围。

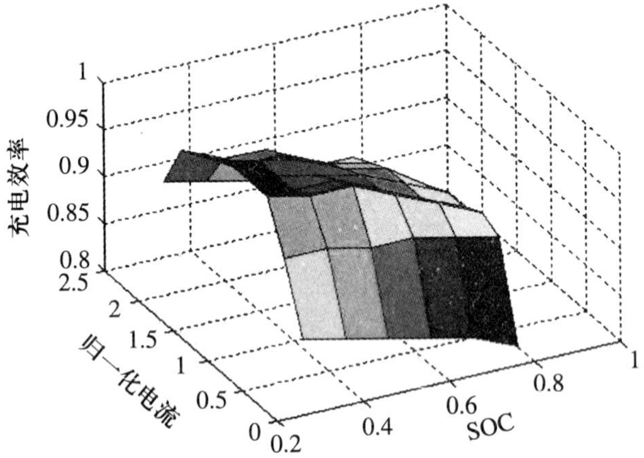

图 6.5　25℃时电池充电效率与 SOC 和电流的关系

在本章中，我们以与第 5 章类似的 *RC* 电路模型为主建立电池组模型。该 *RC* 模型包含电池组的瞬态特性，输入为充电/放电电流，输出为电池组的电压，该电压限制了电池组的工作范围。另外，假设环境温度为 25℃，且温度恒定。

RC 电路模型如图 6.6 所示。它由一个大电容 C_b和一个表面电容 C_s构成，分别用于模拟电池组的电能储存和动态特性。内部的电阻用输出电阻 R_o、表面电阻 R_s、体电阻 R_b 来模拟。因此，模型的控制状态方程可表示为

$$\begin{bmatrix} \dot{V}_{cb} \\ \dot{V}_{cc} \end{bmatrix} = \begin{bmatrix} -1/C_b(R_e+R_c) & 1/C_b(R_e+R_c) \\ 1/C_c(R_e+R_c) & -1/C_c(R_e+R_c) \end{bmatrix} \begin{bmatrix} V_{cb} \\ V_{cc} \end{bmatrix} + \begin{bmatrix} -R_c/C_b(R_e+R_c) \\ -R_e/C_b(R_e+R_c) \end{bmatrix} [I_s] \tag{6.17}$$

$$[V_o] = [-R_c/(R_e+R_c) \quad -R_e/(R_e+R_c)] \begin{bmatrix} V_{cb} \\ V_{cc} \end{bmatrix} + [-R_t - R_cR_e/(R_e+R_c)][I_s]$$

SOC 估计：SOC 估计是电池应用中最重要的问题之一。精确的 SOC 估计能使电池长久且高效地使用。通过监测电池的电压、充/放电电流和温度，我们用

卡尔曼滤波方法来估计电池的状态 V_{cb} 和 V_{cc}。由此，可得到电池的 SOC 为

$$\mathrm{SOC} = \frac{20V_{cb}C_b + V_{cc}C_c}{21Q_f} \tag{6.18}$$

式中，Q_f 为电池的额定功率；C_b 和 C_s 关于总的 SOC 的权重分别为 20 和 1。

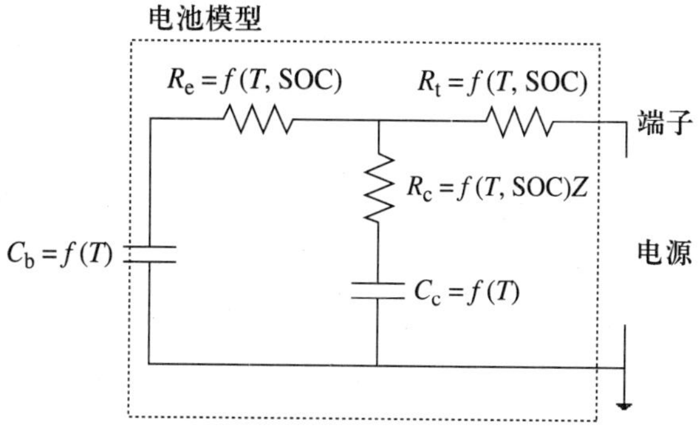

图 6.6　RC 电池模型

6.1.1.4　自动变速器模型

本节采用自动变速器把发动机的扭矩传递到汽车驱动轮上。它由一个液力变矩器和一个变速器组成。

1）液力变矩器：液力变矩器是通过液压油的水动力作用在两个连接端之间实现力矩和角度的传递。与传统离合器不同，液力变矩器不能锁死两端，通常在配有自动变速器的汽车中用于连接发动机和变速器。液力变矩器能增加发动机的输出扭矩，降低发动机的输出转速和振动。

可以用三个方程来描述液力变矩器的特性[13]：

$$T_p = \left[\frac{\omega_e}{K(\omega_r)}\right]^2, \quad T_t = T_r(\omega_r) \cdot T_p \tag{6.19}$$

$$T_x = [T_t - T_{x,1}(\omega_t, g_x)] \cdot R_x(g_x) \cdot \eta_x(g_x) \tag{6.20}$$

$$T_d = [T_x + R_c \cdot T_m \cdot \eta_c - T_{d.1}(\omega_x)] \cdot R_d \cdot \eta_d \tag{6.21}$$

式中，T_p、T_t 是泵轮和涡轮的扭矩；K、T_r 分别是液力变矩器的利用率和变矩系数；$\omega_r = \omega_t/\omega_e$ 是液力变矩器的速率；T_x、T_d 分别是变速器和差速器的输出扭矩；$T(x, l)$、$T(d, l)$ 分别是由摩擦力引起的力矩损失以及由减速器和差速器引起的扰动损失；R_x、η_x 分别是齿速比和变速器的效率，是齿数 g_x 的函数。

与发动机类似，由于液力变矩器的响应非常快，因此用静态曲线来表示 K 和 T_r，如图 6.7 所示。

2）行星齿轮组和变速器档位控制：液力变矩器后连接有一个辛普森行星齿轮组（PGS）。该行星齿轮组能实现 4 种不同的齿轮比，如表 6.2 所示。

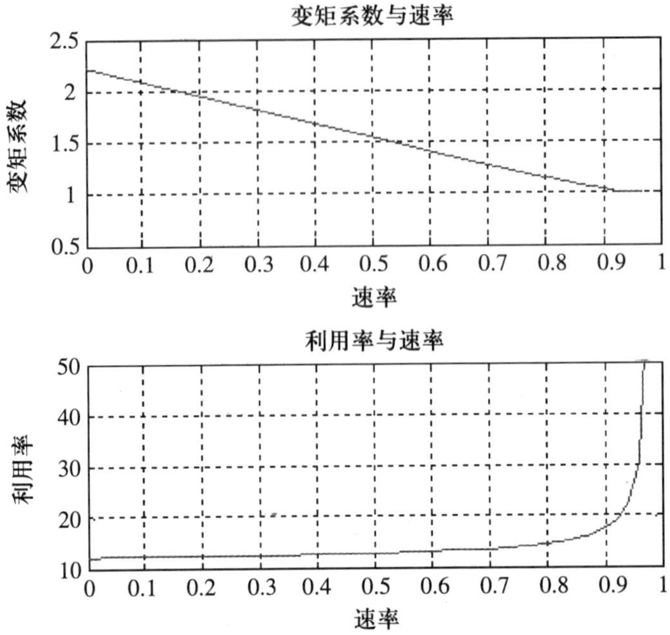

图 6.7　液力变矩器的利用率和变矩系数与速率的关系

表 6.2　齿轮比

齿轮	齿轮比
第一	2.4
第二	1.45
第三	1
第四	0.875

齿轮变速控制的主要作用是根据节流阀的角度和变速器的输出转速来确定档位何时上升或下降。自动变速器有多种变速模式，为了尽可能地减小功率损失，本节中引入了一种变速逻辑，如图 6.8 所示[118]。

6.1.1.5　车轮模型

车轮是一个弹性元件，与路面接触且发生相对滑动[28]。当输入力矩作用于车轴时，轮胎会发生变形，给地面一个推力（同时在接触表面受到摩擦力作用），由于反作用的原理，地面会给车轮一个反向力，推动车轮前进或后退。由于本章主要是关于 HEV 功率控制，因此车轮模型仅限于纵向运动，不考虑轮胎的外倾、旋转和侧向运动。

车轮模型必须能提供轮胎施加给车轮的纵向力 F_x，该纵向力与车轮垂直载

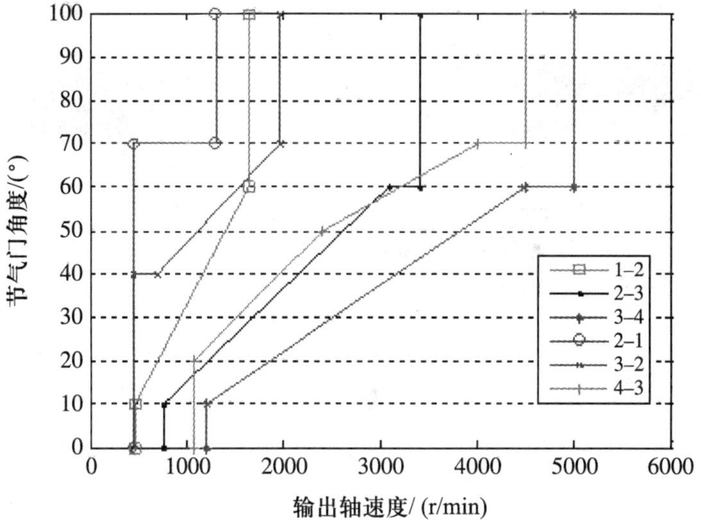

图 6.8　自动变速器换档计划

荷 F_z 和滑移率 k' 有关。高速时，轮胎起到阻尼器的作用，纵向力 F_x 的大小主要由滑移率来决定。在低速时，当轮胎从静止开始滑动或缓慢停止时，轮胎更像一个形变的弹簧。由于轮胎在垂直载荷下会发生变形，轮胎的有效滚动半径 r_e 一般比轮胎半径略小。轮胎的弛豫长度 σ_k 是轮胎滑移刚度与纵向力刚度的比值，决定了纵向力 F_x 关于滑移率的瞬态响应，可以用静态特性方程来表示：$F_x = f(k', F_z)$。

6.1.1.6　车辆模型

典型的车辆纵向动力学方程可表示为

$$m\dot{V}_x = F_x - F_d - mg\sin\beta$$
$$F_x = F_{xf} + F_{xr}$$
$$F_d = \frac{1}{2}C_d\rho A V_x^2 \cdot \mathrm{sgn}(V_x) \tag{6.22}$$

式中，F_x 为车轮上所受到的驱动力；F_d 为空气阻力；$mg\sin\beta$ 为坡度阻力，其中 β 为路面的倾斜角（rad），m 为整车质量（kg）；A 是汽车迎风面积（m^2）；V_x 为汽车纵向速度（m/s）；C_d 为风阻系数[N · s^2/(kg · m)]；$\rho = 1.2kg/m^3$ 为空气密度。

6.1.2　四轮独立转向串联式混合动力电动汽车

图 6.9 为 4WIS 串联式 HEV 的结构。内燃机/发电机系统产生电能并将能量储存于电池包中。汽车以 4 个轮毂电动机进行驱动。每个车轮上安装有一个转向

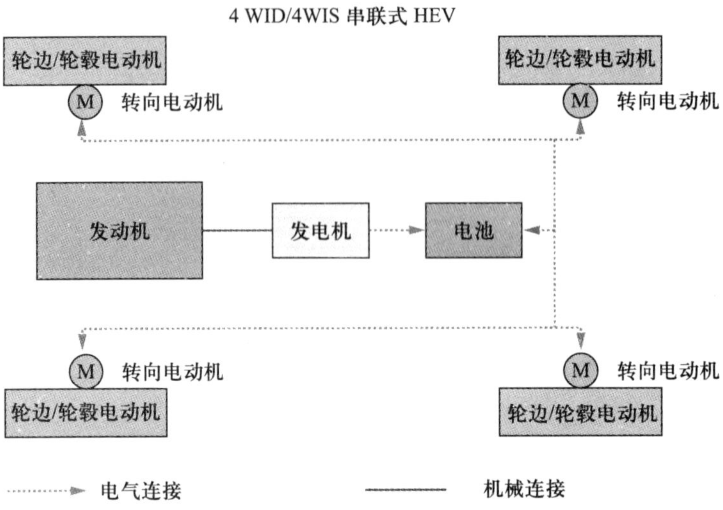

图 6.9　4WIS 串联式 HEV 结构

电动机使车轮能独立转向。储能设备为一组容量为 20Ah 的镍氢电池。

表 6.3 中列出了发动机、发电机、轮毂电动机、电池的主要规格参数。表 6.4 给出了汽车的动力性、行驶里程等性能指标。

表 6.3　串联式 HEV 各主要部件的技术指标

部件	技术指标
发动机	250cc，C. D. I 发动机
永磁轮毂电动机（×4）	最大功率：1.2kW
	峰值效率：89%
永磁发电机	最大功率：3.5kW
	峰值效率：90%
镍氢电池 能量密度	容量：20Ah 模块数：4 额定电压：12V 功率密度：200W/kg 能量密度：24W · h/kg
汽车	质量：420kg

表 6.4　串联式 HEV 的驾驶性能

规格		数据
动力性	最高车速/(km/h)	≥40
	加速时间(0～40km/h)/s	≤18
	最大爬坡度(%)	15
经济性	燃油消耗量/(kWh/20km)	≤20
	可行驶里程/km	≥40
噪声	加速过程中的噪声/dB	低于标准 2－3
可靠性	里程/km	≥500

6.1.3　模型的建立及分析

在前面章节中已经表明，串联式 HEV 模型是非线性的，是由于其主要部件是非线性的。用 MPC 方法去解决 HEV 的能源控制问题，首先必须要对 HEV 模型进行线性化，同时要排除模型状态空间中不可观的状态变量。此外，为了验证所提出的控制算法的有效性，我们需要用 HEV 模型去进行仿真。在本节中，我们建立了 HEV 模型并对其进行了分析。

在 MATLAB/Simulink 环境中建立的串联式 HEV 模型如图 6.10 所示。

该模型包括 3 个子系统：发动机－发电机子系统、车轮－车辆子系统、电池组子系统。表 6.5 和表 6.6 分别列出了模型的输入和输出。

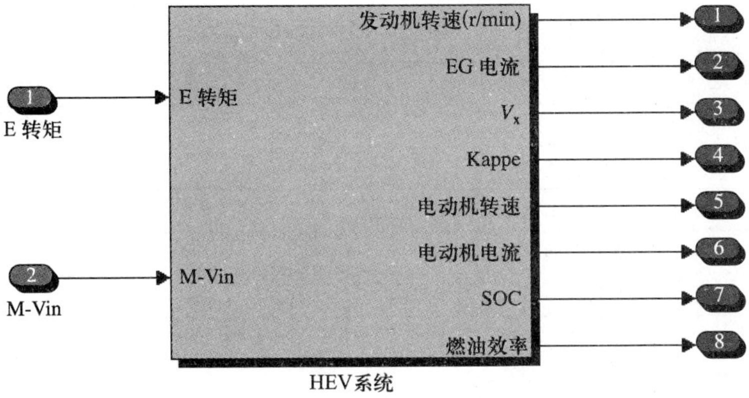

图 6.10　HEV 模型

表 6.5　HEV 模型的输入列表

序号	名称	说　　明
1	E – Torque	内燃机输入到发电机中的转矩
2	M – Vin	驱动电动机的转矩

表 6.6　HEV 模型的输出列表

序号	名称	说　　明
1	Engine Speed	发动机的输出转速
2	EG – Current	发动机 - 发电机系统的输出电流
3	V_x	车速
4	Kappa	车轮的滑移率
5	Motor Speed	驱动电动机的转速
6	Motor Current	驱动电动机的电流
7	SOC	电池的荷电状态
8	Fuel eff	燃油效率

6.1.3.1　状态变量的定义

确定模型的状态变量对于分析一个动力系统非常重要，尤其是对具有多个约束条件和外部输入的复杂车辆系统来说，更是如此。在车辆模型中，由于所有机械运动的形式都为旋转运动。因此，通过在模型中搜寻每一个明显不同的角速度量，我们找到的状态变量如表 6.7 所示。

表 6.7　串联式 HEV 的状态列表

序号	状　　态
1	发动机转速
2	发电机的输出电流
3	车速
4	与垂直载荷相关的轮胎力衍生物
5	驱动电动机转速
6	驱动电动机电流
7	电池的荷电状态
8	燃油效率
9	水平载荷力
10	水平载荷力的导数

6.1.3.2　模型的线性化

由于 MPC 比较善于处理线性模型，因此所建的车辆模型需要进行线性化。根据定义的状态变量和输入向量，用 MATLAB 中 linmod 函数来对模型进行线性化。在整个控制过程中，需要根据实时更新的状态变量和输入向量对模型进行定期线性化，以确保控制的精度㊀。

6.1.3.3　HEV 模型的可观性和可控性

该模型是一个 2 输入 8 输出系统。显然，车辆的某些部件会影响状态的独立性。例如：

1）对于串联式 HEV 来说，驱动电动机转速（电动机速度）总是与车辆速度（V_x）有关。

2）当离合器没有锁死时，其连接的两个驱动轴间可以施加一个相对扭矩，保持两轴是独立的；反之，则会在两个连接轴间产生静摩擦力，此时两轴也就不是独立的了。

3）当采用辛普森四速自动减速器时，如果将其中的两个离合器闭合，将减小 2 个自由度（DoF），把总的自由度从 4 减少为 2。它们是发动机 - 减速器传动轴的转动和减速器 - 车轮传动轴的转动。此时，4 个传动系的状态变量只有 2 个是独立的。在以上过程中，若再次闭合扭矩变换部分的离合器，则会只剩下一个自由度，即发动机到车轮的整个机械传动系统的转动。

为了消除状态空间模型中不可观的状态变量，可用 MATLAB 中的函数 *minreal* 对模型进行处理，以保证模型的能观性。

由于系统的输出大于输入，因此不可能保证所有输出都位于指定的集合内。此时，有以下两种处理方法：

1）假设所有输出包含在集合内，但此时不可避免地会产生一定偏差。

2）在 MPC 控制器中把某些不需要的输出量的权重设为零。

这些在控制器中权重为零的输出量在控制中依然是有用的。通过测量它们，可以帮助控制器估计系统的状态，从而改善控制的预测能力。同时，它们也可以被用来作为监督器，或作为变量以保证系统工作在由输出约束条件所定义的工作区域内。

㊀ 关于线性化算法，读者可以参考 Math Works 公司网站：http//www.mathworks.com/access/helpdesk/help/toolbox/slcontrol/。

6.2 载荷预测

本节介绍基于 CNN - NDEKF 方法的驱动载荷预测问题。由于在提高燃油经济性和汽车性能方面固有的优势，以发动机和储能器为动力源的 HEV 已引起了极大关注。HEV 的功率控制策略是使其变得更高效的关键技术之一。由于汽车性能的提升包括 HEV 动力控制策略在很大程度上都取决于驱动载荷预测，因此本节采用 CNN - NDEKF 来预测汽车的驱动载荷。我们通过模糊逻辑方法定义了 5 种载荷水平并预测系统在将来会处于何种载荷水平，来代替从整体上对系统进行预测。为了验证该预测方法的可行性，进行了仿真分析。

一般情况下，现有的 HEV 的功率控制方法大多仅限于利用当前车辆状态来对汽车的功率进行分配，几乎没有考虑未来载荷的影响。此外，不同驾驶员的驾驶风格以及车辆的运动趋势也将会对车辆性能产生非常大的影响。但现有的 HEV 的功率控制方法对这两者也没进行考虑。本节中所提出的功率控制方法结合了驾驶载荷预测算法，其作用是根据车辆在过去驱动循环工况中长期和短期的统计特征来对驾驶环境、驾驶员的驾驶风格以及车辆运动趋势进行评估。在此过程之后，采用 CNN 方法来预测 HEV 未来的载荷变化。

CNN - NDEKF 方法不需要保证必须具有刚性固定的网络结构，并且/或者训练算法是基于梯度缓慢下降的。这是因为它由两部分构成：①柔性 CNN，其优点是作为学习过程的一部分，可动态调整神经网络的大小；②NDEKF，它可使算法快速收敛来替代反向搜索。由于 CNN - NDEKF 算法在处理非线性预测及快速收敛上的优势，本节采用该方法来处理载荷的预测问题。

6.2.1 载荷水平定义

在未来的一个时间间隔内，驱动载荷与车辆的车轮净扭矩之间关系可表示为

$$T_{T_s} = \frac{1}{T_s}\int_0^{T_s} T_{wh(t)}\,dt \tag{6.23}$$

$$T_{wh}(t) = a(t)M_r r_d + B_{wh}V(t) + \frac{V(t)r_d^2}{|V(t)|}[F_r + F_a(V(t))]$$

式中，T_{T_s}是未来时间间隔 T_s 内车轮的平均扭矩；$T_{wh(t)}$是时刻 t 的车轮净转矩；$a(t)$是在时刻 t 的车辆加速度；$M_r = M_v + J_r/r_d^2$ 是车辆的有效质量；M_v 是车辆的质量；J_r 是车辆中的旋转部分的等效转动惯量；r_d 是轮胎滚动半径；B_{wh}是轮胎阻尼系数；F_r 和 F_a 分别是滚动阻力和空气阻力。显然，驱动载荷与车辆的速度、加速度之间的关系是复杂的，非线性的。

未来载荷序列可有无限种可能。从理论上讲，预测整个系统的载荷序列可能

会更好；然而，这会带来巨大的计算量同时也是不必要的。在综合考虑了计算成本和 HEV 功率控制要求之后，本节将驱动载荷分为 5 个等级，如表 6.8 所示，并用模糊控制方法来确定驱动载荷的水平。

表 6.8　载荷等级模糊集

载荷	模糊数值
极低	1
低	2
中	3
高	4
非常高	5

模糊控制方法的输入量为平均加速度和平均速度。它们被分为 5 个等级，如表 6.9 和表 6.10 所示。

表 6.9　平均车速模糊集

平均车速等级	范围/(m/h)
极低	0 ~ 20
低	10 ~ 30
中	20 ~ 50
高	40 ~ 60
非常高	≥50

表 6.10　平均加速度模糊集

平均加速度等级	范围/(ft/s^2)
大的负值	< −0.06
小的负值	−0.12 ~ 0
零	−0.06 ~ 0.06
小的正值	0 ~ 0.12
大的正值	>0.06

模糊集合的隶属度函数如图 6.11 和图 6.12 所示。模糊规则以语言形式在表 6.11 中给出。规则基于经验表述。为了降低去模糊化的计算量，以重心法来构造解模糊器。在得到单个输出值后，我们把它近似划归于某一个驱动载荷水平。

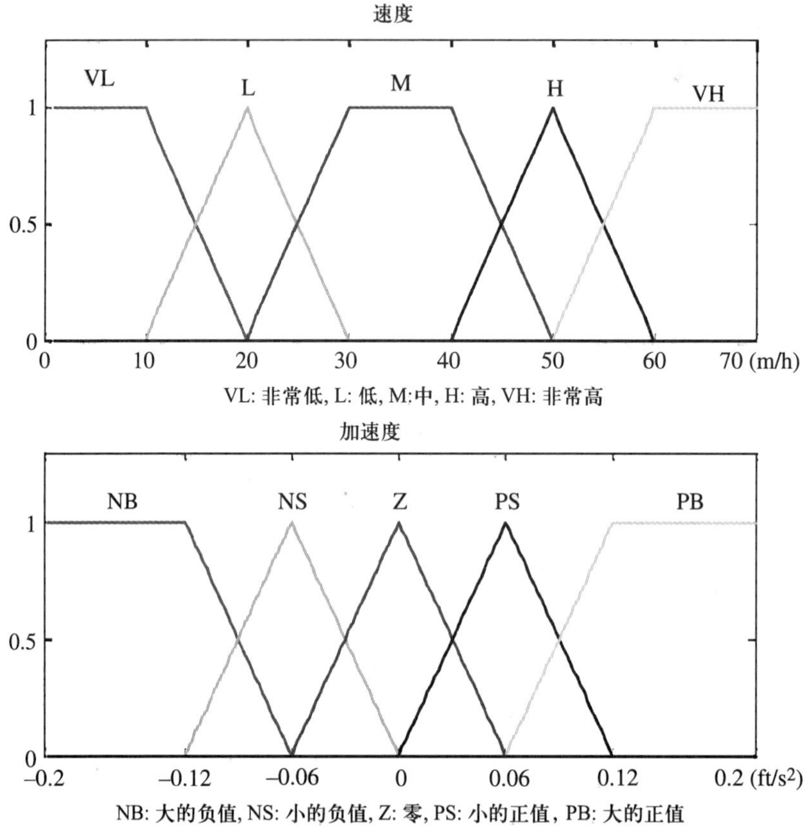

图 6.11　输入变量的隶属度函数

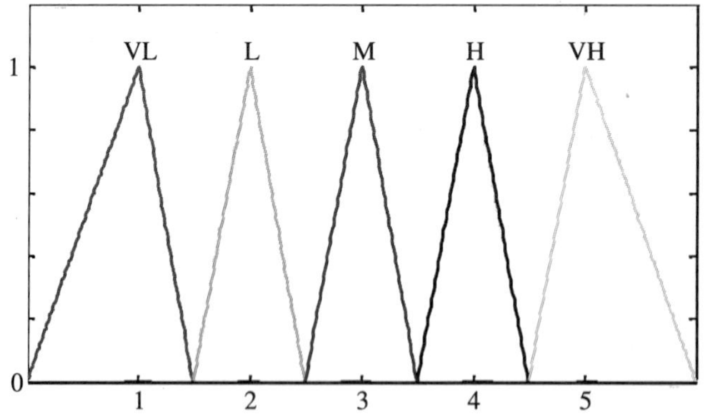

图 6.12　输出变量的隶属度函数

表 6.11　模糊规则

速度	加速度				
	NB	NS	Z	PS	PB
VL	VL	VL	VL	L	L
L	VL	L	L	L	M
M	L	M	M	M	H
H	M	M	H	H	VH
VH	H	H	VH	VH	VH

例如，如果第 i 个速度的隶属度为 μ_{S_i}，加速度的隶属度是 μ_{A_i}，则启动强度 μ_i 可根据最小化来得到。每个规则的启动强度的计算公式如下：

$$\mu_i = \min(\mu_{S_i}, \mu_{A_i}) \tag{6.24}$$

当所有的 25 个规则的启动强度 μ_i 都被计算过后，通过下面的加权平均公式可得到对应的驱动载荷水平。

$$L = \text{round}\left(\sum_{i=1}^{25} \mu_i \alpha_i \Big/ \sum_{i=1}^{25} \mu_i \right) \tag{6.25}$$

6.2.2　基于 CNN – NDEKF 的预测方法

我们的目的是基于过去驱动序列确定在未来的一个时间间隔 T_s 内驱动载荷的水平，以便能在汽车功率控制策略中，用所求得的载荷水平值去减少燃料消耗和尾气的排放。该问题可当作是模式识别问题，用 CNN – NDEKF 方法来解决。

6.2.2.1　CNN – NDEKF 方法简介

近年来，在复杂非线性系统辨识方面，神经网络显示出了巨大潜力，并被广泛使用于非线性系统中。尽管神经网络在处理许多实际问题方面取得了显著的进步，但大多数神经网络的研究仍然局限于具有固定结构的网络，且这些网络通常是采用反向传播算法或其他一些稍微增强的梯度下降算法进行训练。这种方法主要存在两个问题：首先，每一个实际问题所对应的网络结构是不同的；如果不通过反复试验，对一个实际问题，很难猜测其网络结构、系统中蕴含的单元以及层的数目。即使针对同类型问题，对系统要求复杂程度也不同，比如，针对不同人所进行的人体跟踪控制。其次，反向传播和其他梯度下降方法的收敛速度太慢，经常产生振荡，且容易陷入局部最小值。

因此，为了解决上面所提到的这些问题，Nechyba 和 Xu[68] 提出了一种新的神经网络学习框架，即著名的柔性 CNN – NDEKF 方法。下面，我们将对 CNN – NDEKF 训练算法进行简单的介绍，并解释为什么选择该算法来预测驱动载荷水平。

首先，不假设模型结构已知，神经网络在初始最小网络中自动添加隐藏单元作为训练要求。图 6.13 所示是如何为一个两节点、单输出网络添加两个隐藏单元的过程。因此，级联网络的输入、隐藏单位和输出的关系为

$$n_w = n_{in}n_0 + n_h(n_{in} + n_0) + (n_h - 1)\frac{n_h}{2} \tag{6.26}$$

其次，隐藏单元的激活函数不受限于某一个特定函数。相反，对于每个新的隐藏单元，增量学习算法可以选择函数的形式，最大限度地减少在训练数据中的剩余误差。典型的可供选择的标准反曲函数为正弦、余弦和高斯函数。

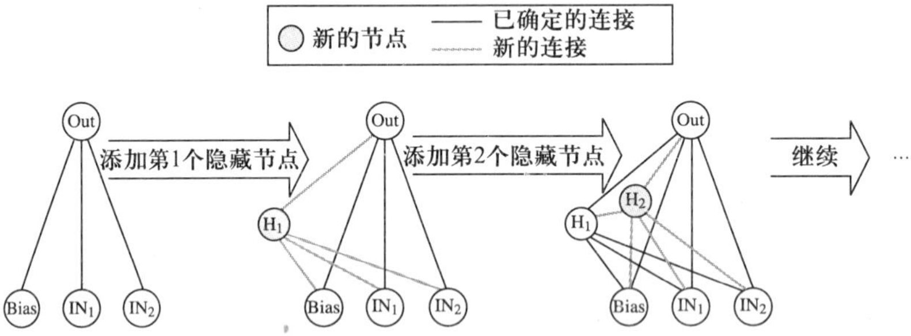

图 6.13 级联学习结构

最后，已经证明，用 NDEKF（平方收敛的）替代较慢的梯度下降训练算法，如反向传播或快速传播，更适合于级联学习框架，能以更小计算量收敛到良好局部极小值。NDEKF 是一种非常适合级联学习的算法，因为只需要训练隐藏神经元的输入端权重和任一时刻的输出单元。可以通过把单元合并到组的方法划分 m 个权重——当前的隐蔽单元为一个组，所有的组为输出单元。事实上，通过在某一时刻反复训练一个隐藏单元，然后冻结该单元的权重，我们可以尽量减少节点解耦中潜在的风险。

定义 ω_i^k 为在迭代为 k 时，单元 i 的输入端权重向量，长度为 m_i。其中，$i \in 0, 1, \cdots, n_0$。当 $i=0$ 时，表示当前正在被训练的隐藏单元；并且 $i \in 0, 1, \cdots, n_0$ 表示第 i 次输出单元。

NDEKF 算法的权重迭代公式可表示为

$$\omega_{k+1}^i = \omega_k^i + (\psi_k^i)^T(A_k\xi_k)\phi_k^i \tag{6.27}$$

式中，ξ_k 为当前训练模式的 n_0 维误差向量；ψ_k^i 是网络输出单元信号关于第 i 个单元净输入求导的 n_0 维误差向量，并且

$$\phi_k^i = P_k^i\zeta_k^i \tag{6.28}$$

$$A_k = \left\{I + \sum_{i=0}^{n_0}[(\psi_k^i)^T\phi_k^i][\phi_k^i(\phi_k^i)^T]\right\}^{-1} \tag{6.29}$$

$$P_{k+1}^i = (P_k^i - \phi_k^i)^T(A_k\phi_k^i)\phi_k^i(\phi_k^i)^T + \eta I \tag{6.30}$$

式中，$(\psi_k^i)^{\mathrm{T}}$是第 i 个单元的 m_i维输入向量；P_{k+1}^i是第 i 个单元的 $m_i \times m_i$维近似条件误差协方差矩阵；η 是一个小的实数，目的是为了保证 P_{k+1}^i中不出现奇点。

在级联学习中，如果能保证有灵活的函数形式，对处理载荷预测问题是比较理想的。在驱动载荷预测中尽量少作一些前期的假设，可提高学习算法收敛到一个良好的预测模型的可能性。

这里，认为驱动载荷序列是一个可测的随机过程。用 CNN – NDEKF 方法建立一个分类器去识别载荷水平，并通过学习过程去更新模型参数以确保模型代表的是最好训练数据。基于 CNN – NDEKF 的学习过程可概括如下：

1）首先，在网络中没有隐藏单元，输入和输出直接连接。先对权重进行训练，以得到输入和输出之间的线性关系。

2）当网络输出量与训练数据的误差（erms）方均根值没有明显变化时，从候选单元池中选择第一个隐藏单元添加到网络中。通过使用快速传播算法，对这些候选单元以随机初始权重独立且并行地进行训练。

3）当误差没有明显减小时，选择最佳的候选单元并安装到网络中，由此，产生第一隐藏节点。

4）一旦隐藏单元安装到网络，其输入权重马上被冻结，而输出单元的权重将再次进行训练。和标准的多层前馈网络相比，这将允许在训练中有更快的收敛权重。

5）重复此过程（从步骤 2 ~ 4），直到训练集的 erms 充分小或隐藏单元数达到预定的最大值时。

在模拟未来驱动负载水平的过程中，由于系统过于复杂，我们只能依靠观察或学习算法来建模，而无法从理论或物理上进行推导得到。未来驱动载荷水平具有独特性、复杂性和不可知性的特点。因此，我们需要一个学习的范例，来应付很多困难的挑战。这些挑战包括：第一，几乎无法提前知道系统的结构、阶数和迟滞。第二，未来驱动载荷水平是动态的、随机的和非线性的，且容易随着时间而连续变化。为了解决这些挑战，采用 CNN – NDEKF 方法可在满足这些要求的情况下学习驱动载荷数据。

6.2.2.2　训练样本建立

CNN – NDEKF 算法能同时处理复杂分类和非线性可分目标类，因此可用该方法建立载荷预测分类器。CNN – NDEKF 通过两个阶段把输入向量分为 5 个目标载荷水平。

为了训练载荷预测分类问题的 CNN 网络，用三种典型驱动循环工况的统计数据来生成训练数据库。这三种典型工况包括：US06（平均速度：77.9km/h），NEDC（平均速度：33.6km/h），以及 Manhattan（平均速度：11.0km/h）。这些循环工况具有广泛的代表性，因为任意两个工况所模拟的情况都不相同；同时，它们在加速度和平均速度方面也有明显的区别。

图 6.14 为训练数据的流程图，而单个驱动循环过程的流程为：

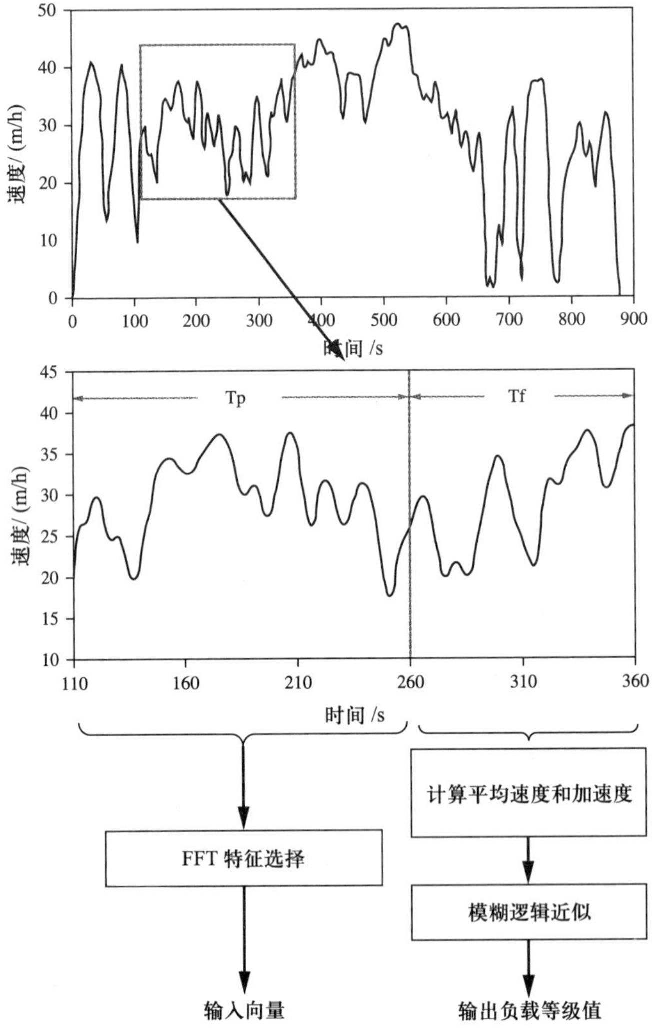

图 6.14　训练数据准备流

1）对 T_p和 T_f部分的长度进行初始化。其中，T_p代表用来预测未来载荷水平的过去时间段，而 T_f代表未来目标时间段。

2）随机选择一个起点 T_s。如果 $T_s + T_p + T_f$大于驱动周期长度或 T_s小于 T_p，重复步骤 2。

3）对过去的驱动周期应用快速傅里叶变换（FFT）选择属性特征，并生成 CNN - NDEKF 输入向量 P。

4）计算未来驱动周期的平均速度和加速度。应用 6.2.1 节中介绍的模糊逻辑方法计算载荷水平来作为 CNN－NDEKF 输出 y，生成训练样本 $\{P, y\}$。

5）转到步骤 2，直到生成 100 个训练样本。

因为有 3 个驱动循环周期，每个周期生成 100 个训练样本，所以总共可以得到 3×100 个训练样本。

6.2.3　仿真分析

本节通过仿真分析，以过去载荷序列来预测未来载荷水平。

6.2.3.1　时间段的选择

如前所述，T_p和 T_f的选择将极大地影响训练的性能。一般来说，一个较大的 T_p意味着考虑更多的过去信息，因此会得到更好的计算结果，但同时也会大大增加计算成本。类似地，较小的 T_f意味着分类器将工作得更快，同样伴随高的计算代价。

为了平衡性能和计算成本，这里设 $T_p=150$，$T_f=100$。这是因为在城市交通环境下典型的循环工况周期约为 180s，所以选择 T_p 等于 150s，略少于 180s，将足以体现过去时刻的驾驶循环工况。T_f 的值为 100s，将使分类器工作在每个循环工况中，不会错过任何交通状况的变化。

6.2.3.2　特征选取和 CNN 训练

过去驾驶循环数据不能直接用来训练网络，是因为其维数（即 150）太大，需要大量的实例来确定训练结果。因此在应用过去驾驶循环数据时，首先采用快速傅里叶变换来选择其特征属性，以降低维数。选择快速傅里叶变换的前 n 个系数组成一个新的输入向量。

在表 6.12 中，通过选择不同的快速傅里叶变换系数的个数，比较了对训练结果的影响。结果表明可通过选择更多的系数来实现更高的精度，但同时也会增加耗时量。结果同时还显示，当系数的个数大于 10 时，精度会缓慢提高。因此，在本次实验中，我们选择系数的个数为 10，以组成新的输入向量。同时，92.5% 的精度还证明了使用 CNN－NDEKF 来处理未来驱动载荷分类问题的可行性。

表 6.12　不同系数数量的训练性能比较

特征数	4	6	8	10	13	15	20
误差率（%）	36.67	22.67	10.67	7.5	7.333	6.67	6

6.2.3.3　误差和隐藏单元

在 CNN－NDEKF 中，MaxHidden（最大隐藏单元数）是一个对分类结果影响非常大的参数。在表 6.13 中，根据 CNN－NDEKF 中不同 MaxHidden 的值，我们比较了最大的隐患单元数和分类错误率的关系。如表 6.13 所示，当 MaxHidden 为 5 时，得到了一个最小 7.5% 的分类错误率。这个结果表明该方法可以得到高精度的未来驱动载荷分类结果。当 MaxHidden 值从 2 增加到 5 时，错误率从 26.67% 降至 7.5%。与此相反，当错误率从 7.5% 增加到 24% 时，MaxHidden 的值从 5 增加到 20。较大的 MaxHidden 值可能意味着更高的测试精度及更多的迭代过程；但同样会发生过度拟合。为了避免过度拟合，MaxHidden 值不能过大。这里，选择 MaxHidden 为 5。

表 6.13　MaxHidden 与误差率的关系

MaxHidden	2	4	5	6	8	10	15	20
误差率（%）	26.67	13.33	7.5	17.33	22.67	23.33	23.33	24

6.2.3.4　案例分析

在上一节中建立 CNN－NDEKF 分类器后，本节采用 5 种不同标准行驶循环工况来对它进行评估：公路燃油经济性测试（HWFET）、城市测功机驾驶时间表（UDDS）、重型车辆城市驾驶（WVUCITY）、重型车辆洲际驾驶（WVUINTER）和纽约市区循环驾驶（NYCC）。显然，这些循环工况具有广泛的代表性。因此，以这些驱动循环工况来验证分类器性能是有效的。

仿真结果如表 6.14 中所示。从中可以看出，13.066% 的平均误差率在不断地累积，这证明了驱动载荷预测方法的可行性。

表 6.14　不同驱动循环的训练性能比较

驱动循环	HWFET	UDDS	WVUCITY5	WVUINTER	NYCC
误差率（%）	11.33	8.67	11.33	16.67	17.33

6.3　能源管理

正如 6.1 节中所述，功率控制的主要目标可概括为，协调电动力源和燃油动力源以最小的油耗来满足车辆行驶的功率要求。

对于 HEV 来说，本质的问题是对内燃机和电动机的输出功率进行最优分配，且这个求解过程在实际工作中必须是“在线”的。基本上，HEV 的功率流可以表示为

$$P_{\mathrm{d}}(t) = P_{\mathrm{e}}(t) + P_{\mathrm{b}}(t) \tag{6.31}$$

式中，所需功率 $P_{\mathrm{d}}(t)$ 是与车辆的特性和速度、驾驶员需求、道路的情况直接相关。如果我们定义驱动电动机的输入方向作为正方向，那么它的值可为正、零或负，这是由于当车辆制动时，电动机可产生功率。为了满足这种功率要求，功率

控制方法必须对燃油功率 P_e 和电池功率 P_b 进行分配，以实现燃油效率最大化并尽量减少尾气排放。定义发电机的输出方向和电池的输出方向分别为 P_e 和 P_b 的正方向。因此，P_e 是非零的数，而 P_b 可为正数、零或负数。

功率控制策略的目的是确定 P_e 和 P_b 值，使得式（6.31）能在最低燃油消耗下满足车辆行驶的要求。

本节中，我们首先把控制目标转变成一个优化问题，并提出了一种基于模型预测控制（MPC）的方法。然后，我们提出了一种实时 MPC 系统，该系统联合了 MPC 控制器和载荷预测系统。

图 6.15 为实时 MPC 控制器的结构图。图中"载荷预测系统"实时计算未来载荷的水平，并提交给"MPC 控制器"块。MPC 控制器则根据未来载荷水平修改权重，以获得最优的控制性能。关于不同的简单 MPC 控制器的性能，我们将在 6.3.2.3 节中的图 6.16 中进行讨论。本书中，我们使用了基于前人研究的车速目标生成器。详见 Schroedl 和 Zhang[97]。

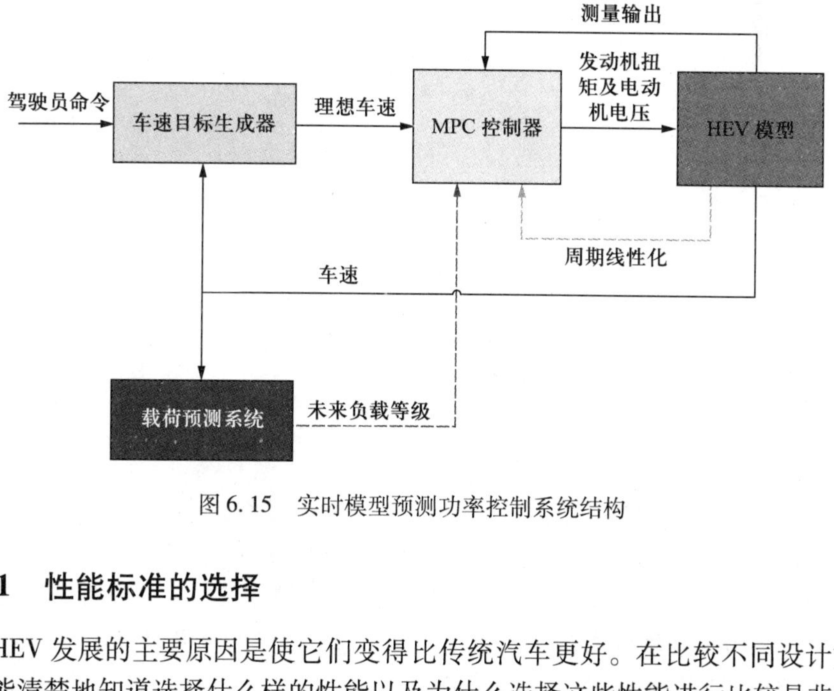

图 6.15 实时模型预测功率控制系统结构

6.3.1 性能标准的选择

HEV 发展的主要原因是使它们变得比传统汽车更好。在比较不同设计方法时，能清楚地知道选择什么样的性能以及为什么选择这些性能进行比较是非常重要的。选择一个恰当的性能评价指标的过程是非常复杂的，因为它必然是建立在基数相差悬殊的数量对比上。

由于对 HEV 可多个方面进行评价，很难找到一个恰当的评价指标来包括各个方面，因此我们从以下方面来进行考虑：

1）车辆性能。这是我们考虑的第一个评价指标，包括最高车速（km/h）、加速时间（s）和爬坡能力（%）。这是因为不能以节省能源来降低车辆的行驶性能。

2）电池寿命。电池（储能装置）是 HEV 最重要的部分之一。最初的电池由于考虑制造成本而寿命比较短。电池的寿命高度依赖于它是如何进行充/放电的，而这又取决于电池的类型和容量，内燃机的作用和功率，以及车辆功率控制策略。电池的寿命可表示为充放电循环的次数，其数值大小可从几千次到几十次。一般来说，保持电池处于一个合适的水平范围可明显提高电池的寿命。

3）燃油消耗。燃油本质上是运行成本。减少油耗是 HEV 的主要目的。

6.3.2 模型预测控制方法

6.3.2.1 问题定义

如图 6.10 所示，车辆系统是一个 2 输入 8 输出的系统。控制目标是在每个采样时间中，根据在整个速度循环中总的燃料消耗量最小，来确定最优输入变量对（T_e 和 V_m）。

$$\min_{T_e(k),V_m(k)} J(k) = \sum_{i=0}^{N} \{ w_1 [V_x(k+i) - V_{xd}(k+i)]^2 + w_2 [F_{rate}(k+i) - F_{rate,max}]^2 \} \tag{6.32}$$

约束条件为

$$\begin{aligned} & 0 \leqslant T_e(k) \leqslant T_{e,max} \\ & V_{m,min} \leqslant V_m(k) \leqslant V_{m,max} \\ & 0 \leqslant V_x(k) \leqslant V_{x,max} \\ & 0 \leqslant F_{rate}(k) \leqslant F_{rate,max} \\ & w_1 \geqslant 0 \\ & w_2 \geqslant 0 \end{aligned} \tag{6.33}$$

式中，$T_e(k)$是发动机输出转矩；$T_{e,max}$是发动机在时刻 k 的最大扭矩；$V_m(k)$是驱动电动机的转矩；$V_{m,min}$是驱动电动机的最小转矩；$V_{m,max}$是驱动电动机的最大转矩；$V_x(k)$是车辆速度；$V_{x,max}$是车辆可达到的最高速度；$V_{xd}(k)$是期望的车辆速度；$F_{rate}(k)$是发动机燃油率（效率）；$F_{rate,max}$是发动机最大燃油率（效率）；ω_1 和 ω_2 分别是车速和燃油率的非负的加权因子。

对式（6.32）和式（6.33）可解释为：在时刻 k，我们希望得到一对有限的发动机输出扭矩和驱动电动机的转矩，使车辆能跟踪理想的车速，并保持发动机的效率最大。通过选择不同的加权因子可实现不同的权衡目的。

显然，优化问题在 $T_e(k)=0$ 时存在一个解。$T_e(k)=0$ 意味着车辆只用电驱动，从而使电池放电。为了避免这种情况，在优化问题中引入电池充电状态约束条件。为方便起见，考虑以下的控制指标：

$$[\mathrm{SOC}(k)-\mathrm{SOC}_{\mathrm{d}}(k)]^2=0 \tag{6.34}$$

式中，$\mathrm{SOC}(k)$和$\mathrm{SOC}_{\mathrm{d}}$（$k$）分别是电池的SOC和$k$时刻的参考SOC。一种特殊情况是，当参考SOC[$\mathrm{SOC}_{\mathrm{d}}(k)$]等于初始SOC（$\mathrm{SOC}_{\mathrm{init}}$）时，$\delta\mathrm{SOC}=\mathrm{SOC}(k)-\mathrm{SOC}_{\mathrm{d}}(k)$代表在速度循环中电能消耗量。如果$\delta\mathrm{SOC}=0$，可以认为用于推进车辆的总能量全部来源于燃油的消耗。在这种情况下，燃油的消耗与传统汽车的相等。

当车辆在实际运行过程中，我们需要车辆能以纯电动驱动。为了实现这个目的，我们考虑发动机的转速为一个控制指标。通过控制发动机转速到零，MPC控制器可以使车辆实现纯电动运行。

$$[E_{\mathrm{s}}(k)-E_{\mathrm{SD}}(k)]^2=0 \tag{6.35}$$

式中，$E_{\mathrm{s}}(k)$和$E_{\mathrm{SD}}(k)$分别是k时刻发动机的转速和参考转速。

控制变量的变化率是另一个控制指标。发动机扭矩或驱动电动机转矩的突然大的变化可能导致车辆的不稳定。因此，输入变量的变化率也需要考虑。

最后，全局优化问题变为以下形式，约束条件为式（6.37）。

$$\min_{T_{\mathrm{e}}(k),V_{\mathrm{m}}(k)} J(k)=\sum_{i=0}^{N}\left\{\begin{array}{l} w_1[E_{\mathrm{s}}(k+i)-E_{\mathrm{SD}}(k+i)]^2 \\ +w_2[V_{\mathrm{x}}(k+i)-V_{\mathrm{xd}}(k+i)]^2 \\ +w_3[\mathrm{SOC}(k+i)-\mathrm{SOC}_{\mathrm{d}}(k+i)]^2 \\ +w_4[F_{\mathrm{rate}}(k+i)-F_{\mathrm{rate,max}}]^2 \end{array}\right\} + \sum_{i=0}^{N_{\mathrm{u}}}[w_5\Delta T_{\mathrm{e}}(k+i)^2+w_6\Delta V_{\mathrm{m}}(k+i)^2] \tag{6.36}$$

约束：

$$\begin{gathered} 0\leqslant E_{\mathrm{s}}(k)\leqslant E_{\mathrm{s,max}} \\ 0\leqslant T_{\mathrm{e}}(k)\leqslant T_{\mathrm{e,max}} \\ V_{\mathrm{m,min}}\leqslant V_{\mathrm{m}}(k)\leqslant V_{\mathrm{m,max}} \\ 0\leqslant V_{\mathrm{x}}(k)\leqslant V_{\mathrm{x,max}} \\ 0\leqslant F_{\mathrm{rate}}(k)\leqslant F_{\mathrm{rate,max}} \\ \mathrm{SOC}_{\min}\leqslant \mathrm{SOC}(k)\leqslant \mathrm{SOC}_{\max} \\ \Delta T_{\mathrm{e,min}}\leqslant \Delta T_{\mathrm{e}}(k)\leqslant \Delta T_{\mathrm{e,max}} \\ \Delta V_{\mathrm{m,max}}\leqslant \Delta V_{\mathrm{m}}(k)\leqslant \Delta V_{\mathrm{m,max}} \\ w_1\geqslant 0 \\ w_2\geqslant 0 \\ w_3\geqslant 0 \\ w_4\geqslant 0 \\ w_5\geqslant 0 \\ w_6\geqslant 0 \end{gathered} \tag{6.37}$$

式中，SOC_{min}和SOC_{max}分别是电池 SOC 的最低和最高工作水平（s）。在 6.1.1.3 节中，我们已经解释了为什么应预先定义电池的功率水平。$\Delta T_{e,min}$和$\Delta T_{e,max}$分别是每个时刻发动机扭矩变化的最小值和最大值；$\Delta V_{m,min}$和$\Delta V_{m,max}$分别是驱动电动机转矩的最小值和最大值。

6.3.2.2 模型预测控制简介

对于早期的优化问题，一个较为受关注的方法是模型预测控制（MPC）。它可以在存在输入、输出及状态的约束条件下处理优化问题。在过去的几年中，MPC 被广泛地应用于工业生产中[10,58,93]。

在应用 MPC 方法处理 HEV 的功率控制问题之前，先对 MPC 做下简单的介绍。

考虑一个带有约束条件的线性离散系统：

$$\begin{aligned} x(k+1) &= Ax(k) + Bu(k) \\ y(k) &= Cx(k) + Du(k) \\ x(0) &= x_0 \end{aligned} \tag{6.38}$$

其控制量约束为

$$\begin{aligned} &y(i)_{\min} \leqslant y(i) \leqslant y(i)_{\max} \qquad i = 1,2,\cdots,m \\ &u(j)_{\min} \leqslant u(j) \leqslant u(j)_{\max} \\ &\Delta u(j)_{\min} \leqslant \Delta u(j) \leqslant \Delta u(j)_{\max} \quad j = 1,2,\cdots,n \end{aligned} \tag{6.39}$$

式中，k 是离散时间点；$x \in R^p$ 表示系统状态；$u \in R^n$ 是输入向量；$y \in R^m$ 是输出向量；$y(i)_{\min}$和$y(i)_{\max}$，$i=1, 2, \cdots, m$，是输出的边界值；$u(j)_{\min}$和$u(j)_{\max}$，$j=1, 2, \cdots, n$，是输入的边界值；$\delta u(j)_{\min}$和$\delta u(j)_{\max}$，$j=1, 2, \cdots, m$，是输出变化率的边界值。

MPC 可表述为，在时刻 k，去寻找一个控制序列 $u(k|k),\cdots,u(k+N-1|k)$ 使某个特殊的性能评价指标 $J(k)$ [通常表现为式（6.40）的形式]，在满足约束条件（6.39）的情况下，在滚动时域范围内最小。

$$\begin{aligned} J(k) = &\sum_{i=0}^{N} [\hat{y}(k+i|k) - r(k+i|k)]^{\mathrm{T}} Q [\hat{y}(k+i|k) - r(k+i|k)] + \\ &\sum_{j=0}^{N_u} \Delta\hat{u}(k+j|k)^{\mathrm{T}} R \Delta\hat{u}(k+j|k) \end{aligned} \tag{6.40}$$

式中，$\hat{y}(k+i|k)$是在时刻 k 的预测输出向量；$r(k+i|k)$是参考/期望的轨迹向量；$\Delta\hat{u}(k+j|k)$是未来时刻输入的改变量；$Q \geqslant 0$ 和 $R \geqslant 0$ 分别是输出和输入变化率的加权系数矩阵；N 是预测时间的长度；N_u是控制预测的长度。MPC 问题是在式（6.38）和式（6.39）的数学框架内讨论的。

$$\min_{u(k|k),\cdots,u(k+N-1|k)} J(k) \tag{6.41}$$

式（6.41）中的问题需要一个优化求解器［例如二次规划（QP）］在线求解，以得到一组控制序列 $u(k|k)$，…，$u(k+N-1|k)$。MPC 算法规定：

$$u(k)=u(k|k) \tag{6.42}$$

如果在每个时刻的控制量为

$$u(k+j|k)=K(k+j)x(k),\ j=0,1,\cdots,N_u-1 \tag{6.43}$$

式中，$K(k+i)$ 是 $k+i$ 时刻的控制增益，那么在 $k+N$ 时刻的状态量 $x(k+N|k)$，可通过控制序列 $u(k|k),\cdots,u(k+N-1|k)$ 从状态量 $x(k)$ 中得到：

$$x(k+N|k)=[A^N+\Gamma K_N(k)]\cdot x(k) \tag{6.44}$$

其中

$$\Gamma=[A^{N-1}B\ \ \cdots\ \ A^0B]$$

$$K_N(k)=\begin{bmatrix}K(k)\\ \vdots\\ K(k+N-1)\end{bmatrix} \tag{6.45}$$

6.3.2.3　HEV 模型预测功率控制方法

在简单介绍了混合电动功率控制问题和 MPC 方法之后，我们提出一种基于 MPC 的 HEV 功率控制方法。

整个控制流程如图 6.16 所示。它是由两部分构成：收集驾驶员指令模块（加速踏板和制动踏板的信号），功能是产生参考车速 r_s；MPC 控制器模块，作用是在期望车速 r_s 下调节发动机和电动机的输出扭矩。由于这里我们研究的重点为第二部分，因此假设期望车速是已知的，并通过标准循环工况仿真来验证 MPC 功率控制器的效果。

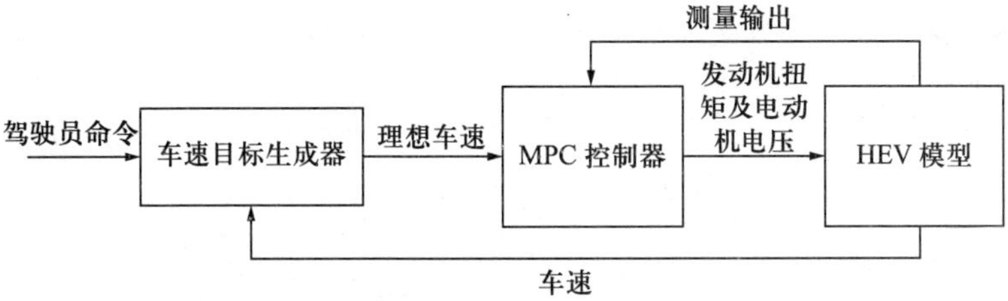

图 6.16　HEV 功率控制系统的流程（这里我们关注的重点在于 MPC 控制器的设计）

MPC 控制器以参考车速 r_s 为输入，以测得的发动机转速 *Engine Speed*、发动机－发电机子系统的输出电流 *EG－Current*、车速 V_x、车轮的参数 *Kappa*、驱动电动机的转速 *Motor Speed*、驱动电动机的电流 *Motor Current*、电池的荷电状态 *SOC*、燃油的效率 *Fuel eff* 为模型输出，然后计算所需的发动机扭矩 T_e 和电动机扭矩 V_m。接着发动机控制器和电动机控制器接收这些扭矩为参考点，从而控制发动机和电动机接近理想的工作点。

在下文中，将介绍如何设计一个 MPC 控制器来处理 HEV 功率控制问题。MPC 的主要目的是用车辆的模型来预测该系统未来响应。基于该预测，在每个时间点 k，求一个未来输入序列在约束条件下使某个性能指数（价值函数）达到最优。所得最优控制序列中的第一个控制量为 k 时刻系统的输入量。在 $k+1$ 时刻，在预测时间上开始新的优化求解过程。对于 HEV 功率控制问题，优化问题为

$$J(k) = \sum_{i=0}^{N} [\hat{y}(k+i|k) - r(k+i|k)]^{\mathrm{T}} Q [\hat{y}(k+i|k) - r(k+i|k)] + \sum_{j=0}^{N_u} \Delta\hat{u}(k+j|k)^{\mathrm{T}} R \Delta\hat{u}(k+j|k) \tag{6.46}$$

约束为

$$\begin{aligned} x(k+1) &= Ax(k) + Bu(k) \\ y(k) &= Cx(k) + Du(k) \\ x(0) &= x(k) \\ y(i)_{\min} \leqslant y(i) &\leqslant y(i)_{\max} \quad i = 1,2,\cdots,m \\ u(j)_{\min} \leqslant u(j) &\leqslant u(j)_{\max} \\ \Delta u(j)_{\min} \leqslant \Delta u(j) &\leqslant \Delta u(j)_{\max} \quad j = 1,2,\cdots,n \end{aligned} \tag{6.47}$$

式中，Q 和 R 分别是输出和输入变化率的加权系数矩阵。若只考虑与性能有关的项，让其他的元素为 0，则 $Q = \mathrm{diag}$（ω_1，0，ω_0，0，0，0，ω_3，ω_4），$R = \mathrm{diag}$（ω_5，ω_6）。由于各输出量范围的不同（发动机转速为 0 ~ 6000rad/s，车速为 0 ~ 150km/h，SOC 为 0.4 ~ 0.9，燃油率为 0 ~ 0.34），需要对输出量进行标准化以平衡它们价值函数的作用。在实际运算的过程中，各权值都是有界的，范围分别为：$0 \leqslant w_1 \leqslant 1/6000$，$0 \leqslant w_2 \leqslant 1/150$，$0 \leqslant w_3 \leqslant 1/0.5$，$0 \leqslant w_4 \leqslant 1/0.34$。同样，$N$ 为时间预测长度，N_{u} 为控制预测的长度。

在 MPC 控制器方程（6.46）和（6.47）中，需要修改的参数是预测时域长度 N、控制预测长度 N_{u} 以及加权系数矩阵 Q 和 R。

通过增加时间预测长度 N 和控制预测长度 N_{u}，可以改善控制器的性能，但同时会增加计算成本。因此，调节 N 和 N_{u} 以找到满意性能要求较小的值是非常重要的。正如 6.1.3.3 节中所提到的，我们无法控制所有性能标准精确地跟随参考轨迹。因此，加权因子的选择同样至关重要，它们将影响良好的跟踪效果与可接受的性能之间平衡关系。

6.3.3 粒子群优化算法

由于 MPC 算法中的各个权重之间复杂的相互作用，难以用手动或解析的方法去确定最佳权重。因此，对于这种系统级优化问题来说，基于仿真的优化方法

可能是一个解决方案。优化方法通过在多维权重空间中搜索权重的各种可能组合（优化变量），并选择每次迭代中最佳组合的方式来最小化燃油消耗量。换言之，它保持良好的权重组合的同时消除了不好的权重组合方式。我们的目标是选择合适的参数（权重），能够在某种载荷水平循环工况中减少燃料消耗量。我们把这个目标作为一个优化问题来处理。

粒子群优化（Partide Swarm Optimization PSO）算法，刚开始用于模拟鸟群的社会行为，由 Eberhart 和 Kennedy[20,44]首次提出用于优化连续非线性函数。该群由一些具有速度的质点构成，其中每一个质点代表解空间中一个可行解。PSO 算法通过在解空间中移动质点来发现最优解。除了用于求解连续非线性优化问题的原始 PSO 算法外，还可以通过两种新的 PSO 算法解决其他问题。Kennedy 和 Eberhart[45]提出了二进制离散粒子群算法来解决组合问题，而 Yoshida 等[119]则提出了一种新 PSO 算法解决混合整数非线性问题（MINLP）。

由于 PSO 算法在算法实现方面的优势以及处理各种问题的能力，已引起研究者的极大关注。针对 PSO 算法的大部分研究工作集中在两个方面：第一种是改进算法本身，通过修改参数提高算法性能、增加种群的多样性并与其他优化算法进行混合研究[98,15]；第二种是 PSO 算法的应用研究，在不同的领域应用 PSO 算法，如多目标优化[16]、电子[30,119]、神经网络的训练[111]、医药和应急系统识别[112]等。

在研究了 HEV 驱动控制策略的优化方法之后，根据 PSO 算法在实代码优化应用中的发展，PSO 算法特别适合于优化 MPC 的工作权重。

6.3.3.1 适应度函数和优化变量

MPC 的最佳权重可以定义为约束非线性规划问题的解，该规划问题可表示为

$$\begin{gathered}\text{最小化}\, f(w_i)\\ \text{满足}\ w_{\max} \leqslant w_i \leqslant w_{\min} \quad i = 1,2,3,4\end{gathered} \tag{6.48}$$

式中，ω_i 是一组功率控制策略的权重，是非线性规划问题的一个解；$\omega_{\max} \leqslant \omega_i \leqslant \omega_{\min}$是一组不等式约束；$f(x_i)$是功率控制优化问题的适应度函数。它表示在一个驱动循环周期中的燃油消耗量。

优化变量 ω_1、ω_2、ω_3、ω_4 分别是发动机转速、车速、SOC 和燃油效率的权重。但是，由于控制器必须每时每刻地去跟踪理想的速度轨迹，因此 ω_2 被固定在 1/150。我们之所以选择 ω_2 等于 1/150 的原因是，由于车辆最高速度为 150km/h。因此，1/150 可以把车速对价值函数的贡献归一。确定了 ω_2 之后，只有三个变量需要优化，同样其取值范围分别是 $0 \leqslant \omega_1 \leqslant 1/6000$，$0 \leqslant \omega_3 \leqslant 1/0.5$，和 $0 \leqslant \omega_4 \leqslant 1/0.34$。

6.3.3.2 PSO 算法描述

PSO 算法是一个以种群为基础的优化程序。它首先在多维参数空间中初始化被称为 *particles* 随机解。在 PSO 系统中，每个粒子在多维参数空间中运动，寻找全局最小值。在 PSO 中每个粒子定义为参数空间的一个点，称为 *position*，其飞行速度，称为 *velocity*。每个粒子知道其至今所达到的最佳位置（*pbest*）和群体中的最佳位置（*gbest*）。在飞行过程中，每个粒子根据自己的经验（*pbest* 的值）及其相邻粒子的经验（*gbest* 的值）并利用速度的概念调整自己的位置。每个粒子速度更新为

$$v_i^{n+1} = kv_i^n + c_1 rand_1(pbest_i - p_i^n) + c_2 rand_2(gbest - p_i^n) \tag{6.49}$$

式中，v_i^{n+1} 是粒子 i 在迭代数为 $n+1$ 时的速度；k 是加权函数；c_1 和 c_2 是加权因子；$rand_1$ 和 $rand_2$ 是两个 0 到 1 之间的随机数；p_i^n 是粒子 i 在迭代数为 n 时的位置；$pbest_i$ 是粒子 i 最好的位置；$gbest$ 是该粒子群的最佳位置（*pbest* 中最好的值）。为了得到更好性能[108]，这里选择 $k=0.7$，$c_1=c_2=2.1$。类似地，位置可更新为

$$p_i^{n+1} = p_i^n + v_i^{n+1} \tag{6.50}$$

粒子 i 的速度和位置更新如图 6.17 所示。图 6.17 表示的是二维问题。从中可以看出，粒子向着 *gbest* 调整自身的位置。这是因为速度朝 *pbest* 和 *gbest* 的位置改变方向。

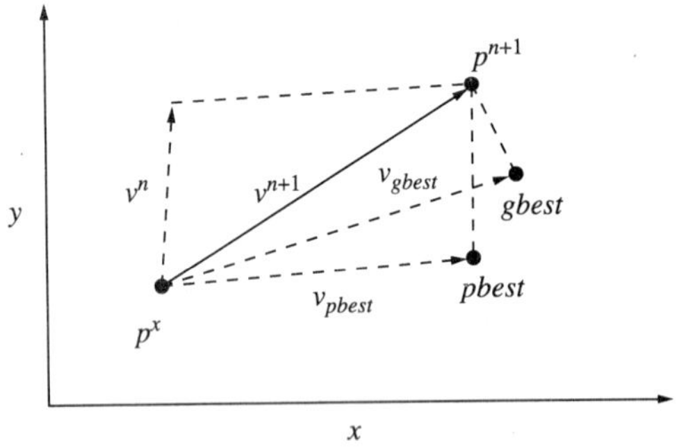

图 6.17 在 PSO 算法中速度和位置的更新

6.3.3.3 程序循环

应用 PSO 算法处理 HEV 参数优化问题的第一步是选择合适的 *particles*，它代表了功率控制参数的一种可能组合。基于前面对优化变量的分析，根据以下系数定义粒子：

$(\omega_1, \omega_3, \omega_4)$

6.3.3.4 适应度函数

粒子确定以后，下一步需要定义适应度函数，以便在搜索过程中评价单个粒子的状态。这里，粒子的适应度函数是驱动循环周期中总的油耗量 $f(x_i)$。对于每个粒子，在某种驱动循环水平中计算燃油消耗量。

6.3.3.5 计算程序

根据 PSO 算法，权重优化计算程序的具体过程如下：

1）根据控制向量的大小初始化粒子群。为每个粒子随机选择位置 p 和速度 v。

2）通过目标函数评价每个粒子，找出最佳位置 x_{gb}。

3）评价新的位置并更新速度。通过速度 v 移动粒子，$x_{new}=x+v$；通过目标函数评价 x_{new}；并找到新粒子群中局部最好位置 x_{lb}。如果 $x_{gb} \geqslant x_{lb}$，则 x_{lb} 是全局最佳位置 x_{gb}。通过 $v_{new}=kv+c_1r_1(x_{lb}-x)+c_2r_2(x_{gb}-x)$ 更新速度，其中 c_1、c_2 是调整参数；k 是惯性权重；r_1、r_2 是 0 到 1 的随机数。

4）重复步骤 3)，直到得到的最佳位置足够好或者达到最大迭代次数为止。

这里，$k<1$ 被称为惯性权重，它的取值为 0 或 1，表明粒子保持其原始运动状态不受其他粒子影响的程度。比例因子 c 和 r 为均匀分布在 0 和 1 之间的随机数。

由以上过程可知，单个粒子受其过去最优位置和整个粒子群全局最优位置的吸引。在速度更新中涉及确定的和随机的更新规则；算法计算下一个位置并沿着新的方向移动整个粒子群。

6.3.3.6　权重优化结果

该优化过程是针对不同的载荷等级驱动循环进行的。我们选择 MediumLevel 100s 驱动循环工况作为例子。驱动循环为 US06 驱动循环工况的一部分，包括低速城市驱动循环和高速公路驱动循环。所选择的 MediumLevel 驱动循环的速度变化如图 6.18 所示。

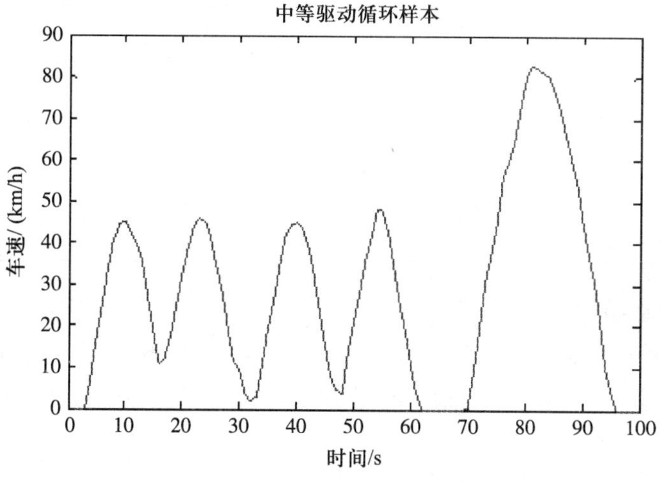

图 6.18　中等驱动循环样本

在上述的 MediumLevel 驱动循环中，基于 PSO 算法的适应度函数（油耗）的训练过程如图 6.19 所示。经过 670 次迭代，适应度函数收敛于 29.9183。对应于最佳适应度评价函数，我们得到了中级驱动循环工况 PSO 算法的解，该解为所求最优权重，分别为［$\omega_1=1.1025\times10^{-4}$，$\omega_3=0.5022$，$\omega_4=0.6921$］。在其他负载等级驱动循环工况中执行相同的过程，所求的最优权值见表 6.15。

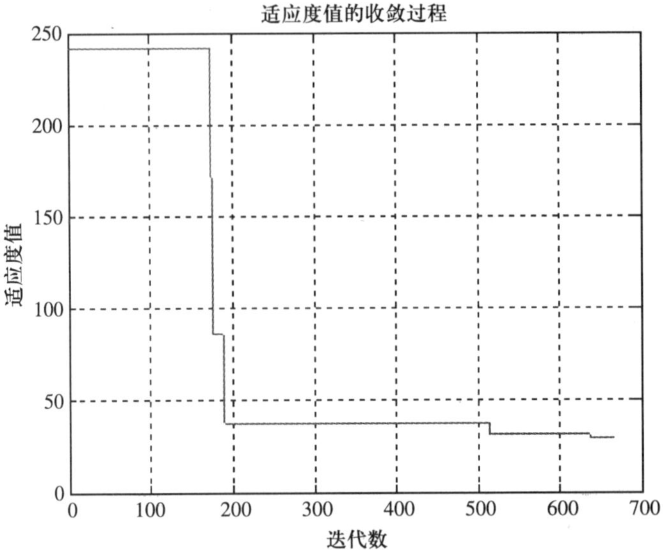

图 6.19　中等驱动循环 PSO 结果

表 6.15　不同负载等级驱动循环的最优权重

	w_1	w_3	w_4
非常低	1.3547×10^{-4}	1.065	1.4332
低	3.2867×10^{-5}	1.246	2.8488
中	1.1025×10^{-4}	0.5022	0.6921
高	1.001×10^{-4}	1.1424	1.8065
非常高	1.9233×10^{-5}	0.5372	0.1294

6.3.3.7　仿真研究

在得到所有负载水平的最佳权重之后，我们整合 MPC 功率控制器和载荷预测系统（MPC - LFS）。为验证功率控制器的性能，在 US06 驱动循环工况下进行仿真。

图 6.20 为在仿真过程中 MPC 的权重为固定值，分别为［1.1025　0.0067　0.5022　0.6921］，即中级驱动循环的最佳权重。

在图 6.21 中，MPC 的权重根据表 6.16 变化。由于载荷预测系统（LFS）需要 150s 的过去信息来预测未来载荷等级（详见 6.2.3.1 节），因此，在头 150s 的驱动循环工况中，使用初始权重［1.1025　0.0067　0.5022　0.6921］来控制。随后，在这 150s 过后，LFS 将每个 100s 中预测未来的载荷等级并根据等级修改 MPC 的权重。

表 6.17 为固定权重 MPC 和 MPC 结合 LFS 的仿真结果比较。可以看出，

MPC－LFS 的发动机的整体充电效率和工作点比固定权重 MPC 的都要好。此外，相比于 MPC，MPC－LFS 减少油耗 9.45%。

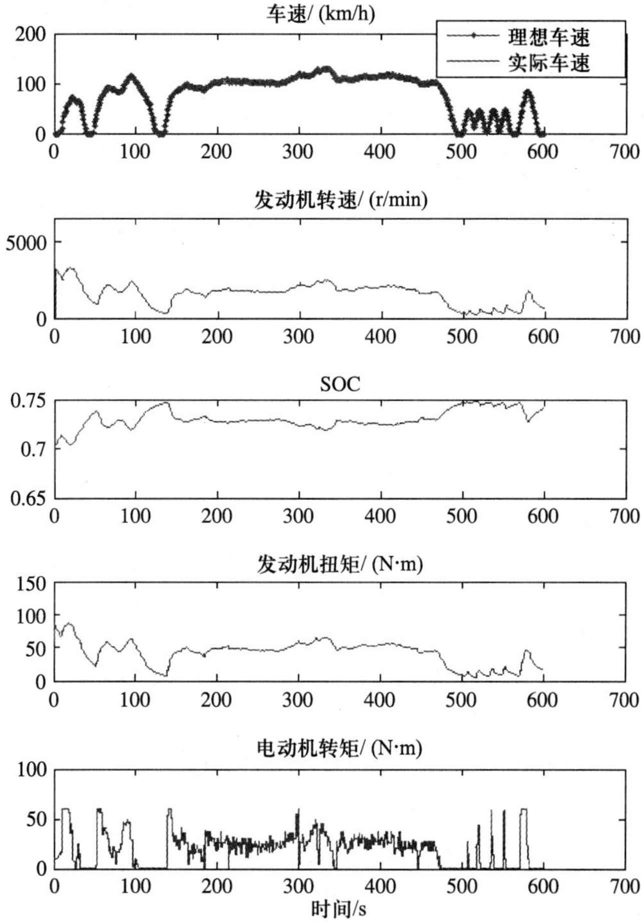

图 6.20 US06 驱动循环仿真结果：固定权重＝［1.1025 0.0067 0.5022 0.6921］

表 6.16 US06 驾驶循环的权重安排

时间/s	负载等级	权重			
		$w_1 \times 10^{-4}$	w_2	w_3	w_4
1～150	M	1.1025	0.0067	0.5022	0.6921
151～250	VH	1.9233	0.0067	0.5372	0.1294
251～350	VH	1.9233	0.0067	0.5372	0.1294
351～450	H	1.001	0.0067	1.1424	1.8065
451～550	M	1.1025	0.0067	0.5022	0.6921
451～601	M	1.1025	0.0067	0.5022	0.6921

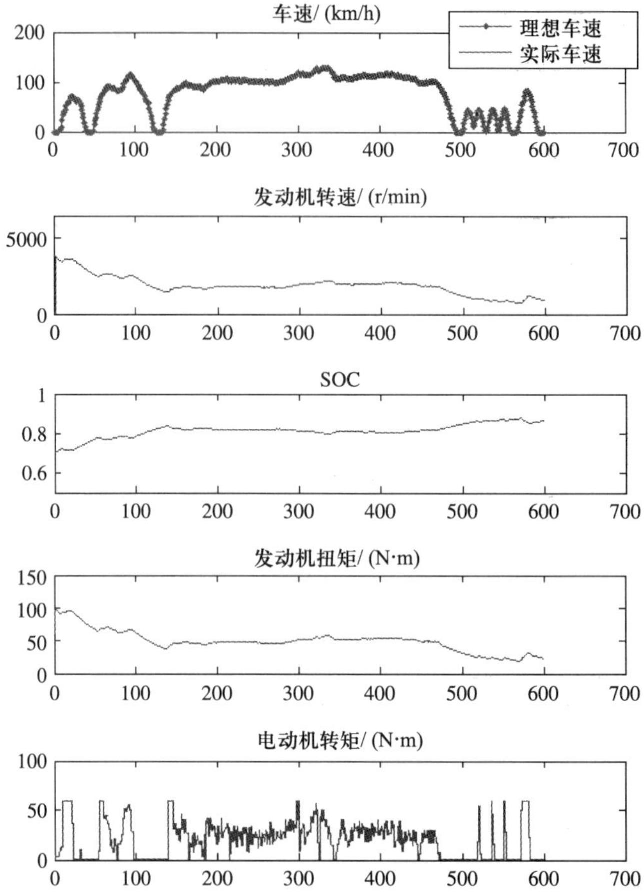

图 6.21　US06 驱动循环仿真结果：MPC - LFS

表 6.17　MPC 与 MPC - LFS 的仿真结果比较

η_{eng}		ΔSOC	E_k	F_1	F_2	T_fuel
MPC	0.2462	0.0416	168.7145	375.3652	72.3838	302.9814
MPC + FLS	0.2629	0.1671	677.5559	546.6336	272.2940	274.3397
油耗降低(%)						+9.45

6.4　实验与分析

本节将介绍功率控制策略的实验验证过程。因为实验车辆没有获得在公共道路上行驶的牌照，所以在一条长度约 400m 的私人道路上进行三种不同车辆模式的实验。这三种模式为：纯电动、恒温控制以及 MPC - LFS。以下是实验结果和分析。

6.4.1　纯电动实验

在第一个实验中，车辆以纯电动行驶。实验结果如图 6.22 和图 6.23 所示。

图 6.22 为加速踏板位置、车速以及电池温度的曲线。加速踏板可输出两种不同的电压范围，即 0.48 ~1.8V 以及 0.96 ~3.6V，踏板总开角为 30°。由于实验道路上有时车辆比较多，因此以低电压范围来测试车辆的安全性。图中，我们把 0.48 ~1.8V 的电压信号归一化为 0% ~100%。电池温度约为 31℃。电池管理系统（BMS）在这个温度下计算电池的 SOC。

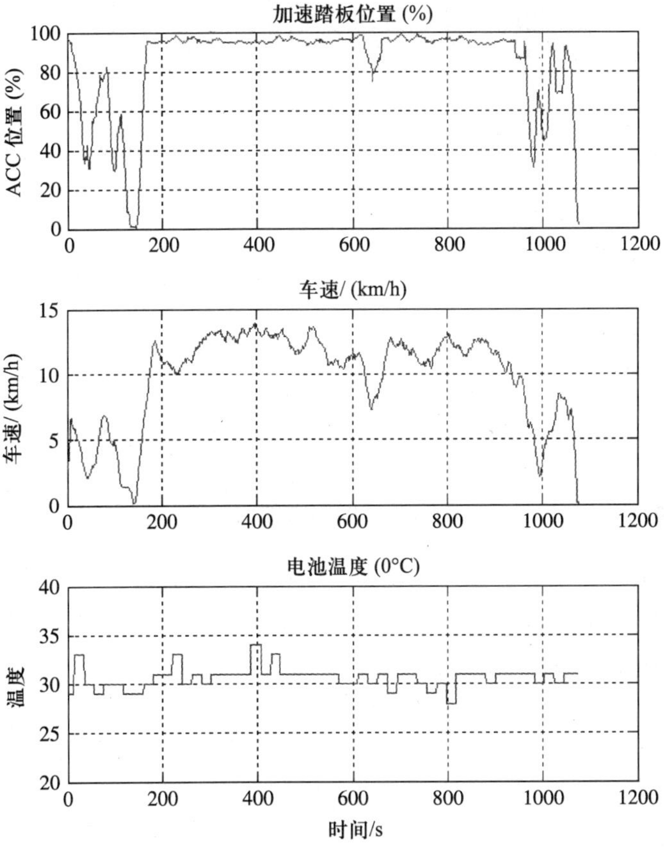

图 6.22　纯电动实验结果 1

图 6.23 给出了发电机/电池系统的电流、母线电压及电池 SOC 随时间的变化。从图中可以看出，电池的输出电流为正，这表示电池正在放电；发电机输出电流是零，表明发动机处于关闭状态；母线电压为 48 ~ 50V。由于电池是在纯放

电模式下，SOC在不断地减少，最后约为0.43。

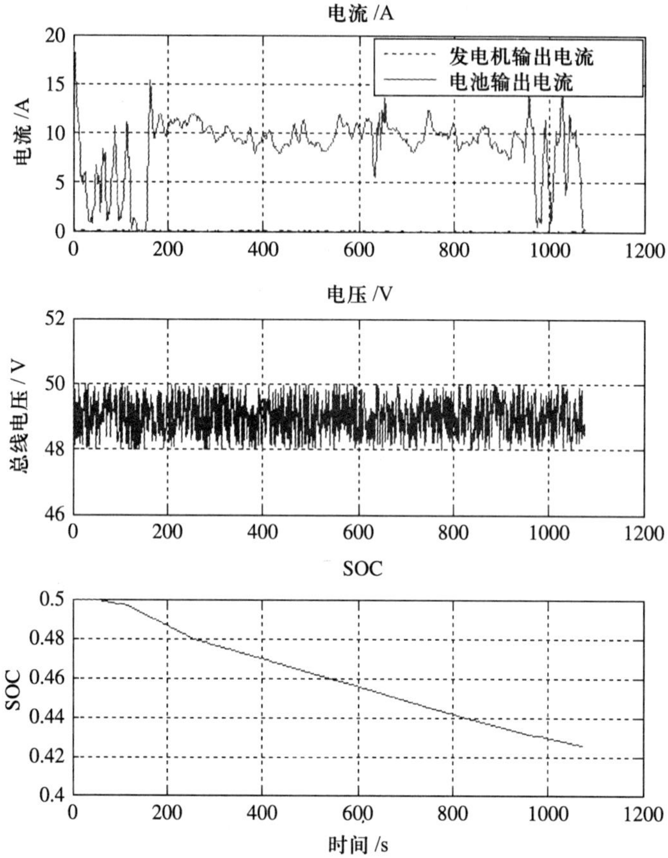

图6.23　纯电动实验结果2

表6.18为实验结果总结。实验中，车辆的平均速度约为10.8298km/h；电池和电动机的平均效率分别为80.38%和84.14%；车辆总共消耗462.0200kW的电能，每米消耗电能为315.1018W。

表6.18　纯电动实验仿真结果

参数	值	单位
平均车速	10.8298	km/h
电池平均效率	80.38	%
电动机平均效率	84.14	%
总的功率消耗	462.0200	kW
每米消耗的功率	315.1018	W/m

6.4.2 恒温控制实验

第二个实验是关于发动机功率，用恒温控制方法控制车辆。实验结果如图 6.24 和图 6.25 所示。

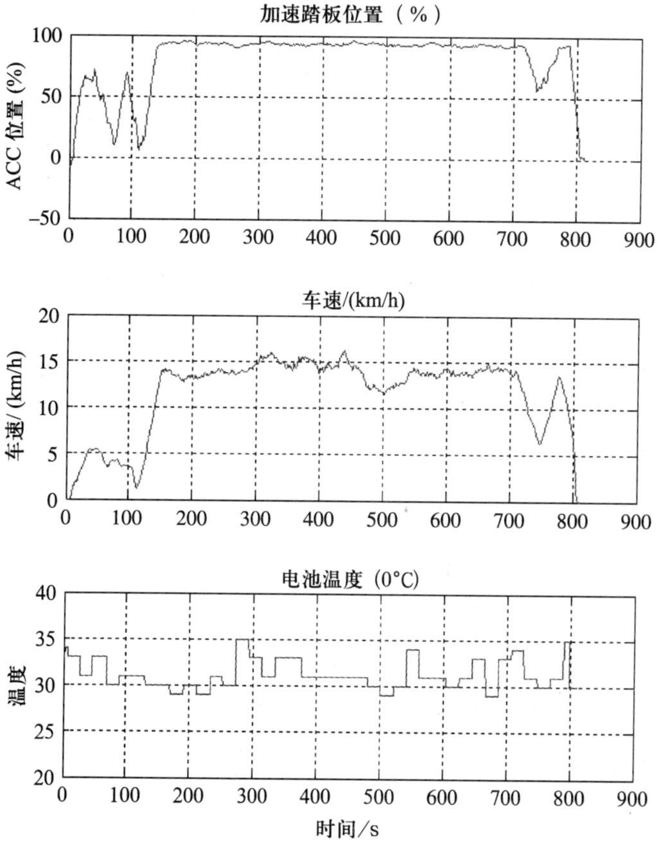

图 6.24 恒温控制实验结果 1

图 6.24 为加速踏板位置、车速及电池温度的曲线。与纯电动实验相比，这个实验的平均车速较快。这是因为驾驶员不是专业车辆实验员（虽然他努力跟在纯电动实验时一样驾驶车辆），无法严格执行相同的驱动循环工况。

由于实验道路的距离有限，为了体现温控器控制方法的基本原理，把 SOC 限制在一个小的范围内：0.5 ~ 0.6。因此，当 SOC 低于 0.5 时，起动发动机；高于 0.6 时，关闭发动机。在图 6.25 中，因为初始 SOC 为 0.5185，所以车辆以纯电动行驶。在 75s（x 轴单元为 0.5s）时，SOC 降低到 0.4999，此时发动机起动，ECU 控制发动机稳定其有效转速在 2100r/min 处。在 370s 时，电池充满电并且 SOC 上升到 0.6004，发动机关闭。在 75 ~ 370s 间，因为发电机的输出电压

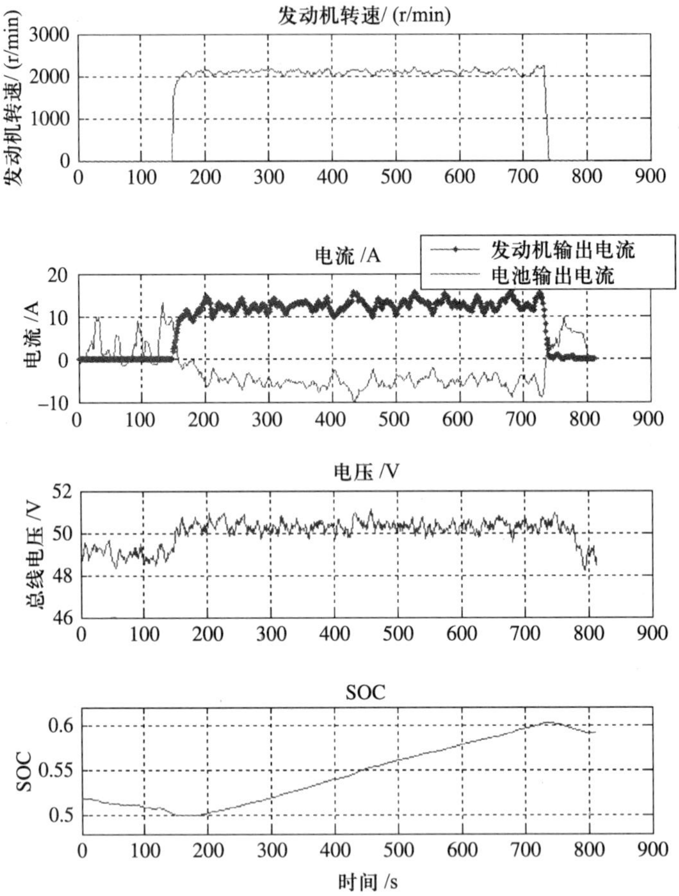

图 6.25 恒温控制实验结果 2

比电池充电电压高，母线电压约为 50.5V。当对电池进行充电时，发电机输出电流为正，而电池输出电流为负。370s 后，车辆再次以纯电动驱动，最终 SOC 降低至 0.5909。

表 6.19 为实验结果总结。在实验中，车辆的平均速度约为 11.5652km/h，比纯电动实验的大；电池的平均充电效率是 89.67%，而放电效率约为 87.72%；电动机平均效率为 84.77%，比纯电动实验的更好（84.14%），其原因为，在恒温控制中电动机可以以更快的速度和在更大的扭矩下运行；发动机平均效率和发电机平均效率分别是 21.56% 和 86.85%。实验后，SOC 的值为 0.0724，比初始 SOC 大。实验中，发动机总共消耗 87.5352g 的燃油，其中约 18.4224g 被转变成电能存储于电池中，高于发动机/发电机效率的平均水平。因此实验中总的燃油消耗是 69.1128g，这意味着车辆每行驶 1m 消耗燃油为 0.053g。

表 6.19　恒温控制实验仿真结果

参数	值	单位
平均车速	11.5652	km/h
电池平均充电效率	89.67	%
电池平均放电效率	87.72	%
电动机平均效率	84.77	%
发动机平均效率	21.56	%
发电机平均效率	86.85	%
SOC 变化量	0.0724	—
转变成电能的燃油消耗量	18.4224	g
发动机燃油的消耗量	87.5352	g
总的功率消耗	69.1128	g
每米消耗的功率	0.0530	g/m

6.4.3　MPC－LFS 实验

在第三个实验中，使用 MPC－LFS 控制器。功率控制算法在 IBM T60 笔记本电脑中运行，通过 CAN 总线与 ECU、BMS、DSS 连接。

实验注意事项：

1）由于车辆是串联结构，电动机理想转矩与加速踏板位置成正比。

2）假定路面是光滑的，并且车轮和路面之间不发生滑动。此外，轮胎在实验前已经充好气。在这种情况下，车轮的 kappa 假设为一个常数 0.014，这对车辆是一种正常值。

3）在实验中进行载荷预测。但是，出于安全的目的，车速被限制在低速，并且将来的载荷水平大多是 VL 级。

与前面类似，图 6.26 所示为加速踏板位置、车速及电池温度曲线。图 6.27 所示为发动机转速、电流、母线电压及 SOC 随时间的变化。在 20s 时，驾驶员开始起动车辆。经过约 9s 后，控制器起动发动机。在 450s 时，驾驶员将车辆停止。在我们关闭控制器之前，发动机仍然在运转。在行驶期间，发动机被控制在一个稳定的转速上。最终 SOC 的值为 0.5957，比初始 SOC（0.54）大了 0.0557。

表 6.20 为实验结果总结。车辆的平均速度大约是 10.3188km/h。电池的平均充电效率是 90.46%；而放电效率为 89.57%。电动机平均效率为 86.87%。发动机和发电机的平均效率分别为 21.24% 和 88.70%。SOC 变化量为 0.0557。发动机消耗 74.2698g 燃油。其中 13.1703g 被转变成电能存储在电池中以供后面使用。总的燃料消耗是 69.1128g 或 0.053g/m。

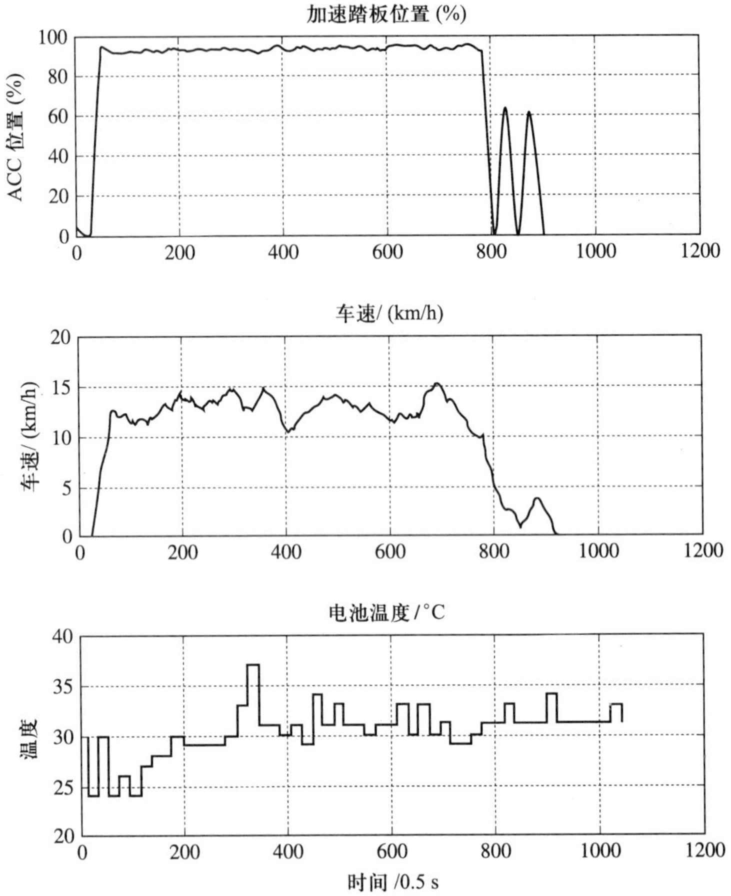

图 6.26　MPC－LFS 实验结果 1

表 6.20　MPC－LDS 实验仿真结果

参数	值	单位
平均车速	10.3188	km/h
电池平均充电效率	90.46	%
电池平均放电效率	89.57	%
电动机平均效率	86.87	%
发动机平均效率	21.24	%
发电机平均效率	88.70	%
SOC 变化量	0.0557	—
转变成电能的燃油消耗量	13.1703	g
发动机燃油的消耗量	74.2698	g
总的功率消耗	61.0995	g
每米消耗的功率	0.0451	g/m

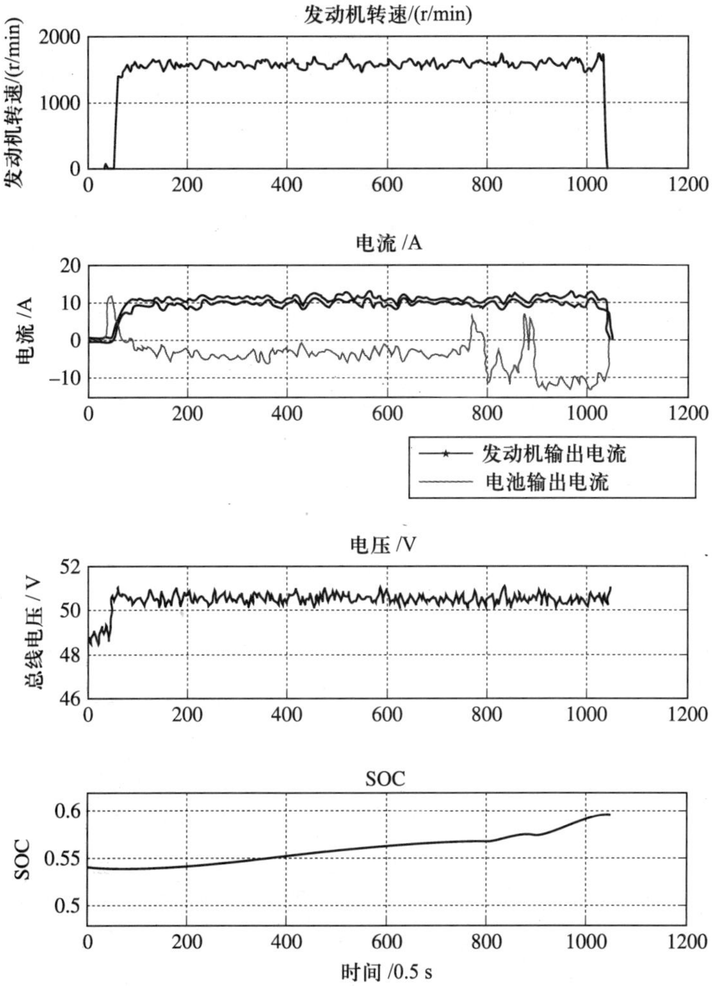

图 6. 27　MPC – LFS 实验结果 2

6. 4. 4　实验比较

通过比较 3 个实验结果，可以发现：

1）因为在三个实验的驱动周期不完全一样，所以我们通过燃油消耗或每米的消耗量来进行比较。可以发现，在纯电动实验中，车辆每米消耗的电能为 103. 79W。由于燃油的热值较低为 42. 6kJ/g，因此电能 315. 1018W 相当于约 12. 7768mg 的燃油，这约为混合动力实验中燃油消耗量的 1/3。根据燃油消耗，可以得出结论，纯电动比混合动力要好。但是，还可以发现，电池中 13% 的电能能驱动车辆行驶 1. 466km。如果电池的 SOC 工作范围为 0. 4 ~0. 9，车辆使用纯电动驱动只能行驶5.638km。因此，如果考虑车辆行程，混合动力更好。

2）在式（6.34）中，SOC变化量被视为一个优化指标，因此MPC-LFS不允许电池以大电流的方式进行充放电。众所周知，在电池以大电流进行充放电时效率较低，实验结果与此概念一致。在MPC-LFS实验中SOC变化量比在恒温控制实验中的要小，在MPC-LFS实验中电池充放电效率是所有实验中最高的。

3）在所有实验中，电动机的效率几乎都是相同的，这是因为它们与理想速度相关。

4）与恒温控制实验相比，MPC-LFS实验中每米的油耗更低。其原因是，MPC-LFS控制器考虑的是车辆整体的效率。可以发现，尽管MPC-LFS实验中发动机效率略小于恒温控制实验，但电池和发电机的效率得到了改善。一般来说，MPC-LFS实验中车辆的效率更好。每米的油耗从0.0530g/m减小到0.0451g/m，提高了14.9%。

6.5 总结

本章提出了新的功率控制方法，可应用于所有类型的HEV。对串联式HEV模型的关键部分进行了介绍，并对模型的状态量的定义、线性化、可观测性/可控性进行了分析。此外，对负载预测系统进行了研究并进行了仿真计算。利用模糊逻辑将驱动负载分为5个不同的等级，以CNN-NDEKF算法作为分类器。此外，整合了MPC控制算法和负载预测算法来构成HEV的MPC-LFS。PSO算法用于在不同的驱动等级中寻找最佳的工作权重。MPC-LFS控制器自动调整工作权重以达到控制的最佳性能。最后，对提出的MPC-LFS进行了实验。通过分析实验结果，表明该控制器的有效性和实用性。

第7章　总　　结

本书涵盖了包括全向 HEV 设计和控制的最新技术在内的各种科研的问题，从系统设计和转向控制到智能电池和能源管理。总之，本书在全向 HEV 领域的贡献概述如下。

7.1　结合了最先进的机器人研究的车辆技术的发展

从对轮式移动机器人研究的漫长岁月中，通过整合机器人的全向运动技术本书提出了一个新的全方位 HEV 设计。所提出的 HEV 能够零半径转弯，这对于传统的车辆是不可能做到的。它获得常规的前两轮转向车辆优点的同时，还可以实现附加的功能，例如 ZRT 和 LP。除了提出 HEV 的模型外，本书还阐述了实施细节和实验结果来说明所提出的 HEV 的性能。尽管一些整车企业可能已经做了全向车辆研究，这些技术文件被列为机密，并且没有发表到学术领域。因此，本书的目的是为学术界研究人员提供一个完整的和独立的参考资料，其中包含了全向 HEV 的最新技术。

7.2　支持四轮独立转向和四轮独立驱动的全向车辆结构

除了 HEV 的机械设计，本书还设计出智能四轮独立转向（4WIS）和四轮独立驱动（4WID）控制机构。它包括两个创新元素。

首先，实现了用于 4WIS 车辆的全向线控转向系统，所提出的转向接口是传统的转向接口的一个扩展，它提供了两个以上的转向输入，使驾驶员无论是在传统或全向的方式下都可以转向，而无需任何模式的切换操作。它也能够提供反馈力以便同步扩展转向接口和车轮的转向。

基于行为的转向控制器包括位置控制器和运动约束控制器。运动约束控制器充当车轮之间的虚拟连接以保持运动约束，以便尽量减少车轮打滑。这种方法不同于参考文献［106］和［35］提到的作用在每个轮上的轨迹跟踪。由于驱动路径不能由非自动车辆的控制装置所预先确定，该方法是有益的，因为不需要任何轨迹规划。仿真结果表明，与位置控制器相比，基于行为的控制器用少量路径变化就能改善驱动和转向效率。

其次，对 4WIS－4WIS 车辆提出的最佳牵引力分布和确定性横摆力矩控制器，以提高操纵稳定性和可控性。前一种方法不需要任何反馈信息，并且不需要参数调整。后者通过另外跟踪车辆的方位角，而不是按照跟踪期望的横摆速度常规方式稳定车辆。航向角由一种基于检测向心力的新方法得到。它消除了车轮和路面之间特性的先决条件，这一条件是随时间变化的，难以实时测量。此外，它仅需要低成本的感测设备比如车轮速度传感器和加速计就能使该系统实际运行。一般来说，所提出的方法可以适用于任何类型的4WID车辆。

7.3 专门用于混合动力电动汽车的智能电池管理系统

现有电池技术不能生产出完全满足HEV应用要求的电池，尤其是电池包单体电池的一致性以及电池在大电流或高功率条件下充电和放电的安全性。在本书中提出的电池管理方案对现有的以下三个方面进行了一种有效的改进。首先，由于车辆行驶环境和模型的不确定性的各种干扰，现有典型的SOC估计如库仑积分法和扩展卡尔曼滤波法在实际应用中不能发挥其理论上的最佳功效。新提出的SOC估算包括：①自适应卡尔曼非线性扩散滤波器来降低在小电流测量时的噪声；②自我学习策略估计和去除零点漂移；③库仑积分算法实现开环SOC估计。在各种的SNR值、变化的零漂移以及不同的模型误差的噪声测试条件下，基于模拟与传统的方法比较研究每个组件的可用性和有效性已得到证明。在各种噪声和不确定性存在时，整体框架也得到了验证，能够合理且高效组合这些部件并实现估算结果的鲁棒性。

其次，通过SOC的精确估计，提出了基于快速充电机制的MPC方法。它的目的是同时降低充电持续时间，它显示了车辆终止服务的时间和温度的增加，这代表着在充电过程中的安全性和能源利用效率。利用单模集中参数热模型和由真实的实验数据训练的神经网络来分别预测在模拟和实验中的将来温度。然后在一个指定的适应度函数下应用遗传算法找到最佳充电顺序，它有两个目标：最小化充电时间和最小化温度上升。模拟和实验结果都证明帕累托前面提出的方法优于最流行的CCCV充电方法。

最后，由于缺乏电化学理论和模型来解释电池单体均衡的过程，提出并实现了以模糊逻辑为基础的电池单体均衡控制器。输入的选择包括：①SOC上的差异，代表着不均衡程度；②SOC的平均值，代表平均放电能力；③总内阻，部分地代表均衡的效率。仿真和实验结果均表明该控制器具有能够整合专家的经验和知识的能力，并随着瞬时电池状态智能调节充电电流，以平衡由三个输入所代表的多个目标。特别是对于$LiFePO_4$电池，大的SOC不均衡可能导致电压只有一个非常小的差异，使得以电压为基础的传统的方法失败。因此，基于SOC的均衡是更适合于均衡这些类型的电池。

7.4 针对混合动力电动汽车的智能能源管理系统

在优化燃料消耗的同时要满足驾驶员的功率要求，在令人满意的功率水平管理电池以便能够在较宽范围的驱动情况下有效地向车辆输送能量，基于 MPC - LFS 的功率控制器能够解决现有方法的一些局限性，如适用性有限、较高的计算成本、难以实现实时性能等。

本书在这个领域有两个主要的贡献。首先，提出了基于神经网络的负载水平预测算法开发。在功率控制系统的开发中采用的关键概念是基于将来的驱动负载会影响燃料消耗以及车辆的操作模式和驾驶员的行为这一前提。所提出的驱动负载预测算法负责评估驾驶环境，驾驶员的驾驶风格，以及使用了过去驱动周期的长期和短期的统计特征车辆的趋势。

第二，将 MPC 控制器和驱动负载预测算法整合，提出了一个实时控制系统的提议。该系统可用于各种基于发动机和电动机的 HEV 上。许多不同的性能指标已被应用到控制系统。通过改变操作权重、功率控制系统，可实现不同的目标。将来的负载信息随后被用于功率控制系统以改变性能的操作权重，如发动机效率、发动机转速、SOC 等，从而提高了车辆的综合性能。此外，应用 PSO 算法为所有驱动层次找到最佳的操作权重。实验显示了优化控制器相对原始控制器的改善。

附录　缩略语表

缩略语	英文全称	中文名称
2WS	Two - wheel steering	2 轮转向
4WD	Four - wheel drive	4 轮驱动
4WID	Four - wheel independent drive	4 轮独立驱动
4WIS	Four - wheel independent steering	4 轮独立转向
4WS	Four - wheel steering	4 轮转向
BLDC	Brushless dc motor	无刷直流电动机
BMS	Battery management system	电池管理系统
BP	Back propagation	反向传递
CCCV	Constant - current , constant - voltage	恒流恒压
CNN	Cascade neural network	级联神经网络
CNN - NDEKF	Cascade neural network with node - decoupled extended Kalman filtering	级联神经网络 - 节点解耦扩展卡尔曼滤波
DYC	Direct yaw (moment) control	直接横摆力矩控制
ECU	Engine control unit	发动机控制单元
EM	Electric motor	电动机
ESC	Enhanced self - correcting	加强自校正
ESD	Electrostatic discharge	静电放电
EV	Electric vehicle	电动汽车
FWS	Front - wheel steering	前轮转向
GA	Genetic algorithm	遗传算法
HEV	Hybrid electric vehicle	混合动力电动汽车
ICE	Internal combustion engine	内燃机
ICR	Instantaneous center of rotation	瞬时转动中心
LP	Lateral parking	侧向泊车
MCU	Microprogrammed control unit	微程序控制单元
MPC	Model predictive control	模型预测控制
NDEKF	Node - decoupled extended Kalman filtering	节点解耦扩展卡尔曼滤波

NDF	Nonlinear diffusion filter	非线性扩散滤波器
OCV	Open – circuit voltage	开路电压
PWM	Pulse – width modulation	脉冲宽度调制
RC	Resistive – capacitative	电阻式电容
SNR	Signal – to – noise ratio	信噪比
SOC	State of charge	荷电状态
SPI	Serial peripheral interface	串行外围接口
ZRT	Zero radius turning	零半径转向

参考文献

[1] Analog Devices, Inc., AD7280 datasheet. http://www.analog.com/static/imported-files/data_sheets/AD7280.pdf.

[2] E. Bakker, L. Nyborg, and H. Pacejka, *Tyre Modelling for Use in Vehicle Dynamics Studies*, Society of Automotive Engineers, 870421, 1987.

[3] A. Bemporad and M. Morari, "Robust model predictivecontrol: A survey," *Robustness in Identification and Control*, pp. 207–226, 1999.

[4] H. Bergveld, W. Kruijt, P. Notten, and P. Notten. *Battery Management Systems: Design by Modelling*, Kluwer Academic Publishers, 2002.

[5] D. P. Bertsekas, "Constrained optimization and Lagrange multiplier methods," *Computer Science and Applied Mathematics*, vol. 1, 1982.

[6] L. Birgé and P. Massart, "From model selection to adaptive estimation. Festschrift for Lucien Le Cam," *Research Papers in Probability and Statistics*, pp. 55–87, 1997.

[7] B. Boada, M. Boada, and V. Diaz, "Fuzzy-logic applied to yaw moment control for vehicle stability," *Vehicle System Dynamics*, 43(10):753–770, 2005.

[8] B. K. Bose, *Modern Power Electronics and AC Drives*, Prentice Hall PTR, pp. 224–229, 2002.

[9] E. Camacho and C. Bordons, *Model Predictive Control*, Springer-Verlag, 2004.

[10] E. F. Camacho, C. Bordons, E. F. Camacho, and C. Bordons, *Model Predictive Control*, vol. 303, Springer, Berlin, 1999.

[11] M. Canale, L. Fagiano, A. Ferrara, and C. Vecchio, "Vehicle yaw control via second-order sliding-mode technique," *IEEE Transactions on Industrial Electronics*, 55(11):3908–3916, 2008.

[12] Chenyang, CYCT04-xnM20B datasheet. http://www.cy-sensors.com/CYCT04-xnM20B.pdf.

[13] D. Cho and J. K. Hedrick, "Automotive powertrain modeling for control," *Journal of Dynamic Systems, Measurement, and Control*, 111(4):568–576, 1989.

[14] M. Chow, S. Lukic, L. Wang, and A. Govindaraj, Research report on A123 battery modeling. http://www.adac.ncsu.edu/res_proj/battery_model/Docs/ResearchReportonA123BatteryModeling.ppt.

[15] M. Clerc, "The swarm and the queen: Towards a deterministic and adaptive particle swarm optimization," in *Proceedings of the Congress on Evolutionary Computation*, vol. 3, Institute of Electrical and Electronics Engineers, 1999.

[16] C. A. Coello and M. S. Lechuga, "MOPSO: A proposal for multiple objective particle swarm optimization," in *Proceedings of the Congress on Evolutionary Computation*, 2:1051–1056, Institute of Electrical and Electronics Engineers, 2002.

[17] K. Deb, *Multi-objective Optimization Using Evolutionary Algorithms*, Wiley, 2001.

[18] S. Dhameja, *Electric Vehicle Battery Systems*, Butterworth-Heinemann, Woburn, Mass., 2002.

[19] B. Divakar, K. Cheng, H. Wu, J. Xu, H. Ma, W. Ting, K. Ding, et al., "Battery management system and control strategy for hybrid and electric vehicle," in *International Conference on Power Electronics Systems and Applications*, pp. 1–6, 2009.

[20] R. Eberhart and J. Kennedy, "A new optimizer using particle swarm theory," in *Proceedings of the Sixth International Symposium on Micro Machine and Human Science*, pp. 39–43, Institute of Electrical and Electronics Engineers, 1995.

[21] Epcos, B82793 datasheet. http://www.epcos.com/inf/30/db/emc_00/02470251.pdf.

[22] E. Esmailzadeh, A. Goodarzi, and G. Vossoughi, "Directional stability and control of four-wheel independent drive electric vehicles," in *Proceedings of the Institution of Mechanical Engineers, Part K: Journal of Multi-body Dynamics*, 216(4):303–313, 2002.

[23] M. Ferdowsi, *Battery Charge Equalization—State of the Art and Future Trends*, Society of Automotive Engineers, 2005.

[24] Freescale, MC9S12XEP100 reference manual covers MC9S12XE family. http://www.freescale.com/files/microcontrollers/doc/data_sheet/MC9S12XEP100RMV1.pdf, 2010.

[25] H. Fujimoto, A. Tsumasaka, and T. Noguchi, "Direct yaw-moment control of electric vehicle based on cornering stiffness estimation," in *Proceedings of the 31st Annual Conference of IEEE Industrial Electronics Society*, pp. 2626–2630, Institute of Electrical and Electronics Engineers, 2005.

[26] S. Fujisawa, K. Ohkubo, T. Yoshida, N. Satonaka, Y. Shidama, and H. Yamaura, "Improved moving properties of an omnidirectional vehicle using stepping motor," in *Proceedings of the 36th IEEE Conference on Decision and Control*, 4:3654–3656, Institute of Electrical and Electronics Engineers, 1997.

[27] C. Geng, L. Mostefai, and Y. Hori, "Body slip angle observer for electric vehicle stability control based on empirical tire model with fuzzy logic approach," in *Proceedings of the 34th Annual Conference of IEEE Industrial Electronics*, pp. 108–113, Institute of Electrical and Electronics Engineers, 2008.

[28] G. Genta, "Motor vehicle dynamics: Modeling and simulation," vol. 43, World Scientific Publishing Company Incorporated, 1997.

[29] D. Goldberg and K. Deb, "A comparative analysis of selection schemes used in genetic algorithms," *Foundations of Genetic Algorithms*, 1:69–93, 1991.

[30] V. G. Gudise and G. K. Venayagamoorthy, "Evolving digital circuits using particle swarm," in *Proceedings of the International Joint Conference on Neural Networks*, 1:468–472, Institute of Electrical and Electronics Engineers, 2003.

[31] A. Hande and T. Stuart, "A selective equalizer for NiMH batteries," *Journal of Power Sources*, 138(1-2):327–339, 2004.

[32] B. Hassibi, A. Sayed, and T. Kailath, "Linear estimation in Krein spaces, Part II: Applications," *IEEE Transactions on Automatic Control*, 41(1):34–49, 1996.

[33] B. Hassibi, A. Sayed, and T. Kailath, "Linear estimation in Krein

spaces, Part I: Theory," *IEEE Transactions on Automatic Control*, 41(1):18–33, 1996.

[34] P. He and Y. Hori, "Optimum traction force distribution for stability improvement of 4WD EV in critical driving condition," in *Proceedings of the IEEE International Workshop on Advanced Motion Control*, pp. 596–601, Institute of Electrical and Electronics Engineers, 2006.

[35] C.-L. Hwang and L.-J. Chang, "Trajectory tracking and obstacle avoidance of mobile robots in an intelligent space using mixed h_2/h_∞ decentralized control," *IEEE/ASME Transactions on Mechatronics*, 12(3):345–352, 2007.

[36] J. R. Belt, "Battery test manual for plug-in hybrid electric vehicles." Idaho National Laboratory (INL), 2010.

[37] Matlab Inc., *Virtual Reality User's Guide*, 2004.

[38] Matlab Inc., *Real-Time Windows Target User's Guide*, 2008.

[39] Infineon, TLE6250 datasheet. http://www.infineon.com/cms/en/product/findProductTypeByName.html?q=tle6250.

[40] H. Inoue, "Development of vehicle stability control system for active safety," *Journal of Society of Automotive Engineers of Japan*, 49:45–51, 1995.

[41] B. Jiang and B.Wang, "Parameter estimation of nonlinear system based on genetic algorithm," *Control Theory and Applications*, 17(1):150–152, 2000.

[42] V. Johnson, "Battery performance models in ADVISOR," *Journal of Power Sources*, 110(2):321–329, 2002.

[43] D. Karnopp, *Vehicle Stability*, vol. 171, Marcel Dekker, 2004.

[44] J. Kennedy and R. Eberhart, "Particle swarm optimization," in *Proceedings of the International Conference on Neural Networks*, 4:1942–1948, Institute of Electrical and Electronics Engineers, 1995.

[45] J. Kennedy and R. C. Eberhart, "A discrete binary version of the particle swarm algorithm," in *Proceedings of the World Multi-conference on Systemics, Cybernetics and Informatics*, 5:4104–4108, Institute of Electrical and Electronics Engineers, 1997.

[46] J. Kim and H. Kim, "Electric vehicle yaw rate control using independent in-wheel motor," in *Power Conversion Conference—Nagoya, 2007*, pp. 705–710, Institute of Electrical and Electronics Engineers, 2007.

[47] P. C. Krause, O. Wasynczuk, and S. D. Sudhoff, *Analysis of Electric Machinery*, McGraw-Hill, New York, 1986.

[48] K. Kutluay, Y. Cadirci, Y. Ozkazanc, and I. Cadirci, "A new online state-of-charge estimation and monitoring system for sealed lead-acid batteries in telecommunication power supplies," *IEEE Transactions on Industrial Electronics*, 52(5):1315–1327, 2005.

[49] T. L. Lam, Y. Xu, and G. Xu, "Traction force distribution on omni-directional four wheel independent drive electric vehicle," in *Proceedings of the IEEE International Conference on Robotics and Automation*, pp. 3724–3729, Institute of Electrical and Electronics Engineers, 2009.

[50] M. Lauria, I. Nadeau, P. Lepage, Y. Morin, P. Giguère, F. Gagnon, D.

L'Etourneau, et al., "Design and control of a four steered wheeled mobile robot," in *Proceedings of the 32nd Annual Conference on Industrial Electronics*, pp. 4020–4025, Institute of Electrical and Electronics Engineers, 2006.

[51] D. Lee, S. Shiah, C. Lee, and Y. Wang, "State-of-charge estimation for electric scooters by using learning mechanisms," *IEEE Transactions on Vehicular Technology*, 56(2):544–556, 2007.

[52] Y. Lee and G. Cheng, "Quasi-resonant zero-current-switching bidirectional converter for battery equalization applications," *IEEE Transactions on Power Electronics*, 21(5):1213–1224, 2006.

[53] Y. Lee and M. Cheng, "Intelligent control battery equalization for series connected lithium-ion battery strings," *IEEE Transactions on Industrial Electronics*, 52(5):1297–1307, 2005.

[54] Y. Lee, M. Cheng, S. Yang, and C. Hsu, "Individual cell equalization for series connected lithium-ion batteries," *IEICE Transactions on Communications*, 89(9):2596–2607, 2006.

[55] Y. Lee, C. Duh, S. Yang, and G. Chen, "Battery equalization using bi-directional Cuk converter in DCVM operation," in *IEEE Power Electronics Specialists Conference*, 36:765–771, 2005.

[56] LEM, HTFS200-P/SP2 datasheet. http://www.lem.com/docs/products/htfs_sp2_e.pdf.

[57] B. Lindemark, "Individual cell voltage equalizers (ICE) for reliable battery performance," in *International Telecommunications Energy Conference*, pp. 196–201, 1991.

[58] J. M. Maciejowski, *Predictive Control: with Constraints*, Pearson Education, 2002.

[59] M. Makatchev, S. Y. Lang, S. Tso, and J. J. McPhee, "System design, modelling, and control of a four-wheel-steering mobile robot," in *Proceedings of the 19th Chinese Control Conference*, pp. 759–763, 2000.

[60] M. Makatchev, S. Tso, S. Lang, and J. J. McPhee, "Cross-coupling control for slippage minimization of a four-wheel-steering mobile robot," in *Proceedings of the International Symposium on Robotics*, 31:42–47, 2000.

[61] T. Markel, A. Brooker, T. Hendricks, V. Johnson, K. Kelly, B. Kramer, M. O'Keefe, et al., "ADVISOR: A systems analysis tool for advanced vehicle modeling," *Journal of Power Sources*, 110(2):255–266 2002.

[62] P. J. Mckerrow and D. Ratner, "Calibrating a 4-wheel mobile robot," in *Proceedings of the 2002 IEEE/RSJ International Conference on Intelligent Robots and Systems*, 1:859–864. Institute of Electrical and Electronics Engineers, 2002.

[63] Microchip, MCP9701A datasheet. http://ww1.microchip.com/downloads/en/DeviceDoc/21942e.pdf.

[64] S. Mingli, C. Liang, G. Jianhua, and F. Yong, "Estimation of vehicle side slip angle using hybrid observer," in *Proceedings of the 29th Chinese Control Conference*, pp. 5378–5383, Institute of Electrical and Electronics Engineers, 2010.

[65] N. Miyamoto, M. Shino, Y. Wang, T. Kamada, and M. Nagai, "Robust traction control of EV considering vehicle stability," *Proceedings of*

Translog, 99:231–234, 1999.

[66] S. Moore and P. Schneider, *A Review of Cell Equalization Methods for Lithium Ion and Lithium Polymer Battery Systems*, Society of Automotive Engineers, 2001.

[67] M. C. Nechyba and Y. Xu, "Cascade neural networks with node-decoupled extended Kalman filtering," in *Proceedings of the International Symposium on Computational Intelligence in Robotics and Automation*, pp. 214–219, Institute of Electrical and Electronics Engineers, 1997.

[68] M. C. Nechyba and Y. Xu, "Human control strategy: Abstraction, verification, and replication," *IEEE Control Systems Magazine*, 17(5):48–61, 1997.

[69] K. Ng, C. Moo, Y. Chen, and Y. Hsieh, "Enhanced coulomb counting method for estimating state-of-charge and state-of-health of lithium-ion batteries," *Applied Energy*, 86(9):1506–1511, 2009.

[70] P. Notten, J. Veld, and J. Beek, "Boostcharging Li-ion batteries: A challenging new charging concept," *Journal of Power Sources*, 145(1):89–94, 2005.

[71] Ministry of Industry and Information Technology of PRC, Investment guidance of technological upgrading and transformation in automotive industry. http://www.autoinfo.gov.cn/autoinfo_cn/xwzx/tbgz/webinfo/2010/05/1274923210160000.htm, 2010.

[72] Onsemi, NCV33152 datasheet. http://www.onsemi.com/pub_link/Collateral/MC34152-D.PDF.

[73] Onsemi, NUP2105L datasheet. http://www.onsemi.com/pub_link/Collateral/NUP2105L-D.pdf.

[74] R. P. Osborn and T. Shim, "Independent control of all-wheel-drive torque distribution," *Vehicle System Dynamics*, 44(7):529–546, 2006.

[75] H. Oshima, M. Tani, N. Kobayashi, A. Ishii, and K. Imai, "Control for four-wheel individual steering and four-wheel driven electronic vehicle," *Electrical Engineering in Japan*, 153(3):71–78, 2005.

[76] H. Pacejka, *Tyre and Vehicle Dynamics*, Society of Automotive Engineers/Butterworth-Heinemann, 2005.

[77] H.-S. Park, C.-E. Kim, C.-H. Kim, G.-W. Moon and J.-H. Lee, "A modularized charge equalizer for an HEV lithium-ion battery string," *IEEE Transaction on Industrial Electronics*, 56(5):1464–1476, 2009.

[78] H. Park, C. Kim, and G. Moon, "Charge equalizer design method based on battery modularization," in *IEEE International Conference on Sustainable Energy Technologies*, pp. 558–563, 2008.

[79] J. H. Park, "h_∞ Direct yaw-moment control with brakes for robust performance and stability of vehicles," *JSME International Journal Series C*, 44:404–413, 2001.

[80] K. Passino and S. Yurkovich, "Fuzzy control," *Citeseer*, 1998.

[81] P. Perona and J. Malik, "Scale-space and edge detection using anisotropic diffusion," *IEEE Transactions on Pattern Analysis and Machine Intelligence*, 12(7):629–639, 1990.

[82] A. Pesaran, "Battery thermal models for hybrid vehicle simulations," *Journal of Power Sources*, 110(2):377–382, 2002.

[83] D. W. Pi, N. Chen, B. J. Zhang, and G. H. Zhong, "Enhancements

in vehicle stability with yaw moment control via differential braking," in *Proceedings of the IEEE International Conference on Vehicular Electronics and Safety*, pp. 136–140, 2009.

[84] G. Plett, "Extended Kalman filtering for battery management systems of LiPB-based HEV battery packs: Part 2. Modeling and identification," *Journal of Power Sources*, 134(2):262–276, 2004.

[85] G. Plett, "Extended Kalman filtering for battery management systems of LiPB-based HEV battery packs—Part 3, State and parameter estimation," *Journal of Power Sources*, 134(2):277–292, 2004.

[86] G. Plett, "Sigma-point Kalman filtering for battery management systems of LiPB-based HEV battery packs: Part 1: Introduction and state estimation," *Journal of Power Sources*, 161(2):1356–1368, 2006.

[87] G. Plett, "Sigma-point Kalman filtering for battery management systems of LiPB-based HEV battery packs: Part 2: Simultaneous state and parameter estimation," *Journal of Power Sources*, 161(2):1369–1384, 2006.

[88] G. Plett and M. Klein, "Advances in HEV battery management systems," in *Society of Automotive Engineers Congress*, CD-ROM Proceedings of SAE Convergence, 2006.

[89] J. Ploeg, A. C. van der Knaap, and D. J. Verburg, "Ats/agv-design, implementation and evaluation of a high performance agv," in *IEEE Intelligent Vehicle Symposium*, 1:127–134, Institute of Electrical and Electronics Engineers, 2002.

[90] H. Qian, T. L. Lam, W. Li, C. Xia, and Y. Xu, "System and design of an omni-directional vehicle," in *Proceedings of the IEEE International Conference on Robotics and Biomimetics*, pp. 389–394, Institute of Electrical and Electronics Engineers, 2009.

[91] S. Qin and T. Badgwell, "A survey of industrial model predictive control technology," *Control Engineering Practice*, 11(7):733–764, 2003.

[92] R. Rajamani, *Vehicle Dynamics and Control*, Springer, 2006.

[93] J. A. Rossiter, *Model-Based Predictive Control: A Practical Approach*, CRC, 2003.

[94] S. Sakai, "Lateral motion stabilization with feedback controlled wheels," in *Proceedings of the International Symposium on Advanced Vehicle Control*, pp. 815–820, 2002.

[95] S.-I. Sakai, H. Sado, and Y. Hori, "Dynamic driving/braking force distribution in electric vehicles with independently driven four wheels," *Electrical Engineering in Japan*, 138(1):79–89, 2002.

[96] Z. Salameh, M. Casacca, and W. Lynch, "A mathematical model for lead-acid batteries," *IEEE Transaction on Energy Conversion*, 7(1):93-98, 1992.

[97] S. Schroedl and W. Zhang, "Predicting driving speed using neural networks," in *Proceedings of the International Conference on Intelligent Transportation Systems*, 1:402–407, Institute of Electrical and Electronics Engineers, 2003.

[98] Y. Shi and R. Eberhart, "A modified particle swarm optimizer," in *Proceedings of the International Conference on Evolutionary Computation and the World Congress on Computational Intelligence*, pp. 69–73, Institute of Electrical and Electronics Engineers, 1998.

[99] M. Shino and M. Nagai, "Independent wheel torque control of small-scale electric vehicle for handling and stability improvement," *JSAE Review*, 24(4):449–456, 2003.

[100] D. Simon, *Optimal State Estimation: Kalman, H_∞ and Nonlinear Approaches*, Wiley, 2006.

[101] C. Speltino, D. Di Domenico, G. Fiengo, and A. G. Stefanopoulou, "Cell equalization in battery stacks through state of charge estimation polling," in *American Control Conference*, 2010.

[102] T. Stuart, F. Fang, X. Wang, C. Ashtiani, and A. Pesaran, "A modular battery management system for HEVs," In *Proceedings of the SAE Future Car Congress* (Paper Number 2002-01-1918), Arlington, VA, 2002.

[103] A. Szumanowski and Y. Chang, "Battery management system based on battery nonlinear dynamics modeling," *IEEE Transactions on Vehicular Technology*, 57(3):1425–1432, 2008.

[104] F. Tahami, R. Kazemi, and S. Farhanghi, "A novel driver assist stability system for all-wheel-drive electric vehicles," *IEEE Transactions on Vehicular Technology*, 52(3):683–692, 2003.

[105] M. Tang, T. Stuart, D. Co, and I. Kokomo, "Selective buck-boost equalizer for series battery packs," *IEEE Transactions on Aerospace and Electronic Systems*, 36(1):201–211, 2000.

[106] B. Thuilot, B. d"Andréa Novel, and A. Micaelli, "Modeling and feedback control of mobile robots equipped with several steering wheels," *IEEE Transactions on Robotics and Automation*, 12(3):375–390, 1996.

[107] Texas Instruments, TPS54160 datasheet. http://focus.ti.com/lit/ds/symlink/tps54160.pdf.

[108] I. C. Trelea, "The particle swarm optimization algorithm: Convergence analysis and parameter selection," *Information Processing Letters*, 85(6):317–325, 2003.

[109] H. E. Tseng, B. Ashrafi, D. Madau, T. Allen Brown, and D. Recker, "The development of vehicle stability control at Ford," *IEEE/ASME Transactions on Mechatronics*, 4(3):223–234, 1999.

[110] U.S. Energy Information Administration, "U.S. primary energy consumption by source and sector," 2008. http://www.eia.doe.gov/emeu/aer/pecss_diagram.html.

[111] F. van den Bergh and A. P. Engelbrecht, "Cooperative learning in neural networks using particle swarm optimizers," *South African Computer Journal*, pp. 84–90, 2000.

[112] K. K. Veeramachaneni, L. A. Osadciw, and P. K. Varshney, "Adaptive multimodal biometric fusion algorithm using particle swarm," in *Proceedings of SPIE*, 5099: 211, 2003.

[113] J. Wang, B. Cao, Q. Chen, and F. Wang, "Combined state of charge estimator for electric vehicle battery pack," *Control Engineering Practice*, 15(12):1569–1576, 2007.

[114] M. K. Yalçin, S. M. Yeşiloğlu, M. Dal, and H. Temeltaş, "Maneuvering strategies for four-wheel drive, four-wheel steer mobile robots using curvatures based on weingarten-maps," in *32nd Annual Conference on IEEE Industrial Electronics*, pp. 4148–4152, Institute of Electrical

on IEEE Industrial Electronics, pp. 4148–4152, Institute of Electrical and Electronics Engineers, 2006.

[115] J. Yamakawa and K. Watanabe, "A method of optimal wheel torque determination for independent wheel drive vehicles," *Journal of Terramechanics*, 43(3):269–285, 2006.

[116] J. Yan, Q. Ling, and W. Chen, "Nonlinear model predictive control based on evolutionary algorithms: Framework, theory and application," in A. Giordano and G. Costa, eds., *Soft Computing: New Research*, Nova Science Publishers, 2008.

[117] J. Yan, G. Xu, Y. Xu, and B. Xie, "Battery state-of-charge estimation based on H_∞ filter for hybrid electric vehicle," in *International Conference on Control, Automation, Robotics and Vision*, pp. 464–469, 2008.

[118] K.-J. Yang, K.-S. Hong, and D.-I. Cho, "A robust control for engine and transmission systems: Enhancement of shift quality," *JSME International Journal Series C*, 44(3):697–707, 2001.

[119] H. Yoshida, K. Kawata, Y. Fukuyama, S. Takayama, and Y. Nakanishi, "A particle swarm optimization for reactive power and voltage control considering voltage security assessment," *IEEE Transactions on Power Systems*, 15(4):1232–1239, 2000.

[120] T. A. Stuart and W. Zhu, "Fast equalization for large lithium ion batteries," *IEEE Aerospace and Electronic Systems Magazine*, 24(7):27–31, 2009.

Yangsheng Xu, Jingyu Yan, Huihuan Qian, Tin Lun Lam
Hybrid Electric Vehicle Design and Control: Intelligent Omnidirectional Hybrids
978-0-07-182683-9

图书在版编目(CIP)数据

智能全向混合动力电动汽车设计与控制/徐扬生等著；殷国栋等译. —北京：机械工业出版社，2016.11
（国际电气工程先进技术译丛）
书名原文：Hybrid Electric Vehicle Design and Control: Intelligent Omnidirectional Hybrids
ISBN 978-7-111-54956-7

Ⅰ.①智…　Ⅱ.①徐…②殷…　Ⅲ.①电动汽车-研究　Ⅳ.①U469.72

中国版本图书馆 CIP 数据核字（2016）第 231251 号

机械工业出版社（北京市百万庄大街 22 号　邮政编码 100037）
策划编辑：刘星宁　责任编辑：刘星宁
责任校对：张玉琴　封面设计：马精明
责任印制：常天培
北京圣夫亚美印刷有限公司印刷
2017 年 1 月第 1 版第 1 次印刷
169mm×239mm·11.5 印张·223 千字
0001—3000 册
标准书号：ISBN 978-7-111-54956-7
定价：59.00 元

凡购本书，如有缺页、倒页、脱页，由本社发行部调换

电话服务	网络服务
服务咨询热线：010-88361066	机 工 官 网：www.cmpbook.com
读者购书热线：010-68326294	机 工 官 博：weibo.com/cmp1952
010-88379203	金 书 网：www.golden-book.com
封面无防伪标均为盗版	教育服务网：www.cmpedu.com